中国法学会后期资助项目文丛

BOOK SERIES FUNDED BY CHINA LAW SOCIETY

中国法学会审稿责任人

李存捧　刘海燕　肖志威

中国法学会后期资助项目文丛

BOOK SERIES FUNDED BY CHINA LAW SOCIETY

共同过失犯罪理论争鸣与探索

Discussion and Exploration of
the Theory of Joint Negligence Crime

王东明◎著

法律出版社
LAW PRESS·CHINA
——北京——

图书在版编目（CIP）数据

共同过失犯罪理论争鸣与探索 / 王东明著. -- 北京 ：法律出版社，2021
（中国法学会后期资助项目文丛）
ISBN 978-7-5197-5805-9

Ⅰ.①共… Ⅱ.①王… Ⅲ.①过失（法律）-团伙犯罪-研究-中国 Ⅳ.①D924.114

中国版本图书馆CIP数据核字（2021）第153392号

共同过失犯罪理论争鸣与探索
GONGTONG GUOSHI FANZUI LILUN ZHENGMING YU TANSUO

王东明 著

责任编辑 黄倩倩
装帧设计 李 瞻

出版发行 法律出版社
编辑统筹 学术·对外出版分社
责任校对 王晓萍
责任印制 陶 松
经 销 新华书店

开本 710毫米×1000毫米 1/16
印张 15.75 字数 201千
版本 2021年11月第1版
印次 2021年11月第1次印刷
印刷 北京虎彩文化传播有限公司

地址：北京市丰台区莲花池西里7号（100073）
网址：www.lawpress.com.cn
投稿邮箱：info@lawpress.com.cn
举报盗版邮箱：jbwq@lawpress.com.cn
销售电话：010-83938349
客服电话：010-83938350
咨询电话：010-63939796

书号：ISBN 978-7-5197-5805-9
定价：78.00元

中国法学会后期资助项目文丛

文丛说明

为进一步落实中央《关于加强中国特色新型智库建设的意见》，充分发挥中国法学会作为党和政府联系法学法律界桥梁和纽带的作用，着力实现中国法学会作为国家法治建设领域核心智库的发展目标，为专家学者开展法学研究和成果转化提供支持，不断丰富和发展中国特色社会主义法治理论体系，中国法学会特决定设立后期资助项目，对具有重要理论和实践价值的优秀法学研究成果予以后期资助，纳入“中国法学会后期资助项目文丛”出版。2015年中国法学会后期资助项目设立以来，累计立项80余项成果，已交付出版70余部。今后每年我们还将评选确定一定数量的后期资助项目并予以出版。

中国法学会研究部

2020年11月

序

共同犯罪是刑法学的一个重大课题，而共同过失犯罪作为其中的一部分，几乎成为最具争议的问题，各地区不仅立法、司法例各异，刑法理论也是聚讼不休。德国学者李斯特、摩尔曼以及日本学者泉二新熊、富田山寿、泷川幸辰、团腾重光、西原春夫、齐藤金作等均对共同过失犯罪持反对意见。但支持过失犯成立共同犯罪的学者亦不在少数，在德国有学者宾丁、麦兹格、弗兰克、布黎等，日本有学者大场茂马、牧野英一、宫本英脩、佐伯千仞、木村龟二、植田重正、川端博、内田文昭等。苏联著名刑法学者特拉伊宁也对过失犯罪成立共同犯罪持肯定的观点。我国学者对此问题亦观点纷呈，我国台湾地区的潘恩培、洪福增、林东茂等教授持否定观点，而赵欣伯、赵琛、甘添贵、张丽卿、陈子平等则肯定过失共同犯罪的成立。我国大陆学者囿于我国《刑法》第 25 条“共同犯罪是指二人以上共同故意犯罪。二人以上共同过失犯罪，不以共同犯罪论；应当负刑事责任的，按照他们所犯的罪分别处罚”的规定，否定过失犯罪成立共同犯罪的学者呈压倒性多数，但即便如此，亦仍有侯国云、李希慧、刘永贵、冯军、童德华、张明楷等学者、教授不同程度地认可过失犯罪成立共同犯罪。

长期以来，对于共同过失犯罪问题的研究，我国学者一直将其作为过失犯罪或者共同犯罪等著述中的一个章节来论述，如李光灿、马克昌、罗平三位前辈合著的《论共同犯罪》（中国政法大学出版 1987 年出版）、孙国祥等著的《过失犯罪导论》(南京大学出版社 1991 年版)、陈兴良著的《共同犯罪论》(中国社会科学出版社 1992 年版)、姜伟著的《犯罪故意与犯罪过失》(群众出版社 1992 年版)、胡鹰著的《过失犯罪研究》(中国政法大学出版社 1995 年版)、侯国云著的《过失犯罪论》(人民出版社 1996 年版)、林亚刚著的《犯罪过失研究》(武汉大学出版社 2000 年版)以及陈家林著的《共同正犯研究》(武汉大学出版社 2004 年版)等均是如此。在 2000 年以前，也有少量专门研究共同过失犯罪的学术文章，如李海东撰写的《共同过失行为的分类及其刑事责任》(载《现代法学》1987 年第 4 期)，侯国云、苗杰撰写的《论共同过失犯罪》(载《法学研究》1993 年第 2 期)，孙国祥撰写的《论共同过失犯罪》(载《社会科学研究》1993 年第 4 期)，李昌林撰写的《论共过失犯罪》(载《现代法学》1994 年第 3 期)，刘永贵撰写的《过失共同犯罪研究》(载胡驰等主编:《刑法问题与争鸣》，中国方正出版社 1999 年版)等，但整体上数量不多。2000 年 11 月 15 日最高人民法院《关于审理交通肇事刑事案件具体应用法律若干问题的解释》(以下简称《交通肇事法律解释》)的实施，[①] 重新燃起了学者们对共同过失犯罪的讨论和研究的热情，这期间产生了一批高质量的学术论文，如侯国云教授撰写的《交通肇事罪司法解释缺陷分析》(载《法学》2002 年第 7 期)，张明楷教授撰写的《共同过失与共同犯罪》(载《吉林大学社会科学学报》2003 年第 2 期)，舒洪水教授撰写的《共同过失犯罪的概念及特征》(载《法律科学》2005 年第 4 期)，李云龙、舒洪水合作的《共同过失犯罪应成立共同犯罪》(载《政治与法律》2005 年第 5 期)，舒洪水、张永江合作的《论共同过失犯罪》(载《当代法学》2006

① 该解释第 5 条第 2 款规定:“交通肇事后，单位主管人员、机动车辆所有人、承包人或者乘车人指使肇事人逃逸，致使被害人因得不到救助而死亡的，以交通肇事罪的共犯论处。”第 7 条规定:“单位主管人员、机动车辆所有人或者机动车辆承包人指使、强令他人违章驾驶造成重大交通事故，具有本解释第二条规定情形之一的，以交通肇事罪定罪处罚。”

年第3期)，郭自力、孙立红合作的《论过失共同犯罪的责任根据》（载《山东警察学院学报》2005年第5期）等。这些优秀的学术作品从不同的角度对共同过失犯罪进行了相对深入的论述，但遗憾的是，至今国内关于共同过失犯罪的专著寥寥可数。

王东明博士即将出版的该部专著——《共同过失犯罪理论争鸣与探索》，源自十年前他的博士论文《过失共犯研究》。作为他的博士生导师，十年前我就对他的博士论文认真阅读并提出过许多修改意见。这次受邀为该书作序，再次认真阅读新的书稿，欣然发现，不但篇幅扩充了1/3以上，内容更显得丰富，而且个别观点也做了修正，并且针对上述《交通肇事法律解释》中的“共犯”规定作了专节的评析论述，分析角度独到。整体而言，该专著从共同犯罪和过失犯罪的基础理论切入论证成立共同过失犯罪的理论基础，内容涉及共同过失犯罪的概念、构成要件、犯罪类型、对共同过失犯罪人的定罪处罚原则以及共同过失犯罪与相关犯罪类型的关联等，立法例、判例和理论评析兼具，在以下几个方面具有一定的新意：第一，从“犯罪共同说”中“严格犯罪共同说”到“部分犯罪共同说”和“行为共同说”中“以主观主义为基础的行为共同说”到“以客观主义为基础的行为共同说”的发展变化历程，论证了“犯罪共同说”对于“共同”的核心本质并不在于行为人之间的意思联络，而是行为的有机统一，只不过“犯罪共同说”强调各行为形成有机统一体的机制只能是行为人之间的意思联络而已，并由此论证过失共同犯罪成立的理论基础。第二，以共同注意义务为条件肯定过失共同犯罪，并在此定义模式前提下，提出了共同注意义务形成的三种方式暨类型：法律、法规、规章以及职务、业务上的章程等规范性文件所明示的共同注意义务；共同的先行行为所形成的共同注意义务；行为人基于意思联络形成的共同注意义务，并结合具体案例对三种共同注意义务的形成和特征进行了阐释论述。第三，对于过失犯罪中行为人的注意能力，在分析传统的结果预见能力与结果回避能力统一说的基础上，对结果的回避能力细化，提出“结果预见能力与行为控制能力统一说”。第四，除共同过失正犯外，肯定过失教唆犯和过失帮助犯的成立，提出将过失教唆犯与过失帮助犯限定在如下范围：行为人对实行者的过失犯罪行为持故意态度，但对于实行者最终造成的危害结果持过失态度。一方面不违背“教唆”“帮助”的社会学语义，另一方面也与刑法中的关于过失概念“要求行为人主观态度指向结果”这一规定模式相一致。同时，将对于实行者的行为以及行为造成的危害结果均持过失态度的类型排除到共同过失犯罪之外，兼顾了刑法的谦抑原则，避免了刑法打击扩大化的倾向。第五，关于对共同过失犯罪人的处罚，提出“定罪上的共同处罚原则与量刑上的区分责任原则”，即在定罪阶段，将各行为人的行为统一考察，根据所造成的整体结果确定罪与非罪；在量刑上，要根据行为人在共同犯罪中所起的不同作用将其区分为主犯、从犯以及胁从犯，区分责任大小而量刑。第六，从与共同过失犯罪相区分的角度，重新界定了竞合的过失，即不具有共同注意义务的复数加害人，因违反各自注意义务的过失行为的共同作用，而产生同一危害结果的复数过失形式。另外，从机构与职权设置的角度，论证了在监督过失责任中，没有适用信赖原则的余地。

该著作从最初成稿到最终付梓，历经十年，中间一度被作者搁置不闻，不能不说是慵懒所致。庆幸的是，今天来看，著作中的相关论述及见解仍然具有很高的学术价值和生命力。尺璧寸阴，岁月如梭，望能圆木警枕，恭勤不倦——是为序。

贾　宇

二零二零年春于杭州

目　录

Contents

导　论

过失犯罪能否成立共同犯罪，长期以来一直是刑法理论界争论不休的问题。我国刑法理论通说对此一直持否定的态度，这与我国刑事立法对共同过失犯罪的态度不无关系。我国 1979 年《刑法》第 22 条第 1 款规定："共同犯罪是指二人以上共同故意犯罪。"第 2 款又特别指出："二人以上共同过失犯罪，不以共同犯罪论处；应当负刑事责任的，按照他们所犯的罪分别处罚。"1997 年现行《刑法》第 25 条直接沿袭了 1979 年《刑法》关于共同犯罪的规定，没做任何改变。新旧两部《刑法》对共同犯罪以及共同过失犯罪的一贯态度，成为学者们否定共同过失犯罪成立共同犯罪的一个有力理由。一直以来，刑法学界对于共同犯罪的研究主要集中在共同故意犯罪上，对于共同过失犯罪的研究相对要少得多。近年来，渐有学者对共同犯罪理论提出质疑，他们认为共同过失犯罪也是共同犯罪的形态之一，完全没有理由固守现有的共同犯罪理论止步不前，相反，应该借鉴其他国家的研究成果，对我国的共同犯罪理论和立法进行完善。同时，从共同犯罪的基本理论观察，长期以来，我国刑法学界通说是犯罪共同说（包括全部犯罪共同说和部分犯罪共同说），而且否定过失犯罪可以构成共同犯罪也正是犯罪共同说的立场。但晚近已有原本对于共同犯罪持犯罪共同说的学者转而支持行为共同说。最高人民法院于 2000 年 11 月 15 日颁布的《关于审理交通肇事刑事案件具体应用法律若干问题的解释》（法释〔2000〕33

号，自2000年11月21日起施行）第5条第2款规定："交通肇事后，单位主管人员、机动车辆所有人、承包人或者乘车人指使肇事人逃逸，致使被害人因得不到救助而死亡的，以交通肇事罪的共犯论处。"第7条规定："单位主管人员、机动车辆所有人或者机动车辆承包人指使、强令他人违章驾驶造成重大交通事故，具有本解释第二条规定情形之一的，以交通肇事罪定罪处罚。"这两款规定更是引发学者们对共同过失犯罪重新进行审视。笔者认为，作为客观存在着的社会现象，共同过失犯罪也是共同犯罪的一种形态，所以我们不应只是依据刑法总则的规定和传统的刑法理论而得出否定共同过失犯罪构成共同犯罪的结论，而应该追求刑事立法和理论的完善，从解决社会实际问题出发，为司法实践服务。本书也正是站在刑法理论完善以及立法建议的立场上来对共同过失犯罪进行论述的。

需要特别提到的是，我国学者冯军教授在讨论相关问题时，赋予"过失共同犯罪"和"共同过失犯罪"不同的内涵，认为过失共同犯罪是指负有防止危害结果发生的共同注意义务的多个行为人，由于共同的不注意，而致危害结果发生的一种共同犯罪形态。而共同过失犯罪则是指二个以上的行为人的过失行为共同导致了一个危害结果，但是在行为人之间并不存在共同的注意义务和违反共同注意义务的共同心情。他还进一步明确指出，过失共同犯罪是过失的共同犯罪，它是共同犯罪的形态之一；共同过失犯罪是过失的同时犯罪或先后犯罪，它是单独犯罪的形态之一。[①] 冯军教授的这一提法得到了一些学者的支持。但探究初衷，冯军教授之所以区分过失共同犯罪和共同过失犯罪，原因可能有两种：其一，以往我国学者对于过失共同犯罪界定的范围较大，实质上包含了竞合的过失在内，而冯军教授则将真正意义上的"过失共同犯罪"与竞合过失相区分；其二，我

---

① 参见冯军：《论过失共同犯罪》，载胡驰等主编：《刑法问题与争鸣》（总第3辑），中国方正出版社1999年版，第332~335页。

国1997年现行《刑法》第25条第2款在用语上使用了“共同过失犯罪”一词，同时又通过“按照他们所犯的罪分别处罚”这一处罚规则的规定否定“共同过失犯罪”成立共同犯罪。主张“过失共同犯罪”成立共同犯罪，又不愿违背“二人以上共同过失犯罪，不以共同犯罪论处”这一立法规定，这可能是冯军教授区分“过失共同犯罪”与“共同过失犯罪”的不得已的做法，而并非有的学者所称的“玩弄文字的感觉”。[①] 但将日常生活中原本并无差别的两个用语在刑法的专业领域赋予完全不同的含义，确实容易造成理解上的混乱与不便，诚如张明楷教授所言：“在汉语中，‘共同过失犯罪’与‘过失共同犯罪’二个概念，实际上没有区别，就像人们常说的故意共同犯罪与共同故意犯罪一样。”[②] 笔者认为，冯军教授的良苦用心及无奈之举，实质问题核心在于过失共同犯罪的范围限定，此问题可以通过在我国刑法中引入竞合过失概念，再区分竞合过失与过失共同犯罪的基础上，来达到限定过失共同犯罪成立范围这一目的。考虑到上述因素，本书并不区分“过失共同犯罪”和“共同过失犯罪”，而在同一意义上使用。

① 张亚平：《竞合过失下形式责任的分配》，载《中国刑事法杂志》2006年第4期。

② 参见张明楷：《共同过失与共犯》，载马克昌、莫洪宪主编：《中日共同犯罪比较研究》，武汉大学出版社2003年版，第47页。

第一章　共同过失犯罪概述

第一节　关于共同过失犯罪的理论纷争

过失犯罪能否构成共同犯罪，各国刑法规定并不一致，刑法理论也聚讼不休，长期以来，一直存在肯定说与否定说的分歧。但近年来，肯定说得到越来越多学者的支持。

一、国外学者观点概述

（一）否定说

持否定说的学者在共同犯罪理论上通常站在犯罪共同说的立场。犯罪共同说认为，共同犯罪是犯罪之共同，共同犯罪的成立，须有共同犯罪的主观认识。也就是说，构成共同犯罪，除了在客观上须具有共同行为，还要求主观上必须具有对构成要件结果的认识以及对于这种构成要件结果的希望或者放任等共同的主观故意的意志要素。从而，在犯罪共同说的支持者看来，在共同犯罪构成上，犯罪人之间对于犯罪意思的相互联系至关重要。在共同过失构成犯罪的场合下，各个行为人之间虽然可能对于共同的自然行为存在意思联络，但却不可能对于共同犯罪之意思存在认识与联络，因而否认过失犯罪成立共同犯罪。

在国外刑法学界，否认说占主导地位，并在德国、日本成为通说。[①]如德国刑法学者李斯特认为，在共同正犯者主观要件的犯意中，必须具有对于犯意要素的认识以及与其他共同正犯者相互协力的意识。因而，如果多数人缺乏意识上的相互协力而引起同一结果，或者予以加功的，则不构成共同正犯，而是所谓的同时犯。[②] 持类似观点的学者尚有摩尔曼等，摩尔曼主张如果数人以过失的方式共同实施了犯罪行为，只要每个行为人具备了过失犯应受处罚性的所有先决条件，则每个行为人均是同时犯；这里也就不存在彼此归责的问题。[③] 在日本，立足于犯罪共同说的立场持反对过失犯罪成立共同犯罪的学者有泉二新熊、富田山寿、泷川幸辰、团藤重光等。泷川幸辰认为，共同正犯的综合性要素是共同行为人想通过互相补充的行为来实现一个结果的决心。而这种相互理解的心理状态只存在于故意行为之中，从而无法考虑过失犯的共同正犯。团藤重光认为，过失犯罪的本质要素是对注意义务的违反，而违反注意义务的存在论基础必须要在构成行为本身深层意识之下的行为人的人格中寻找。只把非犯罪性的意思联络看作共同实行犯罪的意思是不充分的，过失行为的本质不是意识性的部分。因此，以意识性部分的意思联络为基础而论及过失犯的共同正犯的成立，并不符合过失犯的本质。[④] 由此可见，团藤重光博士虽然同样认为过失犯罪的本质要素是对注意义务的违反，但因其主张人格责任论，因此强调对注意义务违反的存在论基础是行为人的人格。也就是说，过失犯罪

---

① 参见刘永贵：《过失共同犯罪研究》，载胡驰等主编：《刑法问题与争鸣》（总第3辑），中国方正出版社1999年版，第348页。

② 参见洪福增：《刑法之理论与实践》，台北，刑事法杂志社1998年版，第314页。

③ [德] 汉斯·海因里希·耶赛克、[德] 托马斯·魏根特：《德国刑法教科书（总论）》，徐久生译，中国法制出版社2001年版，第819页。

④ 参见刘永贵：《过失共同犯罪研究》，载胡驰等主编：《刑法问题与争鸣》（总第3辑），中国方正出版社1999年版，第348页。

的行为人的人格或者说其人格形成上是存在缺陷的，而这种缺陷并不存在于非犯罪的意思联络中，因而依照这样的非犯罪意思联络来证明过失犯罪构成共犯，自然不符合过失犯罪的本质。

在共同犯罪理论中主张共同意思主体说的学者，对过失共同犯罪也持否定态度。共同意思主体说由齐藤金作、西原春夫等日本学者所主张，在他们看来，共同犯罪是由共同意思主体所进行的活动，即两个以上的行为人，不仅应有共同的目的，且须有其中一人在共同意思下，着手实行才可谓共同意思主体的活动。而过失犯既然没有共同目的，自然也就没有在共同意思下实行犯罪的情形，所以，不存在过失的共同犯罪。[①] 例如，西原春夫教授认为："过失犯的共犯有种种形态，在各自实施不注意的行动，使结果发生的场合，其过失行为虽然是共同的，因为各人可能认定为单独犯的过失犯，用不着特别做出共犯规定。"[②] 另外，有学者持"机能的行为支配说"的观点，反对成立过失共同犯罪。该说认为，共同正犯的本质在于机能的行为支配。所谓机能的行为支配，就是指共同参加犯行的各行为人机能的分工、共同地发挥作用的场合。这种行为支配意味着"共同的分业"，因此在不可能形成犯行决意的过失犯的场合，如果只根据"共同的过失"认定共同正犯，就会与责任原则发生不可避免的冲突。机能的行为支配强调各行为人之间有机的行为分工，而且认为要想使各行为人之间的分工能达到一个有机的整体，彼此协力发挥作用，则各行为人之间的分工必须在一个统一的决议支配之下，而如果从是否构成共同犯罪的意义上来看的话，这个支配行为人分工的统一的决议，必须是具体犯行的决议，即实施具体犯罪行为的决议。另外，"机能的行为支配"中所说的"共同的

---

① 参见林亚刚：《犯罪过失研究》，武汉大学出版社 2000 年版，第 257 页。

② 参见［日］西原春夫：《刑法总论》（改订准备版）（下卷），成文堂 1995 年版，第 385 页。转引自赵玉容：《日本关于共同过失犯罪的理论研究与实践》，载《淮北职业技术学院学报》2006 年第 4 期。

过失”，其含义是各行为人“都是过失的心态”，并没有强调各行为人之间的过失的相互影响以及在此相互影响下形成的共同心情。按照行为支配的观点，即使存在“共同的过失”，由于并非共同的犯行决意，所以只能认定为各自的同时犯。①

（二）肯定说

持肯定说的学者在共同犯罪理论上通常站在行为共同说的立场。行为共同说认为共同犯罪是共同表现其恶性，成立共同犯罪应以行为本身是否共同为条件，主观上只要有自然行为之共同意思即可，从而认为过失不影响共同犯罪的成立。目的行为论者在过失共同犯罪的问题上，通常也持肯定的态度，② 即目的行为论认为过失行为也是一种不注意的目的行为，因而当然是一种意思行为，所以二人以上也就能够共同实施过失行为。过失犯中的实行行为违反客观的注意义务，属于具有引起构成要件结果现实可能性的非故意形态，而二人以上完全可能共同实施这种行为，因而可以肯定过失的共同正犯。③ 目的行为论主张把人的行为的本质作为目的追求活动来把握，从而在行为中不可避免地包含主观意思内容，而且目的性是行为的核心，同时目的行为论认为过失行为也是一种不注意的目的行为，因而当然也是一种意思行为，包含有意思在内。既然如此，不同的过失行为人自然可以进行意思的联络与交流，不同的过失行为人当然也就能够共同实施过失行为，从而也就认为以“缺乏意思联络”为理由而否定过失犯可以成立共同犯罪的理由并不成立。

---

① 参见陈家林：《共同正犯研究》，武汉大学出版社 2004 年版，第 193 ~194 页。

② 犯罪共同说与行为共同说是大陆法系关于共同犯罪本质的两种不同的学说，而目的行为论是与因果行为论、社会行为论、人格行为论等并列的关于行为理论的不同学说，因而从共犯成立的基础理论层面来看，犯罪共同说、行为共同说与目的行为论之间并没有必然的关系。

③ 参见张明楷：《外国刑法纲要》，清华大学出版社 2007 年版，第 313 页。

在德国，肯定过失共同犯罪的学者有宾丁、弗兰克、麦兹格、布黎（Buri）等。宾丁认为，共通的正犯者的意思，并不需要有犯意的存在。从而暗示过失犯有共同正犯的存在。布黎认为，引起发生危害结果的各个动作，至少在行为本质上有相对的同一性。因而在结果中如有数人的动作存在，所有行为人在最低限度上，俱应受相对的同等处罚。根据这一理由，当正犯与从犯共同协力时，行为人人格之绝对性的区别决不能由行为的客观状态为基础，而应由犯罪主观的侧面以导致之。从而对于过失应作如下认定：对构成实现过失结果各部分的每一个过失动作，至少应在本质上对于结果具有相对同一性。因此，担任过失动作的行为人，至少在客观的立场上应受相对的同等处罚。弗兰克认为：否认过失犯中存在共同正犯的见解是以过失犯不能存在意思疏通这一点为立论基础的，但所谓的意思疏通，并非绝对要与一定结果的招致有关系，应将过失的共同正犯包括在共同正犯之中，所谓共同正犯，指各人企图为其构成要件的行为，而具有多数人意思疏通的有责的协力作用。[①] 另外，在德国认为存在过失共同犯罪可能性的学者尚有贝洛尔茨海姆（Berolzheimer）、爱克斯讷（Exner）、齐默（Zimmerl）以及施密特豪伊泽等。[②]

在日本，支持过失共犯论的有大场茂马博士、勝木勘三郎博士、牧野英一、宫本英脩、佐伯千仞、木村龟二、植田重正、川端博、内田文昭等人，但他们的理论依据并不一致。木村龟二、牧野英一、宫本英脩、佐伯千仞等从行为共同说的立场肯定过失共同犯罪，例如，牧野英一明确表示："共同实行只需要单纯的行为的共同，犯意的关系不是共犯关系的要件。""数人共同实行一行为时，数人可以成为过失犯的共

① 以上论述均参见洪福增：《刑法之理论与实践》，台北，刑事法杂志社 1998 年版，第 307 ~308 页。

② 参见［德］汉斯・海因里希・耶赛克、［德］托马斯・魏根特：《德国刑法教科书（总论）》，徐久生译，中国法制出版社 2001 年版，第 819 页。

同正犯。”[①] 内田文昭依据自己提出的“过失的共动理论”肯定过失共同犯罪的成立。他认为，传统的过失共同正犯肯定论者，或者只重视意识的部分，认为对于意识部分存在意思的联络就可以成立过失共同正犯，或者只重视不过是因果力的竞合的无意识的部分，认为只要存在行为的共同就能够成立过失共同正犯。但这样的肯定论本身就应被否定。从刑法上的意义看，过失行为不在于有意识部分，也不在于无意识部分，而是在两者的联结点上。认为与前法律的事实有关的意识的、意欲的共动，可以有共同的不注意，这样就可以考虑过失的共同正犯。[②] 由此可见，内田文昭“过失的共动理论”强调的是从“有意识部分的意思联络”到“无意识部分的具有因果力的竞合行为”之间的内在联系，而这种内在联系的本质是“共同的不注意”。

特别值得注意的是，采犯罪共同说的学者中亦有肯定过失的共同犯罪成立的，如日本学者福田平教授。福田平教授从目的行为论的观点出发，以犯罪共同说为基础，认为在过失犯中同样存在实行行为，即违反客观性注意的、具有惹起构成要件性结果现实可能性的非故意的形态。而多个行为人共同表现出这种形态是可能的，因此，在存在共同实施过失犯的实行行为的意思和事实时，就能够肯定存在过失犯的共同正犯。[③] 大场茂马博士认为过失犯有共犯的存在，即共同正犯、教唆犯、从犯以过失而成立者虽然罕见，但不能认为绝无。“过失犯之共犯，在于共同行为者，有为行为之意思，当行为之际，并认识该项行为，而为行为之客体，手段、时、

---

① ［日］牧野英一：《刑法总论》（上），有斐阁 2001 年版，第 458、460 页。转引自陈家林：《共同正犯研究》，武汉大学出版社 2004 年版，第 183 页。

② 参见陈家林：《共同正犯研究》，武汉大学出版社 2004 年版，第 188 页。

③ 参见李海东主编：《日本刑事法学者》（上），法律出版社、成文堂 1995 年版，第 364 页。

地等性质，可以认识，因不注意致未能知之而构成。”① 在《刑法要论》一书中，胜本勘三郎博士指出：“在不注意之状态，或故意作为不作为，以共同之意思而得共同，因而发生之结果，以共同之意思，得谓作为不作为之结果也；故虽过失，亦信有共犯。”②

在意大利学界，通说承认共同过失犯罪，这与《意大利刑法典》中明确承认共同过失犯罪关系密切。《意大利刑法典》第 113 条第 1 款规定：“在过失犯罪中，当危害结果是由数人的合作造成时，对每人均处以为该犯罪规定的刑罚。”③ 在意大利 1930 年《刑法典》实施以前，该国刑法学界曾以缺乏犯罪意志为依据而否认过失行为存在共同犯罪的形态，这种观点现在仍然得到不少人的支持。但目前意大利刑法学界的通说认为，尽管《刑法典》第 113 条的标题为“过失重罪的合作”（参见最新《意大利刑法典》，翻译为“在过失犯罪中的合作”——笔者加），但其内容就是关于共同过失犯罪也按照共同犯罪处罚的规定。因此，只要构成过失犯罪的行为是多个主体有意识的、意志的结果，就不能排除过失行为存在共同犯罪形态。④

苏联著名刑法学者特拉伊宁对共同过失犯罪持肯定的观点，他认为：“在行为人有各种罪过形式——故意和过失的情况下，不发生共同犯罪的问题。只有在所有的人的行为都是过失实施的情况下，才发生过失的共同犯罪问题。”⑤

---

① ［日］大场茂马：《刑法总论》（下卷），第 1013 页。转引自陈兴良：《共同犯罪论》，中国人民大学出版社 2006 年版，第 400 页。

② S. P. C：《刑事过失论》，郑宇中译，第 175 ~176 页。转引自侯国云：《过失犯罪论》，人民出版社 1996 年版，第 188 页。

③ 《最新意大利刑法典》，黄风译，法律出版社 2007 年版，第 43 ~44 页。

④ 参见陈忠林：《意大利刑法纲要》，中国人民大学出版社 1999 年版，第 230 页。

⑤ 中国政法大学教研室编：《外国刑法研究资料》（第 2 辑），第 328 ~329 页。转引自侯国云：《过失犯罪论》，人民出版社 1996 年版，第 188 页。

（三）限定的肯定说

限定的肯定说认为，过失犯罪一般情况下并不成立共同过失犯罪，但当各共同行为人负有法律规定的共同注意义务，并且共同违反了该义务时，过失的共同就应当肯定。应当说限定的肯定说也是在犯罪共同说的立场上肯定过失共同犯罪的理论，由于该说强调对共同注意义务的共同违反，认为在两个以上的行为人共同实施了具有高度危险性行为的场合，每个行为人都负有共同防止结果发生的注意义务，因而又被学者称为“共同义务共同违反说”。藤木英雄、大谷实、大塚仁持此观点。藤木英雄是共同义务共同违反说的主要提倡者，他认为在能够预想到危险状态时，各共同行为人就基于相互利用、补充的关系而负有回避结果发生的共通的注意义务。具体来说，过失犯中的共同实行，就是共同实施危险行为的各个行为人相互之间，不仅要采取相应的措施防止自己直接实施的行为产生危害结果，还负有提供必要的建议、监视其他行为人以防止共同作业人员的行为发生结果的义务。这样，各共同行为人在实施防止事故发生的具体对策上相互利用、相互补充而成为一体。从对这一成为一体的活动进行判断的立场，也就可以承认过失犯的共同正犯。① 大谷实教授在论述共同过失正犯成立的根据时认为，在赋予共同行为人共同注意义务的场合，行为人对于违反客观注意义务的行为，具有共同实施的意思。由于行为人一起实施了违反客观注意义务的行为，因此能够认可共同实行的事实。过失犯中同样存在具备共同正犯主观要件与客观要件的场合，因此认为承认过失犯存在共同正犯的学说是妥当的。② 而在讨论过失共同正犯的

---

① 参见［日］藤木英雄：《过失犯的共同正犯》，载《研修》第263号，第13页。转引自陈家林：《共同正犯研究》，武汉大学出版社2004年版，第185页。

② 参见［日］大谷实：《刑法讲义总论》，黎宏译，中国人民大学出版社2008年版，第378页。

成立条件时，大谷实教授明确指出，“第一，法律上必须具有共同注意的义务。……第二……客观上必须发生了违反共同注意义务的事实”。[①] 大塚仁教授原来否认过失共同正犯的成立，后来接受“共同义务共同违反说”而承认过失共同正犯的成立。他认为：“在过失犯的性质上，对由于两人以上者的共同行为产生的结果，当然不能承认共同正犯，因为原则上应该分别就各行为来论及注意义务的违反。但是，在法律上对共同行为人课以共同的注意义务时，如果存在可以认为共同行为人共同违反了其注意义务这种客观的事态，就可以说在此存在过失犯的共同正犯的构成要件符合性，进而，在也承认各个共同行为人存在责任过失时，不是就可以认为成立过失犯的共同正犯吗?”[②]

二、国内学者观点概述

（一）否定说

在我国台湾地区，对过失共同犯罪持否定说亦是多数。如潘恩培认为，二人以上的行为人均构成正犯以他们均实施犯罪行为为必要。但既然要共同实施犯罪行为，则必然存在对于要共同所犯之罪共同实施的意思，如果行为人不相谋而同时各自实施犯罪，或者虽然相谋而各自犯其罪，均不足以语此。由此可见潘恩培主张成立共同正犯必须具备共同所犯之罪、共同犯罪的意思以及共同行为。洪福增也否认过失共同犯罪的成立，认为我国台湾地区“刑法”第28条所规定的“二人以上共同实施犯罪之行为者，皆为正犯”，犯罪行为特指符合犯罪构成要件的行为，不仅要符合“刑法”总则中的责任要件，也要符合“刑法”分则中规定的各罪的特别

---

① ［日］大谷实：《刑法讲义总论》，黎宏译，中国人民大学出版社2008年版，第379页。

② ［日］大塚仁：《刑法概说（总论）》（第3版），冯军译，中国人民大学出版社2003年版，第253页。

构成要件。而“共同实施犯罪行为”必先有共同所犯之罪，继而各行为人主观上必须具有共同实施犯罪行为的意思，即“意思之联络”。各行为人都必须具有共同加功的意思而互相利用对方行为实施犯罪。而过失犯罪行为人之间不存在对共同所犯之罪的认识，属于各自犯自己之罪，彼此之间并不存在意思联络；同时各个人所实施的行为又不存在互相利用或补充的关系，显然不符合上述共同正犯理论，自无成立共同正犯之可言。[①] 另外，林东茂教授从“刑法”的任务并非只是为了实现正义，从而站在“罪疑惟轻”的立场上反对过失行为可以构成共同犯罪，认为：“如果有人死，有人重伤，因果关系不能证明，就一定要有一个人出来接受严厉的处罚吗?”“我赞成过失的行为不能成立共同正犯，一个重要的理由就是：假如我们认为过失的行为可以成立共同正犯的话，那么就会违背刑法上很重要的铁则——犯罪事实有怀疑的话，尽可能往被告人有利的方向去推敲，也可以说这个原则叫‘疑罪惟轻’。”[②]

基于刑事立法的规定，我国大陆学者大多站在犯罪共同说的立场否定过失犯罪能够构成共同犯罪。陈兴良教授认为法律规定共同犯罪的缘由乃在于共同犯罪的各行为人在共同犯罪故意的范围内互相利用各行为人的行为。但在过失犯罪的情况下，虽然各过失犯罪人可能对同一的事实具有共同认识，但因疏忽大意而没有预见到犯罪后果的发生，自然谈不上共同犯罪的意思联系。因而认为从犯罪构成的意义上讲，应该否认过失犯罪人之间存在共同犯罪的意思联系。[③] 有一些学者虽然认同共同过失犯罪的客观存在，但同时又认为共同过失犯罪不应构成共同犯罪，而坚持在共同犯罪

① 以上学者的观点均参见刘永贵：《过失共同犯罪研究》，载胡驰等主编：《刑法问题与争鸣》（总第3辑），中国方正出版社1999年版，第350页。

② 参见甘添贵：《刑法上应否承认过失共犯的概念》，载中国人民大学刑事法律科学研究中心编：《明德刑法学名家讲演录（第一卷）》，北京大学出版社2009年版，第300页。

③ 参见陈兴良：《共同犯罪论》，中国人民大学出版社2006年版，第399~400页。

理论研究中应以故意犯罪为限。如学者姜伟认为，“共同过失犯是客观存在的一种犯罪形态，是不可否认的，也是不容回避的”，但“共同过失犯的行为人之间没有、也不可能形成意思联络，不存在实际的分工、协作关系，只是由于某种巧合，才使几个人的过失行为共同造成了一个危害社会的结果。根据共同犯罪主、客观相一致的原则，共同过失犯不能、也不必要作为共同犯罪处理”。[①] 马克昌教授主编的《犯罪通论》也持否定说，具体有如下理由：第一，过失共同犯罪不具有“共同犯罪行为是一个统一的有机整体”这一共同犯罪的本质特征。共同过失犯罪行为人之间彼此缺乏意思联络，各个人的行为不可能形成一个相互支持、互相配合的统一体，因而不可能是共同犯罪。第二，共同过失犯罪不存在组织犯、教唆犯、实行犯的分工以及主犯、从犯、胁从犯之间的差别，因而不需要按照共同犯罪的规定处理，根据各人的过失犯罪情况论罪科刑即可。[②] 胡鹰博士认为，虽然在实践中因二人以上的共同实行行为而过失地构成刑法分则中的犯罪的情况、过失地引起他人实施犯罪的情况以及因过失而助成他人犯罪的情况都是存在的，但站在现行通说及立法的立场上，均反对它们构成共同犯罪，即虽然认为共同过失犯罪在客观上存在，但认为不应构成共同犯罪。[③] 陈家林教授主张“过失同时犯解消说”，认为即便在承认过失犯罪中存在共同义务并且共同违反的情形，但作为所谓过失的共同犯罪的基础的“共同义务”与从个人角度所考虑的“客观的注意义务”并无实质的区别，共同义务共同违反的事例都可以按照各行为人自身的监督义务、监视义务的违反来追究其过失责任。从而，对于所谓的过失共同正犯及与之类似的情况，都可以作为过失的单独犯罪进行处理。[④]

---

① 参见姜伟：《犯罪形态通论》，法律出版社 1994 年版，第 220 ~221 页。

② 参见马克昌主编：《犯罪通论》，武汉大学出版社 1999 年版，第 519 页。

③ 参见胡鹰：《过失犯罪研究》，中国政法大学出版社 1995 年版，第 163 ~171 页。

④ 参见陈家林：《共同正犯研究》，武汉大学出版社 2004 年版，第 203 ~205 页。

（二）肯定说

我国台湾地区肯定过失共同犯罪的学者有赵欣伯、赵琛、甘添贵、张丽卿、陈子平等人。赵琛认为，二人以上在同一构成要件事实上存在有责违法的行为共同，即二人以上共同对犯罪构成事实的实现赋予条件行为时，虽然是过失行为，同样应当认定为共犯。否定过失共犯存在之唯一理由，是在并无共同正犯意思状态的联络一句上，此乃：(1) 未曾注意，故意与过失两者行为之决意皆为同一；(2) 及未曾注意，共同正犯构成要素之意思联络，即责任要素的意思状态之联络的缘故。如果理解故意与过失行为决议的共同点时，那么当能明滑虽为过失行为，其意思同样是联络的。[①] 陈子平教授也是站在"共同义务共同违反说"的立场肯定过失共同正犯的，认为："共同正犯有共同实行的意思和共同实行的事实，要能够成立过失共同正犯……两人在防止一定的结果发生的情况下，他们是处于一个注意义务上面，共同正犯的成立除了刚才讲的两个之外，还要有一个共同注意义务的共同违法，这不是说我们两个共同做着一个事情，就一定成立共同正犯，只有他们对过失结果的发生，处在一个共同的义务上面，才会有这种危险，才能构成共同正犯。"[②]

我国大陆肯定过失共同犯罪的学者多从立法与司法实践的实际需要出发论证其立场。例如，侯国云教授认为，由二人以上的过失行为构成共同犯罪在司法实践中是屡见不鲜的，司法人员不可避免地要根据行为人的过失行为对危害结果所起的作用来解决各自的刑事责任问题。不承认共同过失犯罪是一个客观存在的社会现象既不切合实际又不明智。同时认为我国

---

① 参见刘永贵：《过失共同犯罪研究》，载胡驰等主编：《刑法问题与争鸣》（总第3辑），中国方正出版社1999年版，第349~350页。

② 中国人民大学刑事法律科学研究中心编：《明德刑法学名家讲演录》（第1卷），北京大学出版社2009年版，第303页。

《刑法》也承认“共同过失犯罪”概念的存在，《刑法》第25条第2款的规定就是一个证明。只是刑法对共同过失犯罪的行为人不以传统的共同犯罪（共同故意犯罪）论处罢了。[①] 另外，我国学者中肯定过失犯构成共同犯罪的，大都站在“共同义务共同违反”的立场，如李希慧教授认为，“无论是‘行为共同说’的‘主观恶性相同’还是‘共同犯罪说’的‘主观上必须有意思联络’，都不能说明共同过失犯罪的本质，也不能以此为理由否认过失犯罪在共同犯罪中的地位。共同过失犯罪的共同体现在它的前提上——共同的注意义务……”[②] 林亚刚教授基于过失犯罪发展的状况，从司法实践、刑事责任和刑事政策的需要等方面论证，肯定共同过失犯罪的成立，[③] 同时在成立要件上强调行为人之间的共同注意义务，认为“共同过失正犯，是两个以上的行为人负有防止违法结果发生的共同注意义务，由于共同的过失行为，以致结果发生的情形”。[④] 学者刘永贵强调过失共同犯罪具备一个统一的有机整体这一共同犯罪的本质特征，但也强调“共同注意义务”，认为过失行为人之间虽然不存在如同共同故意犯罪中那样的意思联络与沟通，但各过失行为人在违反共同注意义务上，存在懈怠注意的共同心情，正是这种懈怠注意的共同心情助长了各行为人主观上的不注意、不谨慎，从而不是巧合而是必然地共同造成了危害结果的发生。这样，各过失行为人具有违反共同注意义务的共同行为和共同过失，其犯罪行为已经是一个统一的有机整体，而这正是共同犯罪的本质特征，同样符合主、客观相一致的刑事责任原则，因而应该能够承认过失共同犯罪也

---

① 参见侯国云：《过失犯罪论》，人民出版社1996年版，第194页。

② 李希慧：《刑法探微》，中国人民公安大学出版社2007年版，第234页。

③ 参见林亚刚：《犯罪过失研究》，武汉大学出版社2000年版，第262～263页。

④ 林亚刚：《论共同过失共犯及刑事责任的实现》（下），载《江西公安专科学校学报》2001年第3期。

是共同犯罪的一种情形。[①] 冯军教授、童德华博士也都持类似的观点，即基于“共同义务共同违反”的立场肯定过失共同犯罪。[②] 同时，也有学者反对“共同义务共同违反”的观点，而是在强调行为人客观上的合力层面，就承认过失共同犯罪的成立。如孙国祥教授认为：“在过失的情况下，行为人主观上不可能有自觉的联系，也不一定有督促对方的法定注意义务……共同过失犯罪侧重的是各行为人客观上的合力，只要数个行为人主观上均具有刑法意义上的过失，无论各行为人注意义务间有无相互制约联系，均不应影响共同过失犯罪的成立。”[③] 张明楷教授强调共同行为的作用及与结果之间的因果关系，认为之所以对共同正犯适用“部分实行全部责任”原则，是因为二人以上的行为共同引起了法益侵害，即二人以上的行为均与法益侵害之间具有因果关系。而是否具有这种因果性并不取决于意思的联络，而是应当根据客观的因果法则来进行判断。过失共同犯罪中的意思联络只要是对于共同实施的构成要件行为存在一般意义的联络即可，不应当限定为犯罪故意的联络。一般意义的联络同样可以相互促进以及强化对方不履行注意义务，使任何一方的行为与其他行为人的行为造成的结果具有因果性。因而，任何一方行为人对其他行为人的行为事实和造成的结果，只要存在预见的可能性，就应当承担责任。[④]

三、观点述评

通过上述观点我们可以发现，国外学者所主张的否定说，无论所持的

---

① 参见刘永贵：《过失共同犯罪研究》，载胡驰等主编：《刑法问题与争鸣》（总第 3 辑），中国方正出版社 1999 年版，第 361 页。

② 参见冯军：《论过失共同犯罪》，载胡驰等主编：《刑法问题与争鸣》（总第 3 辑），中国方正出版社 1999 年版，第 329 页；童德华：《共同过失犯初探》，载《法律科学》2002 年第 2 期。

③ 孙国祥：《刑法基本问题》，法律出版社 2007 年版，第 381 页。

④ 参见张明楷：《共同过失与共犯》，二十一世纪第二次（总计第八次）中日刑事法学术讨论会报告者论文，第 26 页。

是犯罪共同说，还是共同意思主体说，均特别强调行为人之间的犯罪意思联络是构成共同犯罪的必备条件。因为过失犯不存在犯意，行为人之间自然也就不可能形成所谓的共通的犯罪意思，这样共同犯罪就只能是共同故意犯罪，因而否认过失共同犯罪的成立。“机能的行为支配说”强调构成共同犯罪须要各行为人机能的分工共同地发挥作用，要形成犯行决意，因而同样要求有犯意的联络。而传统肯定说中的行为共同说恰恰就此一点与否定说不同，该说并不要求在主观上有共同的意思沟通，只要能在行为上保持共同的特征，就构成共同犯罪。应该说，犯罪共同说过分强调犯意联络，必然要缩小共同犯罪成立的范围，因为所谓的犯罪意思本来就只存在于故意犯罪，对过失犯罪要求有犯意，其实就是拿故意犯罪的特征硬往过失犯罪上套，本来就是强其所难。再者，共同的犯意或者说犯意联络本身是否共同犯罪的本质也是值得怀疑的。当然，行为共同说的缺陷也显而易见：只要有共同的行为，即便各个过失者的行为内容并不相同，只要数个行为造成同一结果就认为构成共同犯罪，这必然会扩大共犯的成立范围，而将过失的同时犯以及其他过失的竞合情形也纳入共同犯罪的范畴。胜本勘三郎、福田平教授等正是在关于意思联络的问题上做了妥协才得以站在犯罪共同说的立场上肯定过失共同犯罪，他们认为，构成共同犯罪当然也需要行为人之间存在意思联络，但这种意思联络并不限定在对于具体的犯罪的意思联络上，或者说并不要求必然是犯意联络，在共同进行行为时，只要存在共同的实行行为和实行该行为的共同意思时，即可构成共同犯罪，因而肯定过失共同犯罪的成立。这种界定比传统的犯罪共同说所持的否定论与行为共同说所持的肯定论都具有更多的合理性。

限定肯定说强调共同义务的共同违反，强调构成过失共同犯罪的各行为人之间必须要有共同的注意义务，在这一点上应该说抓住了过失犯罪的本质。笔者认为，限定肯定说一方面是对站在传统的犯罪共同说立场上的否定说的更新，同时也是对站在传统行为共同说立场上的肯定说的修正。

对前者而言，限定肯定说扬弃了对犯意联络的要求，对后者而言，限定肯定说又否定了只要存在共同行为就构成共同犯罪的这种泛化的规则，在要求存在共同的行为之外还需要行为人之间存在共同的注意义务，这既是对“犯意联络”的修正与补充，又是对行为共同说附加的一个限制条件，限定肯定说之所谓“限定”，也正体现于此。我国有学者将“限定的肯定说”理解为过失共同犯罪只能限定在过失共同正犯的范围，而不存在过失教唆与过失帮助，虽然从结果上看与日本学者的主张趋于一致，但实际上是对“限定的肯定说”的一种误解。限定肯定说之所以能成为日本的通说，并非没有理由。

通过上述国外学者关于是否成立过失共同犯罪的理论纷争，我们还可以发现，对于过失共同犯罪的争论，“以往‘古典学派——客观主义刑法观——犯罪共同说（含共同意思主体说）——否定说与近代学派——主观主义刑法观——行为共同说——肯定说’之形态已不复存在”。[①] 这一方面反映了学者们对共同犯罪以及过失犯罪的本质的认识在不断地深化，另一方面也说明社会不断发展，人民生产生活不断协作化、复杂化而引起的社会观念变化对过失共同犯罪认识的影响，同时，刑事政策也是一个不容忽视的因素。

我国台湾地区否定过失共同正犯的学者所持的观点与德日学者近乎一致，即多站在犯罪共同说的立场上通过强调共同犯罪中“共同的犯罪意思联络”来否定过失共同犯罪的成立。林东茂教授强调刑法正义以及疑罪从无的程序原则，虽然思路新颖，但总给人一种没有触及问题的本质从而理由欠缺充分的感觉。相比而言，我国大陆学者除了上述理由外，还往往以现有的刑事立法为否定的理由，因为《刑法》第 25 条以明确的态度否定过失共同犯罪为共同犯罪。姜伟、胡鹰等学者虽然认为过失共同犯罪在客

---

① 参见郭自力、孙立红：《论过失共同犯罪的责任根据》，载《山东警察学院学报》2005 年第 5 期。

观上事实存在，但同时又认为过失共同犯罪在法律上不具有存在的理由。笔者认为，探讨过失犯罪能否成立共同犯罪，本来就是站在法律的立场上来讨论现实中的多人过失犯罪能否成立法律层面上的共同犯罪，并进而能否按照共同犯罪的处罚原则进行处罚，因此姜伟、胡鹰等学者虽然肯定过失共同犯罪的客观存在，但还是应该归属于否定论的立场。陈家林博士所提倡的“过失同时犯解消说”认为，即便在承认过失犯罪中存在共同义务并且共同违反的情形，但作为所谓过失的共同犯罪的基础的“共同义务”与从个人角度所考虑的“客观的注意义务”并无实质的区别，共同义务共同违反的事例都可以按照各行为人自身的监督义务、监视义务的违反来追究其过失责任。[①] 因而实质上是针对“共同义务共同违反说”提出的反对说。

就肯定说观点来看，少数学者如我国台湾地区的赵琛教授，我国大陆侯国云教授、孙国祥教授等基本上是站在行为共同说的立场上的。侯国云教授虽然承认各种过失的共同犯罪，但又主张对各行为人分别定罪处罚，该种主张若是从现有立法所作思考，则明显是对我国《刑法》第25条第2款中“应当负刑事责任的，按照他们所犯的罪分别处罚”这一处罚原则的妥协。倘若是站在刑法理论完善的立场所做的思考，那么，承认过失的共同犯罪，特别是承认过失的教唆犯与过失的帮助犯，本身就是为了适用刑法总则关于共同犯罪的规定，贯彻共同（故意）犯罪的处罚原则，若仍然主张对各行为人分别定罪处罚，这便丧失了承认过失共同犯罪的意义。同时应该注意的是，侯国云、孙国祥等教授的观点及所述事例，并没有厘清竞合过失与共同过失，也因而招致否定论的异议，而事实上否定论者所反对的并不是真正的共同过失犯罪，而是竞合的过失，对此后文将详细论述。

---

① 参见陈家林：《共同正犯研究》，武汉大学出版社2004年版，第203页。

我国大多数持肯定说观点的学者都继承了德国、日本学者所提出的“共同义务共同违反说”，但对“共同义务”的理解及界定并不统一，如冯军教授认为，只有当各行为人在法律上处于平等的地位时，才产生相互注意的协作义务，即共同义务。林亚刚教授则认为需要从纵、横两个方面界定共同注意义务，即各行为人不仅负有要防止自己行为产生违法结果的注意义务，而且负有督促其他与自己的活动有关，负有相同注意义务的行为人注意防止发生违法结果的义务。如果从纵、横两方面承担注意义务并各自负担自己的注意义务，即可自觉地防止其他共同者的过失而避免发生危害结果。①

在是否承认共同过失犯罪的立场上，笔者持肯定说，原则上赞同“共同义务共同违反说”的观点，但在过失共同犯罪成立的范围上，需要在传统“共同义务共同违反说”的基础上重新考量，在界定共同注意义务的范围上，除了要重点考虑区分竞合过失与共同过失外，还要明确共同注意义务与行为人意思联络之间的关系，厘清共同注意义务的外在来源与生成方式。

第二节 共同过失犯罪的立法例及判例

一、共同过失犯罪立法例

国外刑事立法对于共同过失犯罪的态度不尽一致，概括而言有以下几种立法模式。

---

① 参见林亚刚：《犯罪过失研究》，武汉大学出版社 2000 年版，第 265 页。

（一）明确否定例

明确否定例，是指《刑法》条文明确规定，共同犯罪是二人或二人以上共同故意参加犯罪，反对共同过失犯的存在，从而排除了过失犯罪成立共同犯罪的可能。多数国家刑法规定均属此类，如1996年《俄罗斯联邦刑法典》第32条明确规定："两人以上故意共同参加、实施故意犯罪的，是共同犯罪。"①《蒙古国刑法典》第34条的规定："二人或二人以上共同故意实施犯罪的，是共同犯罪。"② 1952年《阿尔巴尼亚人民共和国刑法典》也在其第12条规定："数人共同故意实施犯罪，或者以这种目的组织犯罪集团的，是共同犯罪。"③

（二）空白例

空白例，是指刑法条文对于共同过失犯没有表示明确的否定，只是规定二人以上共同实行犯罪的，为共同犯罪。但对于共同犯罪是只能由共同故意，还是也能由共同过失所构成，则没有作明确的规定，而是委于学说和判例去解释。例如，《日本刑法典》第60条规定："二人以上共同实行犯罪的，都是正犯。"第61条规定："教唆他人实行犯罪的，判处正犯的刑罚。"第62条规定："帮助正犯的，是从犯。"④ 就条文的字面意义来看，《日本刑法典》关于共同犯罪的规定，无论是正犯、教唆犯还是帮助犯，都没有否定过失犯的存在。类似的立法如《韩国刑法典》第30条规定：

① ［俄罗斯］斯库拉托夫、［俄罗斯］列别捷夫主编：《俄罗斯联邦刑法典释义》（上），黄道秀译，中国政法大学出版社2000年版，第74页。

② 《蒙古国刑法典》，徐留成译，北京大学出版社2006年版，第8页。

③ 《阿尔巴尼亚人民共和国刑法典》，全国人民代表大会常务委员会办公厅编译室译，法律出版社1956年版，第6页。

④ 《日本刑法典》（第2版），张明楷译，法律出版社2006年版，第27页。

“二人以上共同实施犯罪的，各以该罪的正犯处罚。”[①]《美国模范刑法典》第5.02条（1）规定：“以促成或者便利实质犯罪的实施为目的，命令、鼓励或者要求他人实施构成该罪的行为、构成该罪未遂的行为或者构成该罪共犯的行为的，构成犯罪教唆。”第5.03条规定：“以促成或便利实质犯罪的实施为目的，行为人实施下列行为的，与其他一人或者多人构成犯罪共谋：(a) 行为人与其他一人或者多人达成合意，由全部或者部分人员实施该罪的行为、构成该罪未遂的行为或者构成该罪教唆的行为；或者 (b) 行为人同意帮助其他一人或者多人计划或者实施构成该罪的行为、构成该罪未遂的行为或者构成该罪教唆的行为。”[②] 另外，我国台湾地区“刑法”也有类似的规定，其第28条、第29条第1款和第30条第1款相继规定：2人以上共同实施犯罪的，皆为正犯；教唆他人犯罪者，为教唆犯；帮助他人犯罪的，为从犯。

（三）部分否定部分空白例

部分否定部分空白例，是指刑法条文在某些情形下明确否定共同过失犯的成立，但在此明确规定情形以外，对于共同过失犯的成立与否没有明确表态。例如，现行《德国刑法典》第25条规定：“（一）自己实施犯罪或者通过他人实施犯罪的，依正犯论处。（二）数人共同实施犯罪的，均依正犯论处（共同正犯）。”第26条规定：“故意教唆他人故意实施违法行为的，是教唆犯。”第27条规定：“对他人故意实施的违法行为而故意予以帮助的，是帮助犯。”[③] 由此可见，《德国刑法典》明确否定了在教唆犯与帮助犯中存在过失主观心理的可能性，但是对于共同正犯则未置可否。

---

① ［韩］金日秀、［韩］徐辅鹤：《韩国刑法总论》，郑军男译，武汉大学出版社2008年版，第569页。

② 《美国模范刑法典及其评注》，刘仁文、王祎等译，法律出版社2005年版，第80~81页。

③ 《德国刑法典》，徐久生、庄敬华译，中国法制出版社2000年版，第49~50页。

1994年《法国刑法典》同样未明确规定共同犯罪中的实行犯主观方面必须由故意构成，但其第121－7条规定，“知情而故意给予帮助或协助、为准备或者完成重罪或者轻罪提供方便者，为重罪或者轻罪的共犯。以赠礼、许诺、威胁、命令、滥用权势或者职权，挑动或者教唆犯罪者，亦为共犯”。[①] 教唆犯和帮助犯必须由故意构成。

（四）明确肯定例

明确肯定例，如《意大利刑法典》（2006年3月修订）第110条规定：“当数人共同实施同一犯罪时，对于他们当中的每一个人，均处以法律为该犯罪规定的刑罚，以下各条另有规定者除外。”同时第113条又明确规定：“在过失重罪中，在结果是由多个人的合作引起时，对其中的每个人都按法律为该罪规定的刑罚处罚。”[②]《瑞典刑法典》第二十三章关于“未遂、预备、阴谋和共犯”中第4条规定：“本法典对犯罪规定的处罚，不仅适用于实施犯罪的人，而且也适用于对以建议或行为帮助犯罪的人……诱使他人犯罪，自己没有实行的，以教唆犯罪或帮助犯罪处罚。每一共犯应当根据可归于其故意或者过失来评判。”[③] 据此，可以说《瑞典刑法典》也明确肯定过失共犯的存在。

考察我国历代刑法，在封建社会的刑事法律中可以发现共同过失犯罪的相关规定。《唐律明例》有关于“公事失错，自觉举原罪”的规定。对于同职官员中有一人“公事失错”，律文使用了“应连坐”的措辞，但究其实质，同职官员没有发现决举，同样属于“失错”的范畴，即由于共同

① 《法国刑法典》，罗结珍译，中国人民公安大学出版社1995年版，第8页。

② 《最新意大利刑法典》，黄风译注，法律出版社2007年版，第42～44页。

③ 《瑞典刑法典》，陈琴译，北京大学出版社2005年版，第45页。

的过失致使公事失错，是过失共同犯罪。[①]“在唐、宋、明、清，不仅精神正常人可与老小废疾人成为共犯，两人以上的过失犯或结果犯也可称为共犯。……例如共举重物，力不能制，因而杀伤人，仍属过失共同实行犯（‘过失杀伤人条’）。”[②] 从旧中国刑法至现行刑法，共同过失犯罪的规定经历了由全面肯定到部分肯定，再到全面否定的过程。1912 年的《暂行新刑律》是全面肯定过失的共同犯罪的，其第 29 条规定：“二人以上共同实施犯罪之行为者，皆为正犯，各科其刑。”虽然该条并没有明确肯定过失共同犯罪，但在第 35 条中规定：“于过失罪有共同过失者，以共犯论。”第 36 条规定：“值人故意犯罪之际，因过失而助成其结果者，准过失共同正犯论，但以其罪应论过失者为限。”由此可见，《暂行新刑律》既承认过失的共同正犯，也承认过失的教唆犯与帮助犯。1928 年中华民国《刑法》仅明确肯定过失共同正犯的成立，第 42 条规定：“两人以上共同实施犯罪之行为者，皆为正犯。”第 47 条规定：“二人以上于过失罪有共同过失者，皆为过失正犯。”与此同时，取消了《暂行新刑律》第 36 条的规定，因此，学者认为过失教唆犯与过失帮助犯便不复存在。[③] 1935 年《刑法》改变了前两部刑法对过失犯罪明确规定的立法例，第 28 条规定：“二人以上共同实施犯罪之行为者，皆为正犯。”第 29 条第 1 款规定：“教唆他人犯罪的，为教唆犯。”第 30 条第 1 款规定：“帮助他人犯罪者，为从犯。虽他人不知帮助之情者，亦同。”对于上述规定，当时的学者认为该刑法已经否认了过失的共同正犯。如学者陈文彬指出：“新刑法（1935 年刑法）不认为过失的共同正犯，故将旧法（1928 年刑法）第四十七条

① 参见宁汉林、魏克家：《大陆法系刑法学说的形成与发展》，中国政法大学出版社 2001 年版，第 162 页。

② 蔡枢衡：《中国刑法史》，中国法制出版社 2005 年版，第 201 页。

③ 参见张明楷：《共同过失与共犯》，二十一世纪第二次（总计第八次）中日刑事法学术讨论会报告者论文，第 18～19 页；陈家林：《共同正犯研究》，武汉大学出版社 2004 年版，第 173～174 页。

之规定删除。"[①] 关于1935年《刑法》上述的规定，我国台湾地区目前的学界通说以及实务界见解也都否认有过失共同正犯概念的存在，但也有学者如甘添贵教授认为，我国台湾地区"刑法""二人以上共同实行犯罪的，皆为正犯"的规定，并没有像大陆《刑法》那么明确地规定"共同犯罪是指二人以上共同故意犯罪"。因此，我国台湾地区"刑法"在解释中，如果从规定来看，其实还有解释为成立过失共同正犯的空间。因为两人以上共同实行犯罪，故意或过失都未尝不可，从"法条"上来解释的话，还有存在的空间。[②] 至新中国成立后，1979年与1997年两部《刑法》均采取了明确的否定过失共犯成立的立法例，1979年《刑法》第22条与现行的1997年《刑法》第25条作了完全一样的规定，即共同犯罪特指二人以上共同故意实施犯罪。二人以上共同过失犯罪的，不以共同犯罪论处；如果行为人应当负刑事责任，则按照他们所犯的罪分别处罚。但值得注意的是，最高人民法院于2000年11月15日颁布的《关于审理交通肇事刑事案件具体应用法律若干问题的解释》（法释〔2000〕33号，自2000年11月21日起施行）第5条第2款规定："交通肇事后，单位主管人员、机动车辆所有人、承包人或者乘车人指使肇事人逃逸，致使被害人因得不到救助而死亡的，以交通肇事罪的共犯论处。"第7条规定："单位主管人员、机动车辆所有人或者机动车辆承包人指使、强令他人违章驾驶造成重大交通事故，具有本解释第二条规定情形之一的，以交通肇事罪定罪处罚。"这两款规定使共同过失犯罪作为共同犯罪在司法解释中得以明确肯定，引发学者们对过失共同犯罪重新进行审视。

---

① 陈文彬：《中国新刑法总论》，商务印刷馆1936年再版，第187页。转引自张明楷：《共同过失与共犯》，二十一世纪第二次（总计第八次）中日刑事法学术讨论会报告者论文，第19页。

② 参见甘添贵：《刑法上应否承认过失共犯的概念》，载中国人民大学刑事法律科学研究中心编：《明德刑法学名家讲演录》（第一卷），北京大学出版社2009年版，第295页。

二、共同过失犯罪判例

理论上的争论在刑事审判的实践上同样有所反映。虽然从掌握的资料来看，目前在刑事立法上只有《意大利刑法》明确承认过失共同犯罪的成立，但从司法实践来看，德国、瑞典、日本以及我国都有承认过失共同犯罪的司法判例。

德国司法实务从德意志帝国时代以来，大多判例持否定过失犯罪可以成立共同犯罪的立场，但在 1990 年 7 月 6 日德国联邦法院第二刑事部对于“某公司制造一款喷雾式皮鞋亮光剂，使用该产品之多数消费者却有导致呼吸困难等身体伤害结果”一案的判决中，承认过失共同正犯的成立。原审法院根据该事件发生的当时，制造公司及贩卖公司等接获因使用该产品而致身体伤害结果的报告，却未采取收回该产品的措置，而认为被告等人应成立过失伤害罪及危险伤害罪（分别为《德国刑法典》第 230 条及第 223 条之 a）。联邦法院认为在该案中，纵然无法厘清系何种物质形成有害之喷雾式皮鞋亮光剂，但在无其他原因存在时，可认为该产品的制造贩卖与发生伤害结果之间具有因果关系，为了防止发生伤害结果，基于先行行为之保证人地位，[①] 被告等人的不作为可成为对所发生结果负刑法上责任之理论基础。因此，共同行为人一致具有不作为之情形时，全部行为人均应负共同正犯的罪责。联邦法院最终对于制造公司及贩卖公司的主要干部以过失伤害及危险伤害罪判处罪行，驳回了被告的上诉。依据上述论点，可谓此判决系于实质上肯认过失犯罪可成立共同正犯之看法。学者认为，德国联邦法院虽未直接肯认过失共同正犯之用语及犯罪类型，但实质上其

---

① 德国刑法中，“保证人说”把必须防止发生构成要件结果的法定义务叫作保证义务，负有保证义务的人叫作保证人。从而，反过来看时，保证人具有保证义务，即负有必须防止构成要件结果发生的法定作为义务。依据“保证人说”，只有保证人的不作为才构成不真正不作为犯。

看法已经等同于肯定过失正犯之概念存在。[①]

瑞士1987年曾有著名的“滚石案”判决。A与B二人于1983年4月21日18时55分许，自一森林小屋返回家的途中，发现附近河右岸之山坡上有两块大石，A提议将大石推落山坡下。A、B二人熟悉该处所之地理环境，特别对河岸经常有渔夫出现的事实有所了解，而且认为大约50公斤或100公斤以上之大石块滚落之际所产生危险范围内偶尔可能有人出现的事实，即知道推石头到山坡之下有一定危险，所以在把石头推下去之前，为确认坡道上或河岸边是否有人，二人移近绝壁数步，高声喊叫：“下面有没有人啊？赶快躲开！”在未听到有任何回应声之后，B先以手将超过100公斤重之大石块推动使其滚落坡道下。随后A以同样方式将重达52公斤大石块推落坡道。两块大石之一适巧击中坡道上的渔夫C，导致C死亡。后法医、警察、检察官都认定死者身上只有一颗巨石碾过的痕迹，但究竟其中哪一块大石击中C，根本无法区辨。[②] 瑞士联邦法院基于“行为人若不遵守注意义务，且依其不注意之行为形态，已充分符合构成要件时，均成立过失犯之共犯。至其他行为人以同样方式共同实行犯罪行为时，亦适用之。换言之，基于过失而引起同一结果之多数行为人，皆应依过失犯之正犯而予以处罚”之理由，于1987年针对两行为人判决成立过失致死罪的共同正犯。该判决系瑞士刑法实务史上极具划时代意义之判决。判决书认为在该事件中，被告二人共同将两块大石推落坡道的事实明确，此种事态所应论断者，并非该二人之个别行为与构成要件结果之间是否具有因果关系，而系是否能肯定其共同实行之全体行为与发生结果之间具有因果关系。在该事件中，至少被告二人系共同决意实行不注意之行

① 参见余振华：《刑法深思·深思刑法》，台北，元照出版有限公司2005年版，第197、198、203页。

② 参见甘添贵：《刑法上应否承认过失共犯的概念》，载中国人民大学刑事法律科学研究中心编：《明德刑法学名家讲演录》（第一卷），北京大学出版社2009年版，第301页；余振华：《刑法深思·深思刑法》，台北，元照出版有限公司2005年版，第222页。

为，且于场所及时间极为接近之情形下共同实行该行为，故当时究竟系由谁推落哪一块大石，应属于偶然之分工而已。倘若可肯定两块大石之中至少有一块大石导致被害人死亡之结果，则可充分确定被告人之行为与发生死亡结果之间具有因果关系。[①]

在日本，大审院时代的判例对过失参与行为否定适用总则的共犯规定，战后也并无判例判定成立过失的教唆、过失的帮助，但就过失共同正犯而言，最高裁判所由大审院的否定说转换为肯定说，[②] 具体案例如下：共同经营饮食店的被告 A 与 B 二人，从 X 处批发买进称为威士忌之液体（含有超出法定甲醇量），因不注意而未检查有无含甲醇，在意思联络下贩卖给数名顾客，客人饮后死亡。对于该犯罪事实，原判决肯定成立过失犯之共同正犯，被告人提出上诉后，最高裁判所判示“原判决认为被告二人共同经营该饮食店，将上述制造所不明之液体贩卖给顾客，既然未充分检查是否含有甲醇，必须负贩卖之义务，而被告二人均怠忽该义务，未做必要之检查，轻信该液体未含有超出法定量之甲醇，而贩卖给顾客，在认为违反有毒饮食物等取缔令第四条一项后段之所谓‘因过失而违反’之原判决文上，乃极其明白者。因此，若依原判决所确定之论点，该饮食店系被告二人所共同经营者，对于该液体之贩卖，亦因为系被告二人意思联络下所贩卖，故在此论点上认为两人成立共犯关系，乃系妥当的”。从而最终判定 A、B 构成销售有毒食品罪的过失共同正犯。（最判昭和 28 · 1 · 23 刑集 7 卷 1 号 30 页。）[③]

除日本最高裁判所上述判例之外，下级裁判所之判例中，亦有肯定过

① 参见余振华：《刑法深思 · 深思刑法》，台北，元照出版有限公司 2005 年版，第 222 ~224 页。

② 参见［日］西田典之：《日本刑法总论》，刘明祥、王昭武译，中国人民大学出版社 2007 年版，第 314 页。

③ 参见［日］川端博：《刑法总论二十五讲》，甘添贵监译，余振华译，中国政法大学出版社 2003 年版，第 365 页。

失共同犯罪的判例：（1）在进行扩建旅馆的施工之际，甲、乙进行钢材的焊接工作时，虽然存在事先进行遮盖以防止焊接的火花飞溅到附近的可燃物上这种业务上的注意义务，却懈怠了这种义务，甲在屋外部进行焊接时，乙在地上监视火花的飞散状态，但是，产生的火花还是点燃了可燃物，烧损了现住建造物。对此事案，名古屋高判昭和六十一年（1986年）9月30日高集39·4·371认为成立业务上失火罪的共同正犯。① （2）A、B二人共同将砂锅炉带进办公室一起烹煮食品之后，下班回家时既未采取措施防止过热也未采取灭火措施，最终引发火灾烧毁了建筑物，对此，名古屋高判昭和三十一年（1956年）10月22日裁特3卷21号1007页认定构成失火罪的共同正犯。（3）A、B二人酒后出于好奇心驾驶游览船，A负责掌舵，B负责机器操作，因二人共同驾驶出现操作失误，导致该船触礁，对此，佐世保简判昭和三十六年（1961年）8月3日下刑3卷7、8号816页判定二人构成过失妨害往来罪的共同正犯。（4）A、B二人同属负责铁路道口安全工作的职员，二人均因疏忽而未能察觉到火车临近，由于没有关闭道闸而导致撞车事故，对此，京都地判昭和四十年（1965年）5月10日下刑7卷5号855页判定二人构成业务过失致死罪的共同正犯。（5）A、B二人共同从事电话电缆的修理作业，由于在作业结束之后并未熄灭焊枪的微火，引发了火灾，对此，东京地判平成四年（1992年）1月23日判时1419号133页判定构成业务失火罪的共同正犯。②

就我国实务而言，尽管1912年中华民国《暂行新刑律》以及1928年《刑法》皆明文规定过失共同犯罪，但期间实务上并没有承认过失共同犯罪概念的判例存在。我国台湾地区自1935年“刑法”实施以来，迄今实

① 参见［日］大塚仁：《刑法概说（总论）》（第3版），冯军译，中国人民大学出版社2003年版，第254页。

② 上述（2）、（3）、（4）、（5）判例均参见［日］西田典之：《日本刑法总论》，刘明祥、王昭武译，中国人民大学出版社2007年版，第315页。

务上亦仍未有肯认过失共同犯罪概念的判例存在。[1] 我国大陆虽然1979年《刑法》与1997年《刑法》均明文规定共同犯罪只能由故意构成从而否定过失共同犯罪，但实践上却存在承认过失共同犯罪的判例：雷某与孔某两人相约在一阳台上比赛枪法，二人选中离阳台约8.5米左右处的一个树干上的废瓷瓶为目标，共用一支JW－20型半自动步枪轮流射击。二人各射击子弹3发，但均未打中，但随后发现其中一发子弹穿过树林，将离阳台100余米附近处的一行人龙某打死。事后无法查明击中被害人的子弹由谁所发，但重庆市九龙坡区人民法院以及重庆市中级人民法院均认定两被告人构成过失犯罪，分别判处二行为人4年有期徒刑。[2] 由于该案例中无法明确确定具体的危害行为与危害结果之间存在因果关系，但判决既然认定两被告人均构成过失犯罪，则明显是将二者的行为作为整体来考察，适用了部分实行全部责任的共同犯罪的处罚原则，可以说该判决实际上承认了过失的共同犯罪。至于说该判决中没有明确表述为雷某与孔某成立过失的共同犯罪，应当是考虑到我国《刑法》明文否认过失的共同犯罪而做的不得已的妥协。在此之后，浙江省临安市人民法院也有运用共同过失犯罪理论进行判决的实例：2005年4月5日下午，临安市锦城街道东门村裘氏父子携带烟花爆竹上坟祭祖，在上坟过程中违反森林防火期野外用火的相关管理规定，在父亲的一再倡议及指使下，裘子燃放烟花爆竹，不慎引燃了附近柴草并最终引发山火，致使公私财产遭受重大损失。临安市人民法院对二人均判以失火罪。二人上诉后，杭州市中级人民法院驳回上诉，维持一审判决。[3]

上述关于共同过失犯罪的立法例以及判例为我们研究共同过失犯罪提

---

① 参见余振华：《刑法深思·深思刑法》，台北，元照出版有限公司2005年版，第198~199页。

② 参见最高人民法院中国应用法学研究所编：《人民法院案例选·刑事卷》（1992—1996合订本），人民法院出版社1997年版，第46页以下。

③ 参见方鹏跃：《失火案中共同过失犯罪的几种情形》，载《森林公安》2008年第4期。

供了素材。立法、判例以及理论学说是在相互影响中互相促进并逐步完善的，特别是作为法律适用的司法判例，更能体现出对立法、理论学说的综合考虑与甄别，同时也更能反映立法以及学说适应社会不断发展的现实。从这方面来讲，日本关于共同过失犯罪从“二战”前到“二战”后判例由否定到肯定的态度转变，是法律适用适应社会发展趋势的表现，也反映了刑法理论，特别是过失犯罪理论与共同犯罪理论不断发展的趋势。就我国而言，从刑事立法的明确否定到司法实践的默默适用，再到司法解释的明确肯定，一方面凸显了我国立法与司法之间的矛盾与尴尬，另一方面也说明刑法理论与刑事立法亟须进一步完善，以适应社会的不断发展。另外，上述判例中对于共同行为人之间共同注意义务的强调，对我们研究过失共同犯罪，限制过失共同犯罪成立的范围等给予了一定的启发。但同时应该注意到，上述判例虽然承认过失共同犯罪，但只承认过失的共同正犯，而对于过失的教唆与过失的帮助，虽然理论学说中不乏支持的观点，但至今尚无司法判例出现。但将过失共犯的范围限定为过失共同正犯是否有充分的根据及合理性，还需进一步探讨。

第三节　共同过失犯罪成立共同犯罪的必要性分析

共同过失犯罪是一种客观存在的犯罪现象，属于事实问题。而客观存在的过失共同犯罪事实能否在法律上成立共同犯罪，则是一个法律问题。本书所涉及的共同过失犯罪成立与否，都是针对事实上存在的过失共同犯罪现象在法律上能否成立共同犯罪的探讨。根据我国《刑法》第 25 条的规定，共同过失犯罪被排除到共同犯罪之外，并明确了对于共同过失犯罪在处罚上采取分别定罪、分别量刑的定论。但立法的规定不能成为理论研究的障碍，不能因为刑法的规定而一概否认过失共同犯罪的成立，理论研究与立法是一个互动的过程。借鉴中外对共同过失犯罪的探讨，笔者认为过失共同犯罪应该成立共同犯罪。

一、完善刑事立法与刑事司法的需要

第一，我国现行刑法对于过失共同犯罪的处罚规定本身存在缺陷。

首先，当多个过失行为与构成要件结果之间的因果关系无法明确界定的场合，使我国《刑法》第 25 条第 2 款中“应当负刑事责任的，按照他们所犯的罪分别处罚”这一规定沦为空谈。根据通说，过失犯罪以发生危害社会的结果为要件，如果只存在过失行为而没有构成要件结果的出现，是不能构成过失犯罪的，因而也就谈不上进一步的定罪与处罚。因此在认定过失犯罪时，必须认定一定的危害结果与行为人的过失行为之间存在因果关系。在共同过失犯罪的场合，根据我国《刑法》第 25 条第 2 款后半段“应当负刑事责任的，按照他们所犯的罪分别处罚”的规定，如果要追究行为人的刑事责任，同样须过失行为与造成的结果之间能够证明有因果关系的存在，行为人才能够对这个结果负责任，才能够按照他们所犯的罪分别处罚。如果无法明确因果关系的存在，也就无法处罚。在实践中，当负有共同注意义务的人共同实行行为并造成构成要件结果发生，但又无法判断这一构成要件结果究竟是哪一个行为人的行为引起时，如上文中所举的瑞士“滚石案”，即因果关系无从证明、无法明确，如果严格按照刑法的规定，各个行为人应该都是无罪的，这就等于放弃了刑法对某些社会利益的保护，使刑法关于“过失共同犯罪应负刑事责任的，按照他们所犯的罪分别处罚”这一规定则沦为空谈，这种处理方法也会损害正常人的法的感情。而如果对共同行为人予以定罪，则有违罪刑法定原则，这种尴尬局面透露出现行刑法否定成立共同过失犯罪的缺陷。从立法完善的角度来看，承认过失共同犯罪，令上述情形中所有共同行为人共同负过失之责任，存在实际价值。其次，在某些因素介入的过失犯罪中，如在交通肇事案件中，如果乘客以暴力胁迫司机超车，但暴力程度又没有达到完全控制司机的意志的程度，司机在胁迫之下超速行车，结果发生重大交通事故，此时若不追究乘客的刑事责任显然是不公平的，而追究乘客的刑事责任在传统理论上又难以解释。如果引入过失共同犯罪，依据共同犯罪的理论来追究乘客的刑事责任，则可以解决上述困惑。

制定法由于受一定时期的学理或立法者的观念以及当时社会发展的客观现状等的影响，总带有一定的滞后性和局限性，从而暴露出其非科学的一面。站在刑事司法的层面，我们要严格依照现有立法的规定，遵从罪刑法定原则的约束，但从立法完善的角度而言，我们必须对法条的科学性加以求证，而不应该只是把它作为争议的逻辑起点。笔者主张上述情形适用共同犯罪的处罚原则，这并不会导致株连无辜、客观归罪，因为并非只要存在多个过失行为与一个危害结果的场合，就构成共同过失犯罪而适用全部责任原则，在对过失竞合与过失共同犯罪相区分的基础上，对成立共同过失犯罪的范围是有必要的限制的，此在下文详述。

第二，司法解释与司法实践与现行刑法关于过失共同犯罪“不以共犯论处，应当负刑事责任的，按照他们所犯的罪分别处罚”这一规定之间存在矛盾。

我国《刑法》在第133条中对于交通肇事罪规定：“因逃逸致人死亡的，处七年以上有期徒刑。”同时最高人民法院《关于审理交通肇事刑事案件具体应用法律若干问题的解释》第5条第1款与第2款分别指出：“因逃逸致人死亡，是指行为人在交通肇事后为逃避法律追究而逃跑，致使被害人得不到救助而死亡的情形。”“交通肇事后，单位主管人员、机动车辆所有人、承包人或者乘车人指使肇事人逃逸，致使被害人因得不到救助而死亡的，以交通肇事罪的共犯论处。”即该款司法解释明确肯定了过失共同犯罪的成立。同时该解释第7条规定：“单位主管人员、机动车辆所有人或机动车辆承包人指使、强令他人违章驾驶造成重大交通事故，具有本解释第二条规定情形之一的，以交通肇事罪定罪处罚。”在现行刑法规定的框架内，要认定上述情形中的单位主管人员、机动车辆所有人或机动车辆承包人构成交通肇事罪，存在两种理论上的可能：(1) 上述人员指使、强令他人违章驾驶车辆的行为属于刑法分则规定的交通肇事罪的实行行为，这样一来，就能将指使、强令他人违章驾驶车辆的行为独立地认定为交通肇事罪。然而，从现有的法律规定以及普通公众对于“指使、强令”行为以及“驾驶”行为的理解，将指使、强令他人违章驾驶车辆的行为认定为交通肇事的实行行为，几乎没有任何合理性和可能性。(2) 将上述指使、强令他人违章驾驶车辆的行为认定为刑法总则规定的教唆行为，从而使上述人员构成交通肇事罪的共犯。但问题在于刑法总则中的教唆犯仅限于故意犯，而且也仅限于对故意犯罪的教唆，而这里无论是被教唆者还是教唆者所要构成的犯罪都是属于过失的交通肇事罪。① 由此我们可以得出结论，本条司法解释在现有刑法的框架内无法得以合理地解释，可以认为该条解释虽然没有明确肯定过失的共同犯罪，但却间接蕴含承认过失共同犯罪为共同犯罪的旨趣。从司法解释的效力与立法的关系来看，不可否认上述两条司法解释有超越权限的嫌疑，但问题在于，在我国，司法解释不但具有法律效力，甚至在实际法律适用中具有更直接的权威，这就不得不使我们面对立法与司法解释之间的矛盾冲突而重新审视过失共同正犯理论与立法。

如前所述，在我国的审判实践中也存在着承认过失的共同正犯，并按照刑法关于共同犯罪“部分行为，全部责任”的原则处罚的司法案例。因而，否认过失共同犯罪在法律上成立共同犯罪，会导致法官在没有认定为过失的共同正犯的情况下，却悄悄地适用“部分实行全部责任”的共同犯

① 参见张明楷：《共同过失与共犯》，载马克昌、莫洪宪主编：《中日共同犯罪比较研究》，武汉大学出版社 2003 年版，第 41 ~42 页。

罪的处罚原则。[①] 司法解释和审判实践与当前刑法否认共同过失犯罪为共同犯罪之间的矛盾，从一个侧面凸显了否认过失共同犯罪的缺陷，因而承认过失共同犯罪也是解决司法现实与立法之间矛盾的客观要求。

二、刑事政策及社会发展的需要

第一，承认过失共同犯罪为共同犯罪，有利于预防犯罪，保护社会。

刑法既有权利保障机能，又有社会保护机能。然而按照现行刑法的规定，共同犯罪的范围规定的过于狭小，将共同过失犯罪排除于共同犯罪之外，实际上削弱了刑法的社会保护功能，不利于对共同过失犯罪的打击和预防。我国学者认为刑事立法上之所以确立共同（故意）犯罪，主要原因在于行为人之间通过彼此的意思联络，形成了互相协调的、危害社会的合力，而这一合力无疑要比分散的、孤立的个人犯罪的总和要大得多，因而其社会危害性也就严重得多，因此决定了共同犯罪成为刑法打击的重点，也为刑事立法所详细规定。而共同过失犯罪则不然，由于各个行为人之间缺乏主观联络，其社会危害性从总体而言并不是特别地严重，社会危害性的相对轻微决定了共同过失犯罪欠缺为刑法所特别规定之必要。[②] 笔者认为，上述观点有失偏颇。共同故意犯罪与共同过失犯罪相比较，只能说共同故意犯罪在主观方面比共同过失的危险性大，但单就客观危害而言，并不尽然。随着社会环境及经济环境的变化，过失犯罪已经在犯罪案件中具有相当的比例，过失犯罪对法益造成的危害甚至比共同故意犯罪更为严重，如新疆的克拉玛依火灾案、河南焦作录像厅火灾案、山东烟台的“大舜号”沉船案、江西萍乡过失爆炸案、重庆綦江虹桥垮塌案、黑龙江鹤岗

① 张明楷：《共同过失与共犯》，载马克昌、莫洪宪主编：《中日共同犯罪比较研究》，武汉大学出版社2003年版，第44页。

② 参见阴建峰：《论共同过失犯罪》，载《山东公安专科学校学报》2001年第3期。

煤矿瓦斯爆炸案，以及河南平顶山新华四矿“9·8”瓦斯爆炸案等。现代社会中，人们活动的协作性和关联性增强，致害原因的复合化以及同一致害原因的责任主体的复合化现象也变得越来越广泛，在生产经营以及社会性活动中，单个主体的作用越来越被淡化或者说隐蔽，使以单个主体为制裁对象的传统过失犯罪的归责方法面临一定的困难。肯定过失共犯，追究过失共同犯罪人的共同责任，可以惩罚、教育犯罪分子，同时能对其他共同从事危险性业务的人以警戒，起到预防作用，使共同过失犯罪、特别是在业务活动中的共同过失犯罪发生的概率降到最低。另外，立法上明确肯定共同过失犯罪成立共同犯罪，并通过追究过失共同犯罪人的共同刑事责任，可以充分发挥法律的引导作用，从而提高国民在从事危险活动时的法律意识以及共同责任意识，也有助于消除人们“法不责众”的错误心理。从另一个视角来看，承认共同过失犯罪，可以使受害人得到更好的保护，有利于社会矛盾的及时化解，从而促进社会的和谐发展。

第二，肯定过失共同犯罪为共同犯罪并适用“部分实行全部责任”原则，符合风险社会中刑法进行风险控制的发展需要。

当今社会，由于科技与工业的高度发展，一方面社会生活的方便程度不断提高，另一方面却充满了危险。当代社会学的研究表明，工业社会由其本身系统制造的危险而身不由已地突变为风险社会。① 尤其是在高速交通、建筑、机械、化学、医药、医疗等行业，一旦不慎，可能造成的危害结果都是惊人的。随着风险社会发展，社会分工日益精细，由于分工的精细使人们彼此之间的协作与依赖关系增强，而正是在这种互相分工、协作、依赖的工作中，衍生出一种共同注意义务。行为人往往因未履行这种共同注意义务而过失导致某种严重危害社会的结果。另外，“风险社会中，

① 参见［德］乌尔里西·贝克：《世界风险社会》，吴英姿、孙淑敏译，南京大学出版社 2004 年版，第 102 页。

个人因素一般难以从工业生产模式的复杂体系中被分离出来，因而，在破坏性影响与个人因素之间建立条件关系的努力很少能够成功。这就使大量的危害结果无法找到归责主体，尤其是在公害犯罪中"。[①] 在这种情况下，合理界定共同过失犯罪，适用"部分行为全部责任"原则恰能弥补这种不足，这也是风险社会中共同犯罪理论以及过失犯罪理论的发展趋势。

三、刑法理论完善统一的需要

从刑法理论上讲，过失共同犯罪涉及共同犯罪理论与过失犯罪理论。承认过失共同犯罪，是对传统共同犯罪理论以及过失犯罪理论的扩展和深化。另外，目前我国关于结果加重犯中的共同犯罪理论也与否认过失共同犯罪的现状相矛盾，即在结果加重犯的结构中承认对于（过失）加重结果的共同犯罪，却又否认过失共同犯罪的成立。从理论以及立法上肯定过失共同犯罪成立共同犯罪，对于上述刑法理论的深化以及统一都有着重要的意义。关于这两部分内容，将在后文作专节论述。

综上所述，共同犯罪不应仅仅局限在故意犯罪的领域内，随着社会实践的发展和刑法理论的发展，把共同犯罪限制在故意犯罪领域里只能束缚共同犯罪理论的发展，也不利于解决社会实践中存在的共同过失犯罪现象。

---

① 劳东燕：《刑法基础的理论展开》，北京大学出版社2008年版，第22~23页。

第二章　共同过失犯罪的理论基础

第一节　共同犯罪理论与共同过失犯罪

前文在对比国内外学者关于共同过失犯罪的立场以及相关立法及判例的基础上，从立法沿革、司法判例以及成立的必要性上肯定了共同过失犯罪，但如果仅止于此，理由尚显不足，因而应当从共同犯罪和过失犯罪的本质上去进一步寻找成立的根据。

一、共同犯罪的“共同”本质

从语义上讲，“共同犯罪是二人以上共同实施的犯罪”，[①] 日本刑法学者大塚仁教授也认为，“所谓共犯，在最广义上，是指二人以上的行为人共同实现犯罪的情形”。[②] 共同犯罪是与单独犯罪相区别的犯罪的特殊形态之一，因而，共同犯罪的根本特征在于犯罪的共同性。结合犯罪的主观罪过形式，从逻辑的分类上来看，共同犯罪应当包含故意的共同犯罪与过失的共同犯罪，如本书第一章中提到的《意大利刑法典》以及旧中国刑法的

---

① 陈兴良:《本体刑法学》，中国人民大学出版社 2011 年版，第 417 页。

② ［日］大塚仁:《刑法概说（总论）》（第 3 版），冯军译，中国人民大学出版社 2003 年版，第 234 页。

相关规定即是如此。在我国学者反对共同过失犯罪的相关理由中，现行《刑法》第25条“共同犯罪是指二人以上共同故意犯罪”的规定往往被认为是有力的一个。如此来看，若是站在对现行刑法规范进行解释的立场上，立法规定自然是最有力而充足的理由，但如果是从理论完善的角度来讲，以现行刑法的实然规定否定理论上成立过失共同犯罪合理性的做法则并不尽然。从理论上讲，共同犯罪应当包含上述逻辑分类中的两种类型，它们都是事实上的共同犯罪类型，而其中的故意共同犯罪则是由我国《刑法》第25条所确认的法律上的共同犯罪类型。先将事实上的共同犯罪中的共同故意犯罪以刑事立法予以确认，从而升格为法律上的共同犯罪，再把升格为法律上的共同犯罪的共同故意犯罪特征以及构成要件作为一般共同犯罪的特征与要件，反过来衡量共同过失犯罪，从而得出过失共同犯罪不成立共同犯罪的结论，这种逻辑方式本身就是错误的。这正如先将黑马认定为马，进而将黑马的特征上升为马的特征，再以此特征来判断白马，自然得出白马非马的结论。当然如此论述难免显得浅薄，还需要从共同犯罪的本质分析。

共同犯罪的本质，是指决定“多众行为”为什么成为“共同犯罪”的基础理论，即什么样的共同行为能够被赋予“共同犯罪”的名义，从而应当作为一个整体对被侵害对象造成的危害结果负责，适用“部分行为全部责任”的原则。诚如有学者所言，“共同犯罪的本质的首要的功能就是排除那些虽然对同一对象都进行了伤害，并且数个人的行为也在同时发生的情况下，却不能使同时犯罪的数个行为人共同承担因对象受到了伤害而引起的刑事责任的问题”。[①] 因此，过失共同犯罪应否成立共同犯罪，需要探究的也就是它是否具备适用“部分行为全部责任”的内在品质，这需要从传统共同犯罪中“共同”的意义谈起，因为对于共同犯罪中何谓“共同”

---

① 郭自力、孙立红：《论过失共同犯罪的责任根据》，载《山东警察学院学报》2005年第5期。

的认定，是判断共犯成立与否的关键要素。

二、共同犯罪学说与共同过失犯罪

关于共同犯罪的学说，或者说关于犯罪的共同性，在刑法理论上主要存在犯罪共同说与行为共同说的争论，另外，尚有在日本占有一定地位的共同意思主体说。[①]

犯罪共同说认为犯罪的本质是侵害法益，因此，共同犯罪就是二人以上共同对同一法益实施犯罪的侵害，共同犯罪的共同性就是犯罪的共同性。从发展历程看，犯罪共同说又大致可分为早期的“严格犯罪共同说”与晚近的“部分犯罪共同说”。严格犯罪共同说要求数个犯罪人必须实施相同类型的犯罪，要求数人之间的罪名完全一致，不同罪名之间不承认共同犯罪的成立。主张此立场者，大多为第二次世界大战前之早期学者。[②]基于此种立场，若要成立共同犯罪，则犯罪人之间对于所犯的罪行必须有特定犯罪类型的认识，即除了客观上对于特定犯罪的行为必须有所共同外，主观上必须对于共同所犯的特定之罪存在意思联络。这样一来，共同犯罪就只能局限于相同犯罪构成要件的故意犯罪之中，所谓的意思联络也就只能是具体的犯意联络。部分犯罪共同说则将数人所犯之特定之罪理解为构成要件的重叠部分，并不要求数人必须触犯同一罪名之犯罪，即便为不同犯罪，只要有构成要件的重叠部分，则在此重叠的限度内肯定共同犯

① “共同意思主体说”主张异心别体之数人在实现一定犯罪之共同目的下结合而成共同意思主体，当该主体中的一人或者数人在共同目的下实施犯罪时，就肯定其为共同意思主体的活动，从而其成员全部构成犯罪。如前所述，共同意思主体说强调共同的犯罪的目的，自然否认过失的共同犯罪。其进而将“部分行为全部责任”原则求之于以意思沟通为媒介的共同犯行的一体性，实际上承认集团责任、团体责任的一种学说，无论从近代刑法“个人责任原则”的观点，还是从共同犯罪能否以一心同体理论来把握，共同意思主体说的主张都有可商榷的地方，因而该处在从共同犯罪的本质出发探讨过失共同犯罪成立的根据时，不再对共同意思主体说展开论述。

② 参见陈子平：《刑法总论》，中国人民大学出版社2009年版，第331~332页。

罪的成立。部分犯罪共同说历来是德国的通说，德国的判例也采取部分犯罪共同说。日本的审判实践也基本上采取部分犯罪共同说。[①] 行为共同说则认为共同犯罪其实是数个犯罪人共同实现自己各自企图的犯罪，所谓犯罪的共同其实是限于构成要件之行为的共同。[②]

行为共同说又可分为以主观主义为基础的行为共同说与以客观主义为基础的行为共同说。以主观主义为基础的行为共同说将犯罪理解为恶性的表现，因此认为将共同犯罪限定为数人共犯一罪并无意义，而主张应将共同犯罪理解为数人根据共同之行为而遂行各自之犯罪，即先预定共同之事实，以此事实为基础而论犯罪之成立。此与犯罪共同说形成直接的对比，犯罪共同说先预定一犯罪事实，再论及对于该犯罪事实的共同或者说加功。以主观主义为基础的行为共同说中行为之共同只要具备事实上之共同或者因果关系的共同即为已足。以主观主义为基础的行为共同说大多为二次世界大战前的学者所主张，如牧野英一、宫本英脩。以客观主义为基础的行为共同说将共同犯罪的行为理解为该构成要件的行为，认为共同犯罪者并非因借用他人之可罚性或与他人共同负担责任而受处罚，系由于为了实现自己之犯罪而利用他人行为，形成扩张自己的因果性影响力的范围，即根据行为的共同，相互将他人之行为视为自己行为之延长而纳入自己的行为，从而对于所发生的全部结果得归属于各人。换言之，以客观主义为基础的行为共同说主张的核心乃在于，共同犯罪系各共同者为实现各自之目的而相互利用集合体力量之一种现象，于各自犯罪之遂行上，可能以分工之形态、可能以协同、可能以精神之强化为之。采此立场者，多为“二战”以后的学者，如佐伯千仞、平野龙一、内藤谦、金泽文雄、川端博、

---

① 参见张明楷:《刑法的基本立场》，中国法制出版社2002年版，第262页。

② 参见张明楷:《外国刑法纲要》，清华大学出版社2007年版，第307页。

前田雅英等。[①] 同时，该观点认为，共犯的成立不要求整个犯罪行为是共同的，只要有一部分犯罪行为是共同的就可以成立共犯，既然教唆犯与帮助犯是对自己通过共同正犯或者其他正犯的行为引起法益侵害的危险性的行为承担责任，那么，共同的对象就没有必要限定为实行行为，应当从实质的观点来看有无引起法益侵害的危险性。[②]

三、“意思联络”与“共同行为”

从犯罪共同说和行为共同说的内涵及发展来看，首先，无论是严格犯罪共同说还是部分犯罪共同说，在构成共同犯罪的条件上都同时强调主观方面的犯意联络以及客观方面的共同行为，那么，就共同犯罪而言，“意思联络”与“共同的行为”孰轻孰重呢？或者说二者之中哪一个是共同犯罪之所以为“共同”的核心体现呢？从表面来看，似乎犯罪共同说更注重的是意思联络，该说往往也正是以共同过失犯罪缺乏主观方面的犯意联络为由而否定其成立共同犯罪的。但从实质上来看，强调意思联络并非犯罪共同说的终极目的之所在，而是通过强调意思联络来推导出共同的行为。例如，反对过失共同犯罪的黎宏教授认为，成立共同犯罪，各行为人在主观上必须具有意思联络，这种意思联络是“部分行为全部责任”的基础，理由是这种意思联络加大了共犯行为的法益侵害性，正是这种意思的共同，强化了各个共犯人之间的心理联系，使各个共犯的行为成为一个彼此配合、相互支持的有机整体。[③] 马克昌先生在反对过失共同犯罪时也认为：过失共同犯罪不具有共同犯罪的本质，即共同犯罪行为是一个统一的有机整体。并进一步阐释道：共同犯罪成立的必要条件是共同的犯罪故意，正

① 参见陈子平：《刑法总论》，中国人民大学出版社 2009 年版，第 332 ~334 页。

② 参见张明楷：《刑法的基本立场》，中国法制出版社 2002 年版，第 263 页。

③ 参见黎宏：《“过失共同正犯”质疑》，载《人民检察》2007 年第 14 期。

是因为二人以上具有共同犯罪的故意，彼此通过互相间的意思联络，才使各行为人围绕一个共同的犯罪目标而活动，各个人的行为才形成了一个不同于个人单独犯罪的行为整体——共同犯罪。[①] 郭自力教授在论述共同犯罪时称："在共同犯罪中居于主要地位的是犯罪人之间彼此的意思联系和通谋，只有通过意思联系才能把两个不相干的犯罪人针对同一侵害对象的行为结果联系起来。"[②] "共同正犯系二人以上者达成共同实行犯罪之合意，于共同实行之意思下相互利用、补充他人行为而实现犯罪，因此得认为是各个参与者之行为形成一体以达成犯罪之实行。"[③] 日本学者泷川幸辰也认为，共同犯罪中，各共同行为人均认识到自己的行为是补充他人的行为，或是由他人行为来补充，正是基于此种认识进而实行行为。共同正犯的综合性要素也就是共同行为者想通过互相补充的行为来实现一个结果的决心。[④] 由此不难看出，上述学者在陈述共同犯罪时，虽然一开始都强调共同犯罪中重要的是意思联络，但最终都认为意思联络的重要性在于"只有通过这种意思联络才能将各行为人的行为整合为一个有机的整体"。犯罪共同说"部分行为全部责任"原则的根据，在于共同行为人在共同行为意思下相互利用、补充他人行为，易言之，除意思联络外，更从参与者一体性的观点强调行为之共同。因此，犯罪共同说的最终核心仍然是在行为的一体上，即仍然是行为的共同，它之所以特别强调主观方面共同的意思联络，只不过是将共同的意思联络设定为形成有机行为整体的唯一理由，或者说唯一方式。基于犯罪意思联络乃形成整体共同行为唯一方式的设定，反对过失共同犯罪的成立，当然只需说明过失的共同犯罪人之间缺乏这种共同的意思联络就足够了。然而，数个行为结合为共同行为整体的方式是

① 参见马克昌主编：《犯罪通论》，武汉大学出版社 2015 年版，第 518 ~519 页。

② 郭自力、孙立红：《论过失共同犯罪的责任根据》，载《山东警察学院学报》2005 年第 5 期。

③ 陈子平：《刑法总论》，中国人民大学出版社 2009 年版，第 332 页。

④ 参见［日］大塚仁：《犯罪论的基本问题》，冯军译，中国政法大学出版社 1993 年版，第 258 页。

否只是意思联络？过失共同犯罪的行为人之间是否一定缺乏共同的意思联络？由此可见，上述思维方式本身是存在缺陷的。

以主观主义为基础的行为共同说认为共同犯罪是数人实施了前构成要件的、前法律的行为，在“行为”方面不要求共同实施特定的犯罪，只要前构成要件的、前法律的行为具有共同性即可，在“意思联络”上不要求数人必须具有共同实现犯罪的意思联络，只要就实施前构成要件的、前法律的行为具有意思联络，便可以成立共同犯罪。[①] 然而该种主观主义行为的共同说在第二次世界大战后已逐渐销声匿迹，现今所谓行为共同说即指以古典学派客观主义立场为基础的行为共同说。此行为共同说以行为的共同或因果历程的共同为前提，并认为行为的共同中的行为并非指“先于构成要件之自然行为的共同”，而是指“实现构成要件之外在、客观事实限度内之实行行为”的共同。其核心仍在于，共同犯罪系各共同者为实现各自之目的而相互利用集合体力量的一种现象，于各自犯罪之遂行上，可能以分工之形态、可能以协同力、可能以精神之强化为之。[②] 依照此种行为共同说的主张，作为共同犯罪实质处罚根据的“部分行为全部责任”原则，系在于各个共同犯罪者通过各部分行为之间所具有的相互补充机能与心理促进机能而惹起法益侵害的结果。由此可见，从对共同行为这一构成共同犯罪的必要条件的实质来看，部分犯罪共同说与客观的行为共同说并无本质上差异，二者均强调行为的整体性与有机性。因此，从共同行为这一要素出发，犯罪共同说反对过失共同犯罪的理由并不充分。过失共同犯罪中的行为同样具有共同性和整体性，只不过这种整体性的构成前因不是关于具体犯罪的意思联络，而是基于共同犯罪人之间所具有的共同注意义

---

① 参见李立众、吴学斌主编：《刑法新思潮——张明楷教授学术观点探究》，北京大学出版社 2008 年版，第 37 页。

② 参见陈子平：《刑法总论》，中国人民大学出版社 2009 年版，第 334 页。

务或者对于实施危险行为的意思沟通。也就是说，共同过失犯罪中只是数个行为人的行为形成整体的共同行为的方式与共同故意犯罪不同，后者是通过犯意的意思联络而形成，但这种不同方式的区别并不影响共同行为的形成，也正是这种区别才决定了前者是共同过失犯罪而后者是共同故意犯罪。

另外，犯罪共同说所强调的主观方面的共同意思联络，也有发展变化。依照严格的犯罪共同说，共同犯罪者间触犯的罪名需具有完全一致性，此即在客观上先预定一个犯罪事实，以此事实为基础而论数人加功之事实，因而主观方面的意思联络必然更具有具体性与明确性，不仅对于犯罪的行为有共通的认识，对于侵害结果亦须具有共同实现的意思。而从部分犯罪共同说来看，数人所犯之罪只要存在构成要件的重叠部分，并不要求必须触犯同一罪名的犯罪，由此可见，此说所要求的共同的意思联络自然并不必然涉及行为的结果，甚至也不需要必然就全部行为存在共通的认识。同时如前文提到的，行为共同说并非不注重主观方面的意思联络。虽然行为共同说是站在重视行为的共同性上看待共同犯罪的根据，但并不表示它认为单凭行为的共同就可以肯定共犯的关系，这样就会混淆共同犯罪与同时犯罪。如日本刑法学者野村稔认为，“成立共犯关系不是一定要有犯罪的故意，但是应该要有关于某种意义违法行为而共同进行的意思沟通（共同正犯的场合），或者具有利用该违法行为的意思表示（教唆犯的场合），并且有这一点就足以成立共犯”。① 也就是说，行为共同说认为虽然行为人之间共同的意思不可能指向犯罪结果，但对于共同的违法行为事实或者对违法行为的利用之间还是存在共同的意思联络的。“在过失犯，行为之意思非不可共同，且过失并非无意识，虽认识犯罪事实，而不容忍其发生时亦

---

① ［日］野村稔：《刑法总论》，全理其、何力译，法律出版社2001年版，第390页。

有可能。因此，在认识之限度内，意思之共同，亦有可能……”[①] 就此而言，拿部分犯罪共同说与客观行为共同说来比较，在意思联络的含义与对象上，二者并非绝对对立的。犯罪共同说以缺乏意思联络为由否定过失共同犯罪的理由也就未必有力了。

综上分析，由于犯罪共同说与行为共同说理论本身的发展，使传统犯罪共同说否认过失共同犯罪的理由变得不再充分。国外许多主张犯罪共同说的学者肯定过失共同犯罪的成立，以往“犯罪共同说否定过失共同犯罪、行为共同说肯定过失共同犯罪”这一模式已不具有典型性。从构成共同犯罪的两个核心的要素，即主观方面的共同意思与客观方面的共同行为来看，无论是犯罪共同说的实质主张，还是行为共同说的主张，共同犯罪中核心是行为的共同，共同犯罪说中所强调的意思联络只是其认定的形成共同行为的前置唯一因素，因而，犯罪共同说否认过失共同犯罪的理由并不成立，共同过失犯罪有其成立的自在理由。

第二节　过失犯罪理论与共同过失犯罪

过失共同犯罪的成立根据，尚须从过失犯罪的构造与过失行为的本质上来寻求。

一、过失犯罪的构造与共同过失犯罪

所谓过失犯罪的构造，简单地说，就是指过失行为各要素间的关系及在构成犯罪时在构成要件该当性、违法性、有责性阶层上的定性与构成。大陆法系关于过失犯罪的构造有着深入的研究，从理论的发展历史上来

① 郭君勋：《案例刑法总论》，台北，三民书局 1988 年版，第 495 页。

看，大体经历了旧过失论、新过失论以及新新过失论几个阶段。①

旧过失论即传统的过失论，被称为旧过失论，是由新过失论者所取的名称，虽称“旧”过失论，但现在仍然是有力的观点。在第二次世界大战以前，占支配地位的观点认为，犯罪分为主观的方面与客观的方面。客观的外部的要素属于违法性，而主观的内部的要素属于责任的要素，即违法是客观的，责任是主观的。过失从内容上可以与不作为犯中的不作为相对比，不作为是身体上的懈怠，而过失是精神的懈怠，因而过失必须作为不注意的内心态度来把握。这样，旧过失论的中心观点即是认为过失和故意都是犯罪的心理上的主观上的要素，根据犯罪论体系上的要求，过失和故意并列作为责任的种类或者责任的形式。依据旧过失论的观点，过失犯罪与故意犯罪在构成要件的该当性与违法性上是共通的，只是在责任要素的问题上，在对于行为人道义的非难阶段，过失才作为一种主观的、心理的要素，与故意区别开来。这样，从构成犯罪的阶层上看，只要因果性地惹起构成要件之结果并且不存在违法性阻却事由，无论有故意或者过失，通常皆已具备构成要件该当性和违法性，在有责性阶段则视过失的心理要素存在与否来决定过失犯的成立与否，因此，根本无所谓过失行为的共同问

① 新新过失论又称作最新过失论、超新过失论、不安感说及危惧感说，是在新过失论的基础上进一步发展起来的过失理论。新过失论强调对结果的避免义务，是以行为人具有具体的结果预见可能性为前提的，而新新过失论着眼于环境污染、食品中毒等公害犯罪的大量增加，认为作为认定注意义务前提的预见可能性，不一定需要具体的预见，对危险的发生只要有模糊的不安感、危惧感就够了。同时，新新过失论要求行为人一有不安感、畏惧感即应采取避免措施，否则，只要结果发生，就应追究刑事责任。新新过失论中的危惧感、不安感的概念极为含糊，究竟具有何种程度的危险意识才是具有危惧感难以正确认定。同时新新过失论过于扩大过失处罚的范围，有时会形成客观的责任，有违责任原则，因而现在新过失论是为通说，而支持新新过失论的人并不多，日本的裁判所实际上只有森永牛奶案件采取了新新过失论。参见马克昌：《比较刑法学原理》，武汉大学出版社 2002 年版，第 228 ~229 页；张明楷：《外国刑法纲要》，清华大学出版社 2007 年版，第 236 ~239 页；胡鹰：《过失犯罪研究》，中国政法大学出版社 1995 年版，第 34 ~35 页。

题，从而也就无所谓过失共同犯罪的存在。[①] 这是因为，一方面，旧过失论以心理责任论为其依据，主张“故意”是对事实的认识或者对事实的预见心理，而过失则是事实的未认识或者未预见的心理状态。既然是根本未认识、未预见，也就不存在共同的问题。另一方面，作为旧过失论前提的犯罪论体系是根据判断对象而区别违法性与有责性的，即违法性以“客观的行为”为判断对象，而有责性则以“主观的行为人”为判断对象，因而，在过失犯的构成要件与违法性阶段，是以客观的行为为对象，与故意犯罪并无不同，即过失犯与故意犯在构成要件该当性与违法性阶段并无本质区别，仅在责任阶段有所区别，从而造成“行为”与“过失”之间并无“直接的关联性”，即旧过失理论中并无“过失行为”的概念，从而自然也就没有过失行为的共同问题。

工业革命以后，伴随社会物质文明的发展，诸如交通、医疗等本身包含侵害法益的危险行为日益增加，但要求这些行为因为包含危险而立即禁止是没有道理的，如果依照旧过失论，只要有结果和因果关系存在，一旦认为有预见可能性即被作为过失犯罪处罚，会不利于社会生活的发展。同时由于主观违法要素的提出以及规范责任论的兴起，共同促生了新过失论。根据规范责任论，责任的根据不在于行为人对行为结果的心理态度，而在于行为的反规范性，从而过失行为承担责任的根据不仅在于行为人对于结果的过失心理态度，而是由于行为人违反规范要求，即违反包括注意义务之规范的要素。根据新过失论，过失责任的根据是由于行为人违反结果避免义务。也就是说，新过失论并非像旧过失论那样站在结果无价值的立场，而是站在行为无价值的立场，认为在犯罪论体系上，过失不仅是责任问题，还被视为构成要件符合性以及违法性的要素，结果的避免义务是

---

① 参见陈子平：《刑法总论》，中国人民大学出版社 2009 年版，第 236 页。

注意义务的内容。[①] 因此站在新过失论的立场上，过失犯罪与故意犯罪一样，都有各自的实行行为。在判断违反主观注意义务的责任过失之前，如果存在违反以社会一般人为基准的客观预见义务和客观结果回避义务的行为并引起构成要件结果发生的，则被认为具备过失犯罪的构成要件该当性以及违法性。基于该种体系理解，可以认为，在数个行为人从事可能发生侵害法益的高度危险行为时，如果行为人在防止事故发生的具体对策上，具有回避结果发生的共同义务，或者以对行为的意思沟通而使各人的行为处于相互利用、相互补充关系时，自然可成立共同的实行或者对实行行为的加功，从而可以肯定过失共同犯罪的成立。

二、过失行为的本质与共同过失犯罪

对于过失犯罪行为本质的理解，同样影响着过失共同犯罪的成立与否。

从心理层次上来分析，过失行为可以分为有意识的部分和无意识的部分，否定过失共同犯罪的学者往往认为过失犯罪行为的本质在于其无意识部分。如日本刑法学者团藤重光认为："过失行为，其主观方面从有意识部分和无意识的部分看，无意识是占据主要方面，有意识部分绝不是过失行为本质的东西。仅以有意识的部分联系而论以过失共同正犯的成立，不能不说是脱离了过失本质的议论。"[②] 也就是说，对于过失犯罪而言，因欠缺注意从而对于构成要件结果缺乏认识，这种无认识，即无意识部分是过失行为的本质。而过去的观点认为共同犯罪的成立需以有意识部分的意思联络为要件，从而如果基于上述立场，过失共同犯罪自然无法用意思联络

① 参见童德华：《外国刑法原论》，北京大学出版社 2005 年版，第 132 页；胡鹰：《过失犯罪研究》，中国政法大学出版社 1995 年版，第 32 页。

② [日] 团藤重光：《刑法纲要（总论）》，创文社 1987 年版，第 367 页。转引自林亚刚：《犯罪过失研究》，武汉大学出版社 2000 年版，第 257 ~258 页。

来进行判断，因而不可能承认其存在。

对于上述观点，学者们提出了质疑，认为心理上的无意识不能称为过失犯的本质。过失责任确实没有意识到结果发生的危险性，但是这一点是把过失与故意相区别的消极的要素，而不是积极地给过失的责任性奠定基础。而要积极地给过失的责任奠定基础，必须明确成为追究责任的根据是无意识的“什么”。[①] 日本学者内田文昭认为，过失犯的积极特色在于一般所理解的“不注意”，该不注意的成立虽是以构成要件结果的不认识为原因，但该不注意并非抽象性存在，而是与一定的具体性、意识性之行为有不可分之关联性而实际存在。[②] 其进一步明确指出，过失行为在刑法上所具有意义的，既不在意识部分，亦不在无意识部分，而在有意识部分与无意识部分两者的连接点，他强调有意识部分与无意识部分的相互影响，认为与前法律的事实有关的意识的意欲的共动，可以有共同的不注意。[③] 另有学者指出，仅强调直接引起结果的无意识态度并不妥当，而犯罪过失心理的重要组成部分在于与有意识部分不可分割地、连在一起的不注意的意思状态及其现实化。若行为的有意识部分是共同的，也就可以认定与有意识部分紧密联系的无意识部分是共同的，人为地把有意识部分与支配结果的发生的无意识部分割裂开来是不科学的。[④] 应当说，过失犯罪受到刑法非难的本质在于违反了注意义务。无论是无意识部分也好，有意识部分也好，如果在行为时对于行为人而言根本没有注意义务的存在，则行为欠缺刑法上的意义。“过失作为对行为人进行责任非难的一种形式，完全有理

---

① 参见［日］平野龙一：《刑法总论Ⅰ》，有斐阁 1972 年版，第 204～205 页。转引自［日］甲斐克则：《过失犯的基础理论》，载高铭暄、赵秉志主编：《过失犯的基础理论》，法律出版社 2002 年版，第 6 页。

② 参见陈子平：《刑法总论》，中国人民大学出版社 2009 年版，第 364 页。

③ 参见陈家林：《共同正犯研究》，武汉大学出版社 2004 年版，第 188 页。

④ 参见李云龙、舒洪水：《共同过失犯罪应成立共同犯罪》，载《政治与法律》2005 年第 5 期。

由结合其人格来论及（责任过失）。只是，作为其前提，首先应该着眼于行为人没有尽到法客观地命令的注意（objektive gebote Sorgfalt）这种事态。"[①] 我国多数学者也赞同犯罪过失的本质在于违反注意义务，[②] 可以认为，作为过失犯罪核心的过失行为，就是违反注意义务而引起结果的行为，"过失行为始终在以注意义务为媒介时，始成为刑法上具有意义之行为"。[③]《瑞士刑法典》第18条第3款更是直接规定："行为人违反注意之义务，对可归责之犯罪行为结果，未加考虑或未顾虑者，为过失犯轻罪或重罪。依行为之环境及身份关系，有注意义务而不注意时，为违反注意义务。"[④] 从否定过失犯罪行为的本质并不在于无意识部分而在于违反注意义务的角度来看，单独违反注意义务引起结果的行为成立单独的过失犯，数个人在存在共同的注意义务时，若能肯定该数人共同实施行为违反此共同的注意义务而引起结果发生时，成立过失的共同犯罪自然亦无疑问。

---

① ［日］大塚仁：《刑法概说（总论）》（第3版），冯军译，中国人民大学出版社2003年版，第198页。

② 具体的论述参见贾宇：《罪与刑的思辨》，法律出版社2002年版，第202～205页；黎宏：《过失犯研究》，载赵秉志主编：《刑法评论》2006年第2卷，法律出版社2006年版，第105～110页；林亚刚：《犯罪过失研究》，武汉大学出版社2000年版，第41页；胡鹰：《过失犯研究》，中国政法大学出版社1995年版，第71～74页。

③ ［日］川端博：《刑法总论二十五讲》，甘添贵监译，余振华译，中国政法大学出版社2003年版，第362页。

④ 马克昌主编：《刑法通论》，武汉大学出版社1999年版，第347页。

第三章　共同过失犯罪本体论

第一节　共同过失犯罪的概念及特征

一、关于共同过失犯罪概念与特征的理论纷争

近年来，随着对过失犯罪以及共同犯罪研究的深入，我国越来越多的学者认为应当在法律的层面成立过失共同犯罪，并进行了一定的论述，对过失共同犯罪的概念和特征提出了自己的见解。在此对其中有代表性的列举如下：

（1）共同过失犯罪，是指二人或者二人以上的过失行为在客观上互相作用，共同导致某一危害结果发生的情况。共同过失犯罪的基本特征有四个：一是行为人必须二人以上。二是数个行为人在主观上都有过失。三是各行为人都实施了过失行为，发生了特定的危害结果。四是数个行为人的过失行为与发生的危害结果之间必须有因果关系。①

（2）共同过失犯罪，是指二人或二人以上的过失行为共同造成一个或数个危害结果所构成的犯罪。构成共同过失犯罪，必须具备四个条件：一

① 参见孙国祥：《论共同过失犯罪》，载《社会科学研究》1993 年第 4 期。

是犯罪主体必须是二人以上，且均具有刑事责任能力。二是在主观上，各个共同过失犯罪人必须具有共同的过失。三是在客观上，各个共同过失犯罪人必须具有共同的过失行为。（所谓共同的过失行为，是指每个人的行为在客观都是危害结果发生的原因。）四是共同过失行为造成的危害结果必须是同一个或同数个危害结果。①

（3）共同过失犯罪，是指二人以上有共同的“应当预见”、有共同的疏忽大意或者过于自信，而过失地实施了彼此联系、相互依存地对同一对象造成严重危害结果的行为。其特征，在主观方面要求共同过失犯罪人具有共同的犯罪意识，即有共同的应当预见，因为共同的疏忽大意没有预见，或者已经预见却共同轻信可以避免，同时共同过失犯罪人还有意念、动机和目的性等主观上的联系点。在客观方面，共同过失犯罪人的行为彼此联系，相互依存。②

（4）过失共同犯罪是二人以上的行为人负有防止危害结果发生的共同注意义务，由于全体行为人共同的不注意，以致危害结果发生的一种共同犯罪形态。成立过失共同犯罪，需要具备的要件为：第一，二人以上的行为人负有防止危害结果发生的共同注意义务。第二，二人以上的行为人实施了违反共同注意义务的共同行为，导致危害结果的发生。共同行为应该被限定为共同实行行为，只有在直接参与实施造成危害结果的过失行为的行为人之间才能成立过失共同犯罪。第三，二人以上的行为人在共同违反共同注意义务上都存在过失。③

---

① 参见侯国云：《刑法理论究探》，中国政法大学出版社 2005 年版，第 435 页；侯国云：《过失犯罪论》，人民出版社 1996 年版，第 195 ~196 页

② 参见陈才天：《共同过失犯罪探讨》，载《法学》1991 年第 1 期。

③ 冯军教授严格区分过失共同犯罪与共同过失犯罪，认为共同过失犯罪是指二人以上的行为人的过失行为共同造成了一个危害结果，但是，在各行为人之间不存在共同注意义务和违反共同注意义务的共同心情。参见冯军：《论过失共同犯罪》，载胡驰等主编：《刑法问题与争鸣》（总第 3 辑），中国方正出版社 1999 年版，第 332 ~334 页。

（5）共同过失正犯，是二个以上的行为人负有防止违法结果发生的共同注意义务，由于共同的过失行为，以致结果发生的行为。[①] 其成立条件与上述第 4 个，即冯军教授的表述相同。

（6）共同过失犯罪，是指二个以上的行为人基于某种过失心理，均未履行法律规定或职务、职业要求的共同注意义务，从而导致严重危害后果的行为。成立共同过失犯罪，首先，犯罪主体必须是二人以上，而且各行为人必须达到刑事责任年龄，且具有刑事责任能力。其次，各行为人须负有防止危害结果发生的共同注意义务。再次，二个以上的行为人都有违反共同注意义务的共同行为，且该共同过失行为导致了法定危害结果的发生。过失的教唆行为或过失的帮助行为不应当包括在共同过失犯罪之中。最后，二人以上的行为人在违反共同注意义务上具有过失心理。[②]

（7）所谓共同过失犯罪，是指在具有共同注意义务的场合，二人以上的行为由于过失违反自己的注意义务，共同引起基本内容相同的违法结果的一种犯罪形态。共同过失犯罪的成立，在客观方面要求违法结果发生在具有共同注意的场合，行为人实施了过失行为，共同引起了违反结果，过失行为与违反结果之间具有因果关系。主观方面，行为人之间具有共同不注意的过失犯罪的心理态度，即有着过失犯罪意识的联络与互动。[③]

（8）所谓共同过失犯罪，是指负有共同注意义务的二个以上的行为人，由于共同的不注意，共同实施或促成了违反共同注意义务的行为，造成危害结果发生的一种共同犯罪形态。共同过失犯罪客观方面的特征是：数个行为人都负有防止危害结果发生的共同注意义务；数人实施或促成了违反共同注意义务的共同行为，导致了危害结果的发生；违反共同注意义务的共同行为

① 参见林亚刚：《犯罪过失研究》，武汉大学出版社 2000 年版，第 264 ~266 页。

② 参见李希慧：《刑法探微》，中国人民公安大学出版社 2007 年版，第 234 ~238 页。

③ 参见童德华：《共同过失犯初论》，载《法律科学》2002 年第 2 期。

与共同危害结果的发生具有因果关系。主观方面，各行为人在主观上都是过失，各行为人对危害结果所抱的心理态度基本相同；各行为人之间互相补充的共同心态，助长了对方的不注意，导致危害结果的发生。各行为人在共同违反共同注意义务时存在共同心态，存在过失的犯罪意思联络。①

（9）过失共同犯罪，是指二人以上的行为人在意思联络支配下，相互利用、相互补充他人的行为，合作实施具有导致危害结果发生的现实危险性的行为，从而负有防止危害结果发生的共同注意义务，但由于全体行为人共同的不注意，以致危害结果发生的共同犯罪形态。简言之，过失共同犯罪就是二人以上违反共同注意义务的共同犯罪形态。在成立条件上，主体必须是二人以上，主观方面存在违反共同注意义务的共同过失，客观上存在二人以上实施具有导致危害结果发生的现实危险性的违反共同注意义务的行为。②

二、观点述评及本书观点

在对上述概念进行述评之前，为了突出问题的核心，要将一些对于构成过失共同犯罪虽然必要，但又不是核心争议的因素排除于讨论之外。这些因素包括：（1）主体要求二人以上，并且均具有刑事责任能力。因为要构成共同犯罪，自然须二人及以上具备刑事责任能力。（2）行为造成危害社会的结果。过失犯在传统上是结果犯，自然以行为构成危害结果为要件。（3）危害行为与危害结果之间具有因果关系。这是将危害结果归责于危害行为的一般要求。对于这三个要素，上述概念有的直接涉及，有的在特征中提到。从构成概念的完整性上来考虑，也许在概念中完整表述这些因素更为合适，但此处讨论的核心问题不在于此，故下文中针对上述列举的概念及其特征评述时，不在一一论及此三个要素，而侧重于行为的共同

① 参见舒洪水：《共同过失犯罪的概念及特征》，载《法律科学》2005 年第 4 期。

② 参见贺红梅：《过失共同犯罪若干问题的思考》，载《求索》2009 年第 9 期。

以及促成共同行为的方式。

第一、第二两个概念从性质上来说属于一类。二者在定义中都只强调共同的行为造成危害结果，而对于主观方面则并不涉及，但在特征中则强调了主观过失。第一个表述为数个行为人在主观上都有过失，同时该论者认为共同过失的情况下，行为人之间不可能有意思联络，只是各行为人过失的内容有相同之处而已。从而可以看出论者对于过失共同犯罪主观方面并不主张共同的过失。第二个概念在其特征中虽然表述为各个共同过失犯罪人必须有共同的过失，但所谓共同的过失，是指每个行为人在实施各自的行为时，对可能造成的某一危害结果都存在疏忽大意或过于自信的心理状态，即每个人对行为造成的危害结果都存在过失。从而论者对共同过失的真正理解与前一种情形并无不同，名为共同过失，实际上仍然指各行为人都有过失。都有过失与共同过失是两个不同的概念，就如同在故意犯罪中，行为人在犯罪之时都有故意与行为人之间具有共同故意是完全不同的两码事，前者可能构成的是同时犯，而后者则可能构成共同犯罪。在过失共同犯罪的认定中，如果只是强调行为的共同以及主观方面都存在过失，则无法区分过失的同时犯与过失共同犯罪。例如，互不相识的某甲与某乙均在一林子里狩猎，二人均不知道对方的存在，时至傍晚，碰巧都看到一棵树旁一个黑影在蠕动，二者均以为是猎物，于是从不同的方向几乎同时开枪射击，后发现黑影是护林的一老人，其在被送往医院的途中死亡。经检验发现，甲乙二人均命中该老人，虽都未伤及要害部位，但老人因出血过多而死。在此案例中，甲乙的行为共同作用而致危害结果发生，而且二人在主观上都具有过失，但二者的过失并非共同过失，从整个情形来看，只是过失的同时犯而非过失共同犯罪。也正因如此，依照此种概念和特征而认定的过失共同犯罪难免范围过大，包含了原本并非过失共同犯罪的情形，自然也因此招致否定论者对成立共同过失犯罪的反驳。

第三个概念与前两个相比，真正强调了主观方面的共同过失，但将其表示为“有共同的疏忽大意或者过于自信”则略显牵强。因为对于过于自信的过失，由于行为人之间毕竟对于行为的事实以及结果存在认识，从而可以对这些存在的认识进行沟通，进行意思联络，从而形成共同的过失，并进而促成共同的行为。但对于疏忽大意的过失而言，没有预见就是没有认识。将没有认识称为疏忽性认识本身就是逻辑的矛盾，数人均没有认识，又怎么能称为共同的过失呢？也就是说，单纯从主观方面来论，当数人均为疏忽大意的过失时，行为人只具有相同的过失，即在没有认识上数人是一样的。由于均没有认识，自然不可能存在意思联络而形成共同的过失。此时若抛开共同的注意义务，此各个单独存在的相同的“无认识”在各行为人之间也不会产生相互依赖的心理关系，也不可能对行为之间的相互联系、配合起到促进作用，从而也就不可能成立共同过失犯罪。由此得出的结论是，在促成共同行为的方式上，不能单从相同的过失特别是所谓共同的疏忽大意来分析，应当同时考虑共同的注意义务。在这里，笔者是区分共同过失、相同的过失以及同时过失的。共同过失强调过失行为人之间的主观心理联系或相互依赖、影响的共同心情，相同的过失则只是强调过失的内容一致，而同时过失只是强调数个过失在同一时间内存在或发生作用。

第四至第九个概念都在强调共同行为的同时提到了共同的注意义务，(但若仔细对比分析，几个概念中所提到的注意义务的内涵并不明确，有的侧重于客观的注意义务，而有的侧重于主观方面的内部的注意义务，对此的区别下文将有详述。）这与前三个概念相比，更触及共同过失犯罪的本质，但都存在一定的问题。第五个概念直接将共同过失犯罪限定为过失共同正犯，第四、第六个概念中虽然没有直接限定，但由于将共同的行为限定为实行行为，或者直接排除过失教唆与过失帮助行为，从而实际上也将过失共同犯罪限定为共同过失正犯。把过失的教唆行为和过失的帮助行为排除在共同过失犯罪行为之外，必将极大地限制共同过失犯罪的成立范围，使过失共同犯罪的成立范围失之过窄。（肯定过失教唆犯与过失帮助犯的理由详见后文。）第六种概念及特征完全否认过失共同犯罪人间存在意思联络，将共同注意义务局限于法律规定与职务、职业要求的共同注意义务上，这与实际情况不符。第七个概念及特征将共同过失犯罪主观方面表述为行为人之间有着过失犯罪意识的联络与互动，不太妥当。因为过失犯罪与故意犯罪的区别就在于故意犯罪可以有犯罪的意思联络与互动，但是过失犯罪由于主观上的无认识或者对不发生犯罪结果的过于自信认识，因此即便行为人之间存在相互的联络与互动，也只能是关于行为本身的、非犯罪的目的、动机及关于其他事实的联络与互动，而不能是犯罪意识的联络与互动。

第八种表述在强调共同注意义务、共同不注意以及共同过失行为造成危害结果的同时，在行为方面还强调“共同实施或促成了违反共同注意义务的行为”，这就在概念上明确了共同过失犯罪的行为除了实行行为外尚包含教唆和帮助行为，从而在过失共同犯罪的范围中包含了过失教唆犯与过失帮助犯。但不足之处如第七种表述，将过失犯罪数人之间的意思联络称为犯罪意思联络，与事实不符。最后一种表述的可贵之处是在概念中明确了过失共同犯罪中意思联络的作用和地位，但将数个行为人之间的共同注意义务限定在意思联络支配之下相互利用、相互补充他人的行为从而产生的共同注意义务，未免将共同注意义务的范围限制的过于狭窄，同时共同注意义务与共同行为之间的意思联络的逻辑关系也未必总是正确。

综合以上评述，笔者认为过失共同犯罪除了在主体上应当具备二人或二人以上，客观上具有共同的过失行为及造成危害结果、行为与结果之间具有因果关系这些显性因素外，核心因素在于形成共同行为的方式上。对于共同故意犯罪而言，促使各行为人行为相互配合结为整体的内在缘由在于各行为人之间的犯罪意思联络，但在共同过失犯罪的场合，各行为人的行为彼此联系，互相配合，使行为与最终的犯罪结果都存在因果关系的原因既可能是行为人之间的所直接进行的意思联络，也可能是由于行为人本身基于法律、法规或者职业、职务规定上所共同负有的注意义务或者各行为人基于共同的先行行为而产生的共同注意义务而在各行为人之间所产生的共同心理。鉴于此，如果将行为人之间的意思联络也作为共同注意义务产生的一种方式，结合上述学者对共同过失犯罪定义的可采之处，可以将过失共同犯罪定义为：二人或二人以上，基于法律、法规或者职业、职务明示规定的、共同的先行行为或者意思联络所形成的共同的注意义务，共同实施或促成过失行为，造成严重的危害结果，需要适用刑罚处罚的行为。

第二节　共同的注意义务

一、注意义务概述

关于过失的本质，德国、日本的通说是注意义务的违反。从旧过失论到新过失论再到新新过失论，尽管对于注意义务的内容以及核心有所发展变化，但认为过失犯的本质是违反注意义务这一点并没有发生变化。“过失行为始终在以注意义务为媒介时，始成为刑法上具有意义之行为。”① 我国多数学者也赞同犯罪过失的本质在于违反注意义务。② 关于注意义务的概念，国外学者基本上是与注意义务的内容放在一起论述的，对此，存在

① ［日］川端博：《刑法总论二十五讲》，甘添贵监译，余振华译，中国政法大学出版社 2003 年版，第 362 页。

② 鉴于本书的中心在于过失犯罪的“共同”性上，因此对于过失犯罪本质的相关争议观点不再展开论述，取其通说。具体的论述参见贾宇：《罪与刑的思辨》，法律出版社 2002 年版，第 202 ~205 页；黎宏：《过失犯研究》，载赵秉志主编：《刑法论丛》2006 年第 2 卷，法律出版社 2006 年版，第 105 ~110 页；林亚刚：《犯罪过失研究》，武汉大学出版社 2000 年版，第 41 页；胡鹰：《过失犯研究》，中国政法大学出版社 1995 年版，第 71 ~74 页。

结果预见义务说、结果回避义务说、结果预见义务与结果回避义务说的纷争。注意义务的概念及内容在德国、日本刑法理论中与过失理论的发展历程相关。在旧过失论时代，基于心理强制说与自由意志论的立场，认为过失纯属于主观的范畴，与行为的构成要件该当性和违法性无关，只是在责任要素上与故意犯罪有所区别，即只有在责任上，在对行为人的道义非难阶段，过失才作为一种主观的、心理的要素，与故意区别开来。因此违反注意义务，即过失责任的核心要素，主要被理解为结果预见义务，重在主观认知的心理事实。即旧过失论只在责任阶段论及过失，因而至重视过失的主观认识心理，注意义务的内容自然也就是至主观的预见义务。随着以汽车交通为主的近代产业活动的扩大化，旧过失论只考虑预见义务而不考虑避免义务的主张，成了制约经济发展的理论瓶颈。因为对于司机、医生、建筑工人等从事危险行业的人员来讲，他们都能预见到可能产生的危险，如果依据旧过失论他们都有注意义务，因此一旦危害结果出现，都可认为是行为人未尽注意义务而构成过失犯罪。“由此，可以顺理成章地推导出：凡有危险性的行业均应禁止人们去从事。”[①] 基于此，随着规范责任论的提出，新过失论应运而生。新过失论仍然围绕着注意义务展开，但在预见义务的基础上增加了结果回避义务，即过失的违反注意义务，并非仅仅违反单纯内心的预见义务，还违反与一定行为有关的客观注意义务。如日本学者井上正治所述，“关于过失行为，含有违反‘预见结果义务’与‘回避结果义务’一点，应予肯定。吾人首先必须预见结果，如已预见结果，则必须回避发生结果。预见结果及回避结果，皆系注意义务”。[②] 在日本刑法学界，“把注意义务分为结果预见义务和结果回避义务，乃是今日

---

① 周光权：《注意义务研究》，中国政法大学出版社 1998 年版，第 25 页。

② 洪福增：《刑事责任之理论》，台北，刑事法杂志社 1988 年版，第 272 页。

通说的立场”。[①] 从而，“讨论过失责任之有无，已经不像过去那样仅仅着眼于是否有侵害法益的结果发生，并只在责任论领域内探索，而按构成要件该当性→违法性→有责性的顺序层层追问”。[②] 也就是说，根据规范责任论，过失不是单纯的心理概念，还包含违反注意义务的规范的要素。[③] 这样，依照现在大陆法系国家过失犯理论的通说，注意义务便被一分为三：作为构成要件要素的注意义务，作为违法要素的注意义务和作为责任要件的注意义务。构成要件义务和违法性义务被称为客观的注意义务，责任领域的义务被称为主观的注意义务。除客观注意义务与主观注意义务的区分外，日本刑法中尚有外部的注意义务与内部的注意义务的称谓。所谓内部的注意义务，是指使精神紧张而为了避免结果赋予自己以动机的义务。外部的注意义务，是指为了避免犯罪事实的发生，注意采取社会生活上认为必要的适当态度（作为、不作为）的义务。并认为外部的注意义务也称结果避免义务，是根据法令、契约、习惯、条理等规定的作为与不作为义务。[④] 而林亚刚教授则认为，结果避免义务的结构中显然包括两部分内容，一是主观方面注意力集中，二是对危害结果的预见、回避义务，前者被称为“内部的注意义务”，后者被称为“外部的注意义务”。[⑤] 我国台湾地区学者对过失犯注意义务的区分更为复杂，认为过失的注意义务，分为客观的注意义务与主观的注意义务，从本质上而言，是指结果避免义务，又分为客观的结果避免义务与主观的结果避免义务。从应否采取防止结果发生的行动而言，则又必须有结果预见义务为前提，而结果预见义务亦分为客

① ［日］大塚仁：《犯罪论的基本问题》，冯军译，中国政法大学出版社 1993 年版，第 244 页。

② 周光权：《注意义务研究》，中国政法大学出版社 1998 年版，第 25 页。

③ 当然，不是所有的不注意都能成为过失罪的原因，须是违法的即为社会所不容许的不注意才能成为过失罪的原因。这样的不注意的本身就蕴含着构成要件该当的违法性。参见甘雨沛、何鹏：《外国刑法学》（上册），北京大学出版社 1984 年版，第 372 页。

④ 参见马克昌：《比较刑法学原理》，武汉大学出版社 2002 年版，第 258 ~261 页。

⑤ 参见林亚刚：《犯罪过失研究》，武汉大学出版社 2000 年版，第 109 页。

观的结果预见义务与主观的结果预见义务。[①] 由此可见，虽然学者们将注意义务区分为不同的类别时所站的角度可能不同，作为分类结果的相同称谓的内涵也并不一致，但基本上都认为注意义务同时具有客观与主观两方面的内容。

我国刑法理论中，虽然并没有将注意义务划分为客观注意义务和主观注意义务，但上述情况也影响到我国学者对于注意义务的论述，表现在体系安排上，有的学者将注意义务作为过失犯罪的客观方面因素来论述，如童德华教授、舒洪水教授，而有的则将注意义务作为过失犯罪的主观方面要素，如陈兴良教授。从学者们对注意义务所作的定义中来看，有的侧重于客观存在的作为与不作为义务，而有的则侧重于行为人主观的责任态度。前一种情况，如有的学者认为，注意义务即是指为避免发生危害社会结果，法律上认为行为人应为的必要的作为或不作为的义务，这种注意义务是人们参与社会共同生活、从事社会生产、进行社会交往以及维护社会稳定和秩序所必不可少的共同行为准则。[②] 后者如胡鹰博士则认为，注意义务是指法律、法令及社会日常生活所要求的为一定行为或不为一定行为时，应当谨慎留心以避免危害社会结果发生的责任。[③] 周光权教授对注意义务的定义亦属于后一种，他认为注意义务是行为人在为一定行为或者不为一定行为时，应当依据法律、法规以及社会生活的基本要求，保持谨慎小心以有效防止危害社会结果发生的责任。[④] 从严格意义上来讲，“作为义务和不作为义务是法律要求于行为人在客观上必须保持某种不作为或实施某种作为的义务，注意义务是法律要求行为人在主观上必须注意自己的行

① 参见陈朴生：《刑法专题研究》，台北，三民书局1988年版，第321页。

② 参见甘雨沛、杨春洗、张文主编：《犯罪与刑罚新论》，北京大学出版社1991年版，第161页。

③ 参见胡鹰：《过失犯研究》，中国政法大学出版社1995年版，第72页。

④ 参见周光权：《注意义务研究》，中国政法大学出版社1998年版，第25页。

为是否可能造成危害结果的义务，因此，两者是不同的概念”。[①] 对此种分歧，林亚刚教授作了切中要害的分析。他认为上述两种倾向性的概念是在两个不同的层次上讨论的。从履行注意义务而言，注意义务首先应当是为了客观上避免危害发生的目的而必须采取的一种主观上的心理态度的义务，这正是过失的注意义务与作为、不作为义务的区别。而从法规范的角度讲，注意义务是为避免违法结果的发生，应当为必要的作为和不作为的义务，即从法律判断方法的外在性而言，作为法律义务的履行，注意义务必定以作为与不作为方能体现。[②] 从另一个角度来讲，法律、法规或规章、规则实际上是通过规定了行为人应当作为或不作为的义务的方式来对注意义务进行规定的，即法律、法规或规章、规则从防止危害结果发生的角度规定行为人客观上应当采取某种适当行为或措施防止危害结果发生的义务，而没有再进一步明确规定行为人主观上应当负有的义务。基于上述注意义务中客观注意义务与主观注意义务的性质及关系，从便于司法认定以及理论论述的角度，笔者更倾向于把客观注意义务作为必要的作为义务和不作为义务来论述。而对于主观的注意义务，由于要在一般人所应负有的客观注意义务的基础上，结合行为者本人的情况来认定，行为人可能因其自身的生理、心理或者生活经验等方面的缺陷或者其他特殊情况而在特定的场景下排除自己的主观注意义务，因而实际上是注意能力问题。如陈兴良教授认为：“我国刑法理论中，虽然没有将注意义务划分为客观注意义务与主观注意义务，但实质上对注意义务和注意能力的研究包含着上述内容。”[③] 对

① 高铭暄、赵秉志主编：《过失犯罪的理论基础》，法律出版社 2002 年版，第 21 页。

② 参见林亚刚：《犯罪过失研究》，武汉大学出版社 2000 年版，第 113 ~114 页。

③ 陈兴良：《刑法哲学》，中国政法大学出版社 1997 年版，第 184 ~185 页。

此，国内众多学者也持相同的观点。[①] 共同的注意义务只是在“共同”这一点上与单独过失中的注意义务存在差别，至于其内容、根据等与单独过失无异。

二、共同注意义务的概念

关于共同注意义务的内涵，学者们从不同的角度进行界定。如日本学者提出，“‘一方面对他方的行为必须一直注意的场合’（平野龙一），或者‘各行为人对其他共同者的行为相互间具有应当一直慎重予以关注的场合’（内田谦），或者‘共同行为人仅对自己的行为的注意是不够的，对其他同伴的行为也应当顾及’（大塚仁）”。[②] 应当说，这些观点基本上都反映了各行为人不仅负有防止自己行为产生违法结果的注意义务，而且负有督促其他与自己活动紧密相关的行为人防止发生危害结果的义务，即包含了纵、横两方面的内容。我国大陆肯定过失共同犯罪并主张共同注意义务的学者，对共同注意义务的理解也不尽相同。例如，李希慧教授认为，共同注意义务即是法律规定的，或者职务、业务上要求有特定注意义务的人，因为在工作中相互之间存在分工协作、依赖的关系，因而每一个行为人不仅负有对自己职务、职业本身活动的注意义务，同时，对其他与自己活动有关的行为内容也负有监督、协作、关注的义务。[③] 其他学者大多从共同注意义务的界定着手论述。例如，林亚刚教授认为，共同注意义务是指各行为人不仅要防止自己的行为可能产生危害结果的注意义务，还负有督促其他与自己的活动有关、负有相同注意义务的行为人注意防止发生违

① 参见贾宇：《罪与刑的思辨》，法律出版社 2002 年版，第 208 页；林亚刚：《犯罪过失研究》，武汉大学出版社 2000 年版，第 106 页；周光权：《注意义务研究》，中国政法大学出版社 1998 年版，第 44 页。

② 林亚刚：《犯罪过失研究》，武汉大学出版社 2000 年版，第 265 页。

③ 参见李希慧：《刑法探微》，中国人民公安大学出版社 2007 年版，第 235 页。

法结果的义务。[①] 舒洪水教授认为，共同注意义务是指各行为人应认识到自己和他人都是行为有机共同体中的一分子，各自的行为都有发生社会危害结果的危险性，各人不可分离，都不得懈怠，那各行为人不仅要防止自己的行为会产生危害结果的注意义务，还负有督促其他与自己的活动有关且负有相同注意义务的其他人注意防止发生危害社会的结果的义务。[②]

可以看出，对于共同注意义务的"共同"性，上述论者均认为是互相注意、互相协作、互相关注，这点并无异议。严格地讲，后两种论述并无大的区别，只是舒洪水教授论述的更详细而已。他们共同的缺陷在于，二者并没有正面说明什么是共同的注意义务，共同注意义务是如何产生的。相反，他们逻辑起点是首先假定存在一个共同的注意义务，在这个假定的前提之下，进而论述这个假定的已经存在的共同注意义务具备什么样的特点，各行为人的注意义务具有哪些与单纯的注意义务不同的地方。因此，虽然二者均是从界定共同注意义务的立场出发的，但实际上反而无助于说明究竟什么是共同注意义务。依据前文中笔者对过失注意义务界定的立场，笔者比较赞同李希慧教授对共同注意义务的界定。但李教授将共同注意义务的形成局限于法律的规定或者职务、职业的要求，则明显限制了共同注意义务的范围。从注意义务的来源上来说，共同注意义务与单独注意义务并无本质的差别，不同之处在于单个人的单独注意义务是如何形成"共同"的。对此，笔者认为，除了法律、法规以及职务、职业直接规定、要求的共同注意义务的场合外，尚包括原本只负有单独的注意义务的行为人通过意思联络而形成共同注意义务以及多个行为人基于共同的先行行为而形成的共同注意义务。

---

① 参见林亚刚：《犯罪过失研究》，武汉大学出版社2000年版，第265页。

② 参见舒洪水：《共同过失犯罪的概念及特征》，载《法律科学》2005年第4期；林亚刚：《犯罪过失研究》，武汉大学出版社2000年版，第265页。

基于以上论述，笔者将共同注意义务定义为：二人或者二人以上基于规范①的明示、行为人之间的意思联络或者共同的先行行为而负有的防止自己的行为造成危害社会结果以及督促其他与自己的活动相关的行为人防止发生危害结果的作为和不作为义务。共同注意义务的来源并不是绝对排斥的，在规范的明示、行为人间的意思联络以及共同的先行行为三者或者两者共存的情况可以产生共同的注意义务，但对于注意义务的产生而言，只要具备其中一种情形即可。

关于共同注意义务的特点，学者们大多从纵、横两个方面来阐述，即从纵的方面讲，负有防止自己行为产生危害结果的注意义务，从横的方面讲，负有督促、警示其他行为人防止发生违法结果的义务。但对于过失共同犯罪的不同形式而言，这种纵、横两方面注意义务的表现形式也不一样。在过失共同正犯的场合，各行为人相互之间均负有纵、横两方面的注意义务，而在狭义的过失共犯的场合，虽然共同行为人的注意义务都在于避免危害结果的发生，但实行犯的注意义务主要在于纵的方面，而教唆犯或者帮助犯的注意义务则主要在于横的方面，整体表现为纵与横的结合。

三、共同注意义务的形成方式

共同注意义务的形成涉及过失犯罪中注意义务的根据问题。关于注意义务产生的根据，国外以及我国学者论述都颇多，理论上存在二分法、三分法、四分法、五分法等不同的见解。但正如我国多数学者所认为的那样，不同的分类方法只是属于排列组合的不同，但就注意义务根据的实质而言，并不存在实质性的差别。归纳起来，主要包含以下内容：（1）法律、法令、规章制度、契约等规定的注意义务，即明示的注意义务。由此而产生的注意义务一般都具有明确性，容易查明和被人接受。此处需要特

① 这里的规范应作广义的理解，不仅指法律、法规等，同时也包含职业、职务上明示的规定。

别说明职务、业务上的注意义务。职务、业务上要求的注意义务又可以分为两类，一类是以规范化、定型化的形式规定在有关生产操作规程、技术安全规则中或者相关的保护法规中，此应属于规章制度明示的注意义务。另一类是职务、业务上的注意义务则是没有被规范化，但属于人们在从事一定业务活动过程中习以为常的、自然遵行的一些操作惯例，此当属于常理要求的注意义务。(2) 基于先行行为产生的注意义务，即当自己的行为引起刑法所保护的某种社会关系处于危险状态时，行为人所负有的避免危害结果发生的一定的作为或不作为义务。(3) 其他依照常理要求的注意义务。[①] 法律、法令、规章制度、契约等，它们不但可以直接明文规定单独的注意义务，同样可以直接规定多个主体共同的注意义务。类似地，多个行为人共同的先行行为也就可以产生共同的注意义务。而对于社会常理所要求的单个人所负有的注意义务，则往往需要通过意思联络来形成共同的注意义务。

(一) 明示的共同注意义务

明示的共同注意义务即指规范性文件中所直接体现的共同注意义务。这里的规范性文件首先指法律、法规、规章等狭义的规范性文件，当然也包含职务、业务上已经规范化、定型化并为该种行业所普遍适用的生产操作规程、技术安全规则以及劳动保护法规等在内。反过来讲，规章制度所规定的注意义务一般而言也是业务上的注意义务，对于具有一定危险性的特殊行业的规章制度更是如此。其次包括单位内部制定、但没有立法化而普遍适用的关于职务、业务上的履行规范、操作细则、公司章程以及契约等。前者如我国《民法典》第 26 条规定："父母对未成年子女有抚养、教

---

① 参见贾宇：《罪与刑的思辨》，法律出版社 2002 年版，第 207 ~208 页；周光权：《注意义务研究》，中国政法大学出版社 1998 年版，第 53 ~68 页。

育和保护的义务。成年子女对父母负有赡养、扶助和保护的义务。”因而，无论是父母对未成年子女的抚养教育义务，还是成年子女对于父母的赡养扶助义务，承担义务的主体均由法律明文规定为二人或二人以上，父母二人负有抚养、教育子女的共同注意义务，而多个成年子女负有赡养、扶助父母的共同注意义务。一旦这些共同的注意义务主体共同过失违反了上述规定造成严重的社会危害后果，就可能构成共同过失犯罪。例如，年轻夫妻甲、乙二人均爱好打麻将，某晚，二人看不满一岁的儿子已睡着，就将儿子放到床上，在无人照顾的情况下，锁上屋门到隔壁邻居家打麻将并彻夜未归。至第二天早上回来时，发现儿子已滚下床摔死。本案中，甲、乙二人均违反了法律规定明示的共同注意义务，构成（过失）致人死亡罪。后者，即对单位内部制定但又没有立法化以普遍适用的关于职务、业务上的履行规范、操作细则及公司章程等要求的共同注意义务，则根据相关规则、章程对某一职务的规定，只要在事实上同一个职务在一个具体的时间段内由二人以上同时负责，那么对于这个职务或业务所要求的注意义务即为该数人的共同注意义务。例如，某工厂针对本厂锅炉的管理制定了明确的规范和注意事项，并安排了每次二人的值班表。某天上午，当班的甲、乙二人均在值班期间擅离岗位，结果导致锅炉烧干至爆炸，造成重大经济损失，则甲、乙二人可能构成重大责任事故罪的（过失）共同犯罪。我国《刑法》中以空白罪状规定的犯罪，如第 134 条第 1 款重大责任事故罪、第 135 条重大劳动安全事故罪、第 137 条工程重大安全事故罪、第 138 条教育设施重大安全事故罪以及第 139 条消防责任事故罪等，均可能由处于相同或相关职位的多个行为主体违反相关法规规定的共同注意义务而构成过失共同犯罪。

（二）共同的先行行为所形成的共同注意义务

先行行为产生的义务，是指由于行为人的行为而使刑法所保护的社会关系处于危险状态时，行为人所负有的以采取有效措施排除危险或防止结果发生的特定的义务。[①] 因此，当某一危险状态是由多个行为主体共同的先行行为所引起时，则此多个行为主体之间即负有采取有效措施排除危险或防止结果发生的共同注意义务。由共同的先行行为所产生的共同的注意义务在实践中并不少见。例如，成年人张某、王某于一盛夏中午相约一同到村外的河里洗澡，途中遇见本村 8 岁的男孩李某，两人便叫上李某一同前去。那么，当李某在洗澡过程中出现危险状态，张某与王某便负有采取有效措施排除危险或者防止危害结果发生的共同注意义务，如果二人由于共同的不注意，如都在岸边与他人玩扑克而没有注意到李某已经出现危险，那么一旦造成危害结果，张、王二人即可能构成过失的共同犯罪。

（三）意思联络形成的共同注意义务

如前所述，传统的观点多是通过否认过失犯罪行为人之间存在意思联络来否认共同过失犯罪的，然而肯定过失共同犯罪的观点则认为过失犯罪行为人之间并非不能存在意思联络。“在过失犯，行为之意思非不可共同，且过失并非无意识，虽认识犯罪事实，而不容忍其发生时亦有可能。因此，在认识之限度内，意思之共同，亦有可能……”[②] 日本刑法学者野村稔认为，“成立共犯关系不是一定要有犯罪的故意，但是应该要有关于某种意义违法行为而共同进行的意思沟通（共同正犯的场合），或者具有利用该违法行为的意思表示（教唆犯的场合），并且就这一点就足以成立共犯”。[③] “共同过失犯罪人在主观上是有联系点的，他们虽然没有共同的犯罪目的和故意，却有共同的非犯罪的动机、目的和故意。”[④] 中外学者的这

---

① 参见高铭暄、马克昌主编：《刑法学》（第 3 版），北京大学出版社、高等教育出版社 2007 年版，第 71 页。

② 郭君勋：《案例刑法总论》，台北，三民书局 1988 年版，第 495 页。

③ ［日］野村稔：《刑法总论》，全理其、何力译，法律出版社 2001 年版，第 389 ~390 页。

④ 陈才天：《共同过失犯罪探讨》，载《法学》1991 年第 1 期。

些观点都表明，过失犯罪中，共同的意思虽然不可能指向犯罪结果，但对于共同的违法行为事实或者对违法行为的利用之间还是可能存在共同的意思联络的。笔者赞同上述肯定的观点，因为在某些场合，单纯地依靠行为的共同尚不足以认定行为人之间存在共同的注意义务，而且也容易混淆过失共同犯罪与过失的同时犯之间的界限，而只有通过意思联络才可能将两个不相干的行为人针对同一侵害对象的行为联系起来，使原本各行为人独自负有的单独注意义务联系为共同的注意义务。因此，笔者认为行为人之间针对同一行为对象的共同实施、引起或者促进某违法行为或者危险行为的意思联络，可以在行为人之间形成共同的注意义务。例如，前文中提到的瑞士的著名的“滚石案”，A 与 B 二人熟悉当时处所的地理环境及河岸经常有渔夫出现的事实，知道推石头到山坡之下有一定危险，并喊叫：“下面有没有人啊？赶快躲开！”也就是说，A 与 B 二人在各自推落石头之前，对行为的危险性质，可能造成的危害结果等均有意思沟通，在此场景下，A 与 B 二人便产生共同的注意义务，即不但负有防止自己推落的石头发生危害结果的义务，而且负有提醒、督促对方注意防止发生危害结果的义务。此时二人均在不注意的主观心态下近乎同时地推落两个石头，即便只是其中一人造成了最终的结果，但二人应该共同承担责任。

由于过失犯罪行为人之间的意思联络毕竟只是关于非犯罪结果的意思联络，因此对于此种模式形成共同注意义务必须进行限制。这些限制体现在以下几个方面：

第一，在意思联络之外尚需违法行为或者危险行为必须指向同一个或者同一概括的对象。仍以 A、B 二人滚石为例，假设当时石头可以从山顶分别向相反的两个山坡滚下，二人对于自己的行为性质以及可能发生的危害结果也进行了意思沟通，并向着两个山坡均进行了“下面有没有人啊？赶快躲开！”的高喊，然后二人各沿一个山坡滚下石头，那么当其中一块石头造成危害结果时，向另一个山坡下滚石的人不应该同时承担责任。

这种分析表面上似乎是因果关系能否查明的问题，但实际上，只有当行为指向同一个或者同一概括的对象时，各个行为之间对于危害结果的出现才体现了相互利用、相互促进的作用，才增加了危害结果出现的概率。因此，通过意思联络而在行为人之间形成共同注意义务，要求各行为人的行为指向同一个或者同一概括的对象是必要的，无论是同时实行，还是引起或促进实行行为。这既是共同行为的问题，也是行为人之间共同注意义务的问题。从另一个角度来讲，故意犯罪往往有明确的犯罪目的与犯罪动机，因此决定了共同故意犯罪中不同的行为人的行为可以跨越一定的时间或者一定的地域空间而并不影响不同行为之间的相互作用，而过失犯罪并不具有犯罪目的，因此无论是过失共同正犯还是过失教唆与过失帮助犯，都必须将各行为人的行为限制在相对确定的时间与空间的场所之内。

与共同故意犯罪中的意思联络一样，意思联络并不需要具备特定的方式，并不一定要以明示的语言或者文字方式表现出来，以行动的方式同样可以形成意思联络。这里需要提到合一的整体行为，即多个行为人在相互知道的情况下，基于明显的物理作用共同施加于同一作用对象，① 整体对同一作用对象发生作用力，并含有以此为媒介发生一个或同一概括危害结果危险的行为整体。例如，甲、乙二人在房屋顶上共同抬着一根木头向下面的街道投扔，或者甲、乙二人共同推倒一棵快要锯倒的大树等情形。此种情形下，即便共同的行为人之间并没有进行语言上的沟通，但由于各人在同一场合，彼此知道各人的行为共同施加于同一作用对象，基于此种特

---

① 此处所谓的“作用对象”中的对象，与前文所提到“各行为人的行为指向同一个或者同一概括的对象”的“对象”并非同一内涵，上页中的对象是指犯罪对象，而此处的对象则指行为人与被侵害对象之间的中介物，或者可以说有着“犯罪工具”的含义之所在。之所以不称为犯罪工具，是因为通常将犯罪工具理解为“为了犯罪而准备或者使用的工具”，因而通常会产生是在“故意犯罪”的场合使用的嫌疑，因而称为“共同施加于同一作用的对象”。

殊的行为方式，各行为人之间对于行为本身所包含的危险是彼此明了的，可以说在行为人之间存在明确的意思联络，如果二人共同不注意而最终导致危害结果发生时，则构成过失共同犯罪。

合一的整体行为这种方式与共同的先行行为相比，共同注意义务均是在行为人共同行为下产生的，但也存在明显的不同之处。在共同先行行为的场合，先行行为本身并不含有发生危害结果的现实危险，而在先行行为继而发展的后续过程中出现新的危险状态时，行为人负有共同的排除危险状态或者避免结果发生的义务。因而该种情形最终构成犯罪通常由行为人的共同不作为造成。而在后一种情形，则是数个行为人共同的行为本身就包含有发生危害结果的现实危险，即共同实施行为的同时，危险状态业已同时存在，如果最终构成犯罪，多是由数行为人的共同作为造成。

第二，基于意思联络而形成的共同注意义务，必须对联络的程度有所要求。笔者认为应当将意思联络的程度限制在各行为人已经预见到危害结果可能发生但轻信能够避免以及在同一现场有明显的应当预见危害结果发生的可能而没有预见的程度。如何理解有明显的应当预见可能而没有预见？应该说，从主观联系可能性上看，如果都是疏忽大意的无认识过失，单纯就通过意思联络形成共同的注意而言，是不可能存在刑法意义上的意思联络的。这里之所以说“在同一现场有明显的应当预见而没有预见”也可以形成注意义务，主要是站在司法认定的角度来考虑。因为对于行为人当时的主观情形，究竟是已经预见而轻信能够避免还是疏忽大意的无预见，即便是采取主观的认识能力说标准，也不能单听行为人自己的口述，而是要综合考虑当时的客观情形以及行为人自身的条件等，因而确切地说，“在同一现场又有明显的应当预见”这种规定，实际上包含有法律拟制的内涵在内，即推定此时行为人已经有一定的预见。因此，如果是山上打猎的两个人偶然相遇，因为认识而相互打招呼，彼此都说自己正在打猎，仅据此显然不能让两人对于其中一个人的过失行为致人死亡的结果承担共同过失的责任。因为此时双方的联络程度尚没有达到相互之间彼此具有提醒、警示对方控制具体行为的程度，也就不具有共同的注意义务。

总之，共同注意义务的形成，可以是来自外部的强制性明示要求，也可以是共同的先行行为或者由行为人通过意思联络自愿结成共同的关系而承担共同注意义务。现实生活中，三种模式可能会两种或三种同时作用而形成共同注意义务，例如，一施工单位在拆除某建筑物时，通过明确的职务分工，由甲、乙二人负责将屋顶拆除的木头扔向地面，二人共同抬着一根木头并通过明确的意思沟通将其投向地面的场合，可以说共同注意义务的产生即来自甲、乙二人职务上的明确规定，也源于二者之间基于同时作用同一作用物时的先行行为，甚至于也不能排除二者之间的意思联络，在防止可能发生危害结果上，二人当然负有共同的注意义务。如果上述三种形成共同注意义务的模式均不符合，则仅可能成立过失的同时犯，不可能形成共同注意义务并进而构成过失共同犯罪。仍如上述甲与乙，假设二人不是基于职务的明确要求，而是互不相识于偶然的机会同时在屋顶向下扔重物，如果二人共同抬着同一重物下扔，则二人基于合一的整体行为承担共同的注意义务。但如果是二人分别抱起不同的重物，也没有任何的意思联络下，即便向着同一方位扔下，两个人之间也不存在共同的注意义务，此时若造成了危害结果构成犯罪，也只是成立单独的过失犯罪或者同时犯，即便在因果关系不能查明的情况下，也与共同过失犯罪无关，不能仅仅因为因果关系无法查明为了惩罚而随意适用过失共同犯罪。

关于共同注意义务是否必须要求行为人的法律地位平等，大塚仁教授、冯军教授等都持肯定的态度。如大塚仁教授认为，“在二人以上者进行的共同行为包含着容易使某犯罪结果发生的高度危险时，在社会观念上要求行为人应该相互为防止结果发生做出共同注意的事态中，而且，共同者出在同一法律地位时，可以承认这种共同的注意义务”。[①] 冯军教授认为，“认定共同注意义务有无的关键，是根据各行为人职务行为的内容看各行为人在法律上是否处于平等的地位。只有各行为人在法律上处于平等的地位时，才能说他们之间存在共同注意义务”。[②] 从上述学者对于共同注意义务的要求来看，二者所述的“法律地位平等”，真实的意思是指职务上平等的地位，即在同一职位上从事相同性质的工作，如大塚仁教授认为，在公共汽车的驾驶员和售票员之间就不具有相同的法律地位，否认其成立共同正犯；[③] 冯军教授认为，假如与同一病人的治疗有关的人员是两位医师和三位护士，那么，在两位医师或者三位护士之间就存在共同注意义务，但是，在两位医师和三位护士之间则不存在共同注意义务，因为医师和医师或者护士和护士的职务行为内容是相同的，而医师和护士的职务行为内容则有相当的差异，这种职务行为内容的差异，使他们在法上的地位是不平等的。[④] 但现实中发生共同过失犯罪的场合并非只在业务活动中，业务活动之外人们日常生活中的某些危险行为同样可能成立共同的过失犯罪。另外在业务过失的场合，还可能发生业务人员与非业务人员的共同过失问题，在此种场合，原本并不具有业务上共同注意义务的行为人可能基于意思联络而形成共同的注意义务。例如，某民用建筑工程公司机械化工程队吊车班工人王某与吊车班司机谭某，王某无驾驶证，只负责对吊车进行监护的职责，谭某负责吊车的驾驶与操作。某日在一搅拌站工地等待工作期间，谭某在50吨吊车臂向东伸出28米、仰角为73度的情况下，擅

---

① ［日］大塚仁：《刑法概说（总论）》（第3版），冯军译，中国人民大学出版社2003年版，第254页。

② 冯军：《论过失共同犯罪》，载胡驰等主编：《刑法问题与争鸣》（总第3辑），中国方正出版社1999年版，第332页。

③ 参见［日］大塚仁：《刑法概说（总论）》（第3版），冯军译，中国人民大学出版社2003年版，第254页。

④ 参见冯军：《论过失共同犯罪》，载胡驰等主编：《刑法问题与争鸣》（总第3辑），中国方正出版社1999年版，第332页。

自离开吊车到工地休息室与他人打扑克赌博。其间调度员到工地休息室通知吊车挪动车位让路。这时谭某只顾打扑克，在休息室观看他人打扑克的王某自告奋勇说要驾驶吊车腾挪让路。谭某扭头问王某会不会操作，王某表示没问题，谭某见状，又对王某简单交代了操作方法后，继续打扑克。王某在未收回吊臂，且无人监护的情况下驾车由东向西行驶，致使吊臂先后两次碰到附近的建筑物及变电站双回线，造成直接经济损失达100多万元。根据当时的具体情况，在王某开始操作吊机之时，王某与谭某之间是存在共同的注意义务的，其中行为人之间的意思沟通起了决定性的作用。鉴于此，笔者认为，以在同一职位上从事相同性质的工作为内涵限定行为人法律地位是否平等，并进而来限制共同注意义务的做法并不合理。

第三节　共同过失犯罪的客观要件

过失犯罪在客观方面主要表现为过失行为、危害结果以及二者之间的因果关系。对于过失共同犯罪而言，其客观表现则是二人以上的行为人实施了违反共同注意义务的共同行为，共同行为导致了法定危害结果的发生，并且共同行为与危害结果之间具有因果关系。

一、共同过失行为

共同过失行为，是指各行为人都没有实施防止危害结果发生的行为，或者没有实施促使他人防止危害结果发生的行为，即各行为人均未妥善履行共同注意义务而实施的导致危害结果发生的作为和不作为。

关于共同的过失行为，首先涉及的问题就是是否涵盖过失的教唆行为和过失的帮助行为。目前国内外学者所持的理由虽然不尽相同,[①] 但大多数认为过失的共同犯罪应该限制在过失共同正犯的范围内，即共同的过失行为并不包含过失的教唆和过失的帮助行为，只能是共同的实行行为。对于过失共同犯罪的存在范围，刘艳红教授认为，既然故意犯罪中存在教唆犯、帮助犯，如果不存在过失共同犯罪人的分类，不存在过失的教唆、帮助犯，只存在过失的共同正犯，就与解决复数犯罪人的复杂刑事责任问题这一共犯制度的宗旨相违背。[②] 笔者同意上述观点。换一个角度来讲，在共同实行的场合，由于行为人均实施了实行行为，各自都负有不使危害结果发生的义务，因而即使直接按照过失的单独犯分别论罪处罚往往也可以解决刑事责任的承担问题。例如，甲与乙两名建筑工人，在都没有注意到地面上行人的情况下，共同在高空支架上将建筑用角材往地面上丢掷，导致过路行人死亡的场合，即便否认甲乙二人成立共同过失正犯，而将二名共同行为人皆论以单独的过失犯罪，从对问题的解决上讲，与按照过失共同正犯处理的区别并不大。即便在少数情况下，具体哪个行为造成最终的危害结果无法查明，也可以通过推定因果关系的方法来解决。[③] 这样，如果只是将过失共同犯罪限制在过失共同正犯的范围，过失共同犯罪存在的价值就大打折扣。鉴于过失教唆与过失帮助犯的具体问题相对比较复杂，

---

① 反对的理由中，大多数认为，“教唆”本身天然地含有故意的含义，从而无法想象过失的教唆。还有的学者虽然认为事实上存在过失教唆的现象，但又从防止刑罚扩大化上来考虑，认为过失教唆和过失帮助不成立共同过失犯罪。

② 参见马克昌、莫洪宪主编:《中日共同犯罪比较研究》，武汉大学出版社 2003 年版，第 257 页。

③ 在二人以上的行为共同造成一个危害结果发生，而究竟是哪个危害行为造成的危害结果无法辨明时，推定两个行为均与结果之间存在因果关系。此处与前文主张成立过失共同犯罪的必要性时所列举的相似案例进行的论证并不矛盾，因为此所论述的案例是以各行为人之间存在共同的注意义务为前提的，在此种前提下，即便在最终的处理上并没有按照过失共同犯罪之名处理，但并不否认两行为均与结果之间存在因果关系。如果二行为人之间缺乏前文论及的任何一种形成共同注意义务的情形，则在造成一个危害结果而究竟结果是由哪个行为造成又无法查明时，笔者同样主张没有成立过失共同犯罪的余地，而按照疑罪从无的原则进行处理。

本书第四章对此进行了专门的论述，在此不予展开。

过失行为的表现形式虽然随着现代社会的发展而不断地变化更新，但其基本形式仍不外乎作为与不作为两种。共同过失犯罪中的共同过失行为存在以下几种表现形式：

（1）共同的过失作为。过失的作为行为表现为行为人以自己的积极行为侵犯了犯罪所保护的社会关系，造成不愿意见到的危害结果。共同的过失作为即是指对于违反共同注意义务而造成的危害结果，各行为人都实施了积极的行为。例如，甲、乙二人为了教训丙，共谋伤害丙。某天甲、乙埋伏路边，将丙拦住殴打。丙被击倒在地，但仍在反抗。甲、乙便加大打击力度，力图将其打服。他们拳打脚踢，不料却打中丙的几处要害部位，致丙伤重而亡。事后查明，对丙致命部位的打击系甲、乙共同所致。本案中，甲、乙二人主观上对于丙的死亡均有过失，在客观上均实施了积极的行为，属于共同的过失作为。

（2）共同的过失不作为。过失的不作为是指行为人负有实施某种作为的特定义务，能够履行但因为过失而没有履行的危害行为方式。因此，共同的过失不作为，即是指各行为人之间负有某种共同的作为义务而且能够实际履行，但由于共同的过失而均没有履行作为义务，最终导致危害结果出现的情形。例如，根据职务及身份的要求，铁道的扳道工应随时注意火车往来信号，及时准确扳道。某日，根据站内的值班安排，甲、乙两扳道工同值一班，其间因感觉无聊，甲提议喝点酒，乙欣然同意。结果在火车往来信号发出后，二人均因饮酒过度而昏睡不醒，没有及时履行扳道义务，造成重大事故。此案中，甲乙二人即为典型的共同过失不作为。

（3）过失的作为与过失的不作为的结合。共同行为人中，有的人过失地实施了违反注意义务的积极行为，而有的人负有作为的义务而且能够履行但因过失而没有履行，两种情形共同作用，造成危害结果的发生。如上文中提到的“谭某、王某违规操作吊车案”，谭某、王某即为一个过失作为，一个过失不作为，作为与不作为的结合而形成的共同过失行为。

过失共同犯罪中各行为人的行为可以是彼此协力、相互配合实施，如前所述的合一的整体行为即是如此。也可以是彼此单独实施。当然，这里的单独实施仅是从行为人的外在的物理性着力方式上来说的，如同处于屋顶的数个行为人各自单独抱起一根木头往下扔。这里单独实施的行为之所以能归属于过失共同犯罪的共同行为，必然要通过行为背后的共同注意义务来考察。

关于过失共同犯罪中的共同行为发生的时间，有学者提出，可能是同时实施的，也可能是先后实施的，[①] 对此观点笔者基本上是赞同的，但同时又认为，共同过失犯罪的在主观上毕竟不存在预谋等事先的犯罪计划，即便在存在意思联络的场合，其联络也只是对于非犯罪目的及结果而言的，因而各行为人的行为通常情况下是近乎同时实施的，这不仅受到法律法规以及职业、职务上对从事同一事务或位于同一职位的行为人的要求所限制，也受到某一特定危害结果发生当时具体情况的限制，因而过失行为即便在先后发生的场合，也应该限制在紧密相连的同一场合的情况，否则，就无法将过失共同犯罪与过失的竞合相区分。

二、共同过失行为所致的危害结果

传统的观点，也是目前通说的观点，过失犯罪是典型的结果犯，[②] 即

---

① 参见李希慧：《刑法探微》，中国人民大学公安大学出版社 2007 年版，第 236 ~237 页；舒洪水：《共同过失犯罪的概念及特征》，载《法律科学》2005 年第 4 期。

② 关于结果犯的概念，我国刑法教材通常是在讨论故意犯罪是否既遂以及既遂的标准中论述，往往将结果犯定义为：指不仅要实施具体犯罪构成客观要件的行为，而且必须发生法定的犯罪结果才构成既遂的犯罪，即以法定犯罪的发生与否作为犯罪既遂与未遂区别标志的犯罪。高铭暄、马克昌：《刑法学》（第 3 版），北京大学出版社、高等教育出版社 2007 年版，第 161 页。实际上，结果犯应当首先从犯罪成立的意义上去界定，即应当包含有缺乏法定的结果，就不构成犯罪的内涵，否则，结果犯将成为故意犯罪中所特有的概念。鉴于此，笔者认为有的著作中将结果犯定义为“以法定的危害结果作为构成客观犯罪的必要条件的犯罪”（马克昌主编：《犯罪通论》，武汉大学出版社 1999 年版，第 495 页）更合理些。

过失行为只有与严重危害社会的结果相结合时，才可能构成犯罪。当过失行为尚未发生危害结果，或者只是发生了较轻的而不是严重的危害结果时，过失行为便不具有犯罪的性质，不能对行为人追究刑事责任。在危害结果这一因素上，共同过失犯罪与单独的过失犯罪没有区别，其社会危害性也主要是通过共同过失行为所造成的危害社会结果表现出来。换句话说，就具有违法性或者危险性的共同过失行为本身来看，它的危险性还只是一种可能性，只有当共同过失行为已经造成了严重的危害社会的结果，这种危险性才转化为现实性，才能论及过失责任的承担。共同过失犯罪中的危害结果同样应该具有客观现实性与严重性等特征，因此，关于共同过失犯罪中的危害结果，最关键的是结果与共同过失行为间因果关系的认定。

需要提到的是，国外存在关于过失的危险犯的理论和立法规定，如1962年以后的苏联刑法中新增加的11条过失犯罪中，有7条是规定危险状态构成的过失罪。[①] 1975年《德国刑法典》第314条规定：过失决水，危及不特定多数人的生命或财产的，处1年以下自由刑或罚金；1971年修正的《瑞士刑法典》第225条规定了无意图之过失危险罪，第229条规定了过失违反建筑工程规则之危险罪等。对于过失危险犯，我国亦有学者持肯定的态度，认为在一般情况下，过失行为仅仅具有造成某种损害结果的可能性，因而不宜规定为犯罪，但是对于行为人主观恶性比较严重，损害结果虽然没有发生，但是发生的可能性极大，而且有可能造成的损害巨大的严重过失行为，则可以考虑在分则中特别规定危险状态构成的过失犯罪。[②] 笔者认为，随着社会的发展和科学技术的进步，过失行为的社会危害性也越来越严重，某些过失行为一旦发生危害结果，就可能造成巨大的破坏性，因而提出过失危险犯的概念并在立法上得到实践有其内在

① 参见马克昌主编：《犯罪通论》，武汉大学出版社1999年版，第351页。

② 同上。

的根源。在承认过失危险犯的法律规定范围之内，无论是单独过失犯罪还是共同过失犯罪，自然不必要求有危害结果的实际发生，但这种处罚方式如果不严格限制，必然会使对过失犯罪的处罚扩大化，因此应该将其严格限制在刑法分则特别明文规定的范围之内。就我国刑法而言，分则在规定具体犯罪的罪状中，除少数条文外，大多数犯罪并不指明是故意犯罪还是过失犯罪，而由学者及司法权威部门根据经验进行解释。一般认为，目前我国《刑法》第 330 条规定的妨害传染病防治罪和第 332 条规定的妨害国境卫生检疫罪是过失危险犯的立法例。①

三、共同过失行为与危害结果之间的因果关系

共同过失行为与危害结果之间的因果关系，是指存在于共同过失行为与危害结果之间的引起与被引起的关系。刑法学中的因果关系问题，本身

① 对于妨害传染病防治罪、妨害国境卫生检疫罪的主观方面，刑法界争议颇大，存在多种观点。以妨害传染病防治罪为例，有学者认为该罪的主观方面是过失，具体表现为行为人对引起的甲类传染病传播或者传播严重危险这一结果的疏忽大意或过于自信，但行为人对于违反《传染病防治法》规定的行为可能是故意。行为人对其违反《传染病防治法》规定的行为可能是故意或过失，但这不影响本罪的罪过性质，将本罪的主观方面界定为过失是符合立法愿意的，如果故意引起甲类传染病传播或有传播严重危险的，则应以危害公共安全罪处罚，而不再构成本罪。参见赵秉志主编：《新刑法全书》，中国人民公安大学出版社 1997 年版，第 1112 页。王作富主编：《刑法分则实务研究》（下），中国方正出版社 2007 年版，第 1512 ~1513 页。有学者认为是故意，即行为人对于违反《传染病防治法》规定的行为是故意，但行为人对于七行为所引起的甲类传染病传播或者传播严重危险的结果是过失。参见陈兴良主编：《刑法全书》，中国人民公安大学出版社 1997 年版，第 1080 页。主张该罪主观方面是故意的观点还有其他不同的视角，如卫生部政策法规司主编的《“二五”普法——卫生专业法规读本》认为该罪的主观方面为故意，行为人对于其行为和危害结果都体现了故意，即只有行为人故意实施违反《传染病防治法》规定的行为，并且希望或者放任引起甲类传染病传播或有传播严重危险的结果发生，才构成本罪。参见该读本第 323 页。张明楷教授认为将本罪确定为过失犯罪缺乏“法律有规定”的前提，因而只能确定为故意犯罪，但宜将“造成甲类传染病传播”视为本罪的客观超过要素，既不需要行为人明知该结果的发生（但要求有认识的可能性），也不需要行为人希望或者放任其发生。参见张明楷：《刑法学》（下）（第 5 版），法律出版社 2016 年版，第 1120 页。笔者坚持上述的第一种观点，即认为该罪的主观方面是过失，是我国刑法中关于过失危险犯的立法例。

就是一个庞大复杂的课题，在大陆法系，一直存在条件说、原因说、相当因果关系说等的纷争，在德国还盛行客观归属论。在我国，则存在必然因果关系与偶然因果关系的论争以及事实因果关系与法律因果关系的分类。因此，本书不打算、也不足以对因果关系问题进行详细的论证，只是针对共同过失犯罪中过失行为与危害结果之间因果关系的特殊性略提一些自己的看法。

共同过失犯罪中的共同行为与危害结果之间的因果关系具有因果关系的共性，即客观性、相对性、时间上的顺序性、条件性以及复杂性和多样性等。但同时，作为过失的共同犯罪，其因果关系又有不同于通常因果关系的特殊性。这种特殊性首先表现在外观的显现性上。在过失犯罪领域，结果的发生对于行为人来说是事与愿违的。正是由于行为人对于危害结果的发生持反对态度，因此不可能存在对于危害结果的预谋，危害结果发生前，行为人对其过失行为通常也就没有隐蔽，危害结果发生后，行为人对案件的事实一般也不会隐瞒。因此，因果关系在外观上较为明显，判断要相对容易。其次，共同过失犯罪的因果关系在判断上通常需要技术性。因为过失犯罪有相当一部分发生在业务活动领域，共同的过失犯罪更是经常发生在具有协作关系，或者是人数较多、分工细密的集体组织体的业务之中，因而在内容上多涉及技术性因素。随着科学技术广泛运用于生产、生活、工作领域，事故事件中的因果关系所具有的技术性也会变得越来越强，要查明因果关系的内容，对于技术性的要求也就变得更高。①

共同过失犯罪中的因果关系，不是单个人的行为与犯罪结果之间的因果关系，而应当以共同犯罪人的行为统一地加以考察。日本刑法学者牧野英一曾经指出："我们认为应从如下两个方面观察共犯关系：其一是因果关系的拓宽问题。在共同正犯的一般场合，犯罪行为互相共同指向一定的

---

① 参见胡鹰：《过失犯罪研究》，中国政法大学出版社 1995 年版，第 143 页。

犯罪事实。应该说指向其犯罪事实的数个行为成为共同原因……其二是因果关系的延长问题。在教唆的一般场合，犯罪行为与正犯先后指向一定的犯罪事实。指向其犯罪事实的甲是原因，而乙是原因的原因。”① 虽然牧野教授的上述论述是针对故意共同犯罪来谈的，但笔者认为，共同过失犯罪中共同行为与危害结果间的因果关系与故意共同犯罪中共同行为与危害结果间的因果关系在“共同”这一点上必然有其相同之处。在承认过失共同犯罪，特别是承认过失教唆与过失帮助的前提下，上述论述同样适应于过失共同犯罪中的因果关系。基于此，笔者认为：

第一，在过失共同正犯的场合，各共同行为人的行为共同指向同一个或同一概括的行为对象，因而应将各行为人的实行行为作为统一体来考察，以确定行为与最终发生的危害结果之间的因果关系。在过失共同正犯的场合，行为人基于共同的职务上或法令上明示要求的共同作为或不作为义务而实施的行为以及共同行为人合一的整体行为与其所造成的危害结果之间的因果关系，或者各行为人在同一场合分别实施了作用于不同中介物体的过失行为，但各过失行为均直接对同一个或者同一概括的行为对象造成危害后果，这些情况下的因果关系通常均甚是明了。对于事实上同时发生数个过失行为，但只有其中一个过失行为造成了危害结果，而又无法证明究竟哪一个过失行为造成的情况下，对于每个人的行为与危害结果之间的因果关系，则存在不同的看法。有学者认为，对此应当承认推定的因果关系，即推定所有行为人的行为都与结果存在因果关系。对于此推定的因果关系，论者认为，法院只要确定共同行为人负有一种共同防止损害结果发生的义务，就可推定在行为人之间存在共同过失。但是，如果其中一个被告人能够证明自己的行为与损害结果之间不存在因果关系，也就可以免

---

① ［日］牧野英一：《刑法研究》，有斐阁 1928 年版，第 13～14 页。转引自马克昌主编：《犯罪通论》，武汉大学出版社 1999 年版，第 507 页。

除该行为人过失罪的刑事责任。[①] 对此笔者持有异议。笔者同意论者对于上述情况的处理结果，即各个行为人与危害结果之间都具有因果关系，但同时认为这种因果关系并非基于推定而成立的。换句话说，“推定”意味着这种因果关系本身是并不存在的，而只是一种无奈的选择。如果是这样的话，这种推定必然难以脱离有罪推定的嫌疑。[②] 笔者认为，在同时发生数个过失行为，但只有其中一个过失行为造成了危害结果，而又无法证明哪一个过失行为造成危害结果的情况下，关键所在是要看各行为人之间有没有共同的注意义务。如果说各个行为人的过失行为是由法令、职业、职务上的明示要求或者基于行为人的意思联络而做出的，那么，各个过失行为就应当作为一个有机的统一体来考查。换句话说，同时发生数个过失行为，但只有其中一个过失行为造成了危害结果，如果各个行为人之间存在共同的注意义务，那么，不仅在无法证明哪一个过失行为造成危害结果的情况下，即便在能够证明是其中一个过失行为造成的危害结果，各行为人的行为也都与危害结果存在因果关系，只不过在责任轻重上有区别而已。这与在共同故意犯罪的情形并没有不同。故意犯罪的场合，如甲、乙共谋投石伤害丙，甲投石未击中丙，乙投石致丙骨折，对此根据共同犯罪的一般原理，认定甲、乙二人均负伤害罪既遂的刑事责任应该没有异议。但该场合，若单从行为的客观方面来考虑，与共同过失犯罪中的上述情形并无区别，只不过在共同故意的场合，对各行为统一考察的缘由在于各行为人彼此的犯意联络，而在共同过失犯罪的场合，对行为统一考察的缘由在于各行为人之间的共同注意义务。

---

① 参见孙国祥：《刑法基本问题》，法律出版社 2007 年版，第 383 页；孙国祥：《论共同过失犯罪》，载《社会科学研究》1993 年第 4 期。

② 上述论者自己也承认是一种有罪推定，但又认为这种有罪推定是建立在一定的主客观基础上的，即各行为人都负有防止危害结果发生的义务，主观上都有过失，客观上都实施了可能发生危害结果的过失行为。

第二，在过失教唆与过失帮助的场合，教唆或帮助的行为引起或者促使实行行为的实施，由实行行为直接引起危害结果的发生，教唆、帮助行为是危害结果发生的间接原因。

对狭义的共犯进行处罚属于刑法中的处罚扩展事由。关于对狭义共犯的处罚根据，国外刑法理论上大致可以分为责任共犯论、违法共犯论、因果共犯论三种学说。责任共犯论认为共犯的处罚根据在于使他人陷入了刑罚与责任之中，从行为人创造出了负有刑事责任的犯罪者这一点中探求处罚根据，因而称为责任共犯论。违法共犯论认为共犯的处罚根据在于使共犯实施了该当构成要件的行为，正犯的行为只要具有违法性即可，不一定要具有有责性，因而称为违法共犯论。因果共犯论则认为之所以处罚共犯，在于共犯与他人所引起的法益侵害之间具有因果性，所谓的共犯就是指以其他犯罪参与者为媒介而间接地实施了法益侵害的行为者，因而因果共犯论又称为惹起说。[①] 责任共犯论与违法共犯论存在明显的弱点，在“遭受侵害的法益必须对共犯本身而言也属于应加以保护的法益”这一点上常遭遇尴尬，即实行犯所直接侵害的法益，即便是站在共犯的角度，对于该共犯而言，该法益仍然需要法律的保护。但对于自残行为，如自己切掉自己手指的行为并不具有可罚性，但请他人代为切断自己手指的行为，若依照责任共犯论或者违法共犯论，则自己却构成伤害罪的教唆犯，这种结论无论如何难说是正确的，因而目前无论在德国还是日本，共犯处罚的根据都以因果共犯论为核心主张，是现在的通说观点。虽然这些论述是针对传统的故意共同犯罪而言的，但对于过失教唆与过失帮助而言同样适用。在过失共同犯罪的场合，要求过失的教唆及过失的帮助行为与过失的实行行为所实现的法益侵害之间具有因果关系，在此限度内，过失的教唆

---

① 参见［日］西田典之：《日本刑法总论》，刘明祥、王昭武译，中国人民大学出版社 2007 年版，第 275 ~278 页。

犯与过失的帮助犯才应受到处罚。

在确定共同过失犯罪中行为与危害结果间的因果关系时，要特别注意归因与归责的区别。简单地说，归因属于客观方面的范畴，即确定某一结果再客观上是否由某一行为所引起；而归责则是指在结果与行为之间的因果关系已经确定的情况下，结合行为主体的主观罪过、期待可能性等确定行为人是否应该对危害结果承担刑事责任以及承担什么样的刑事责任。在归因和归责的关系上，既要承认因果关系是归责的前提和基础，又不能用因果关系来取代归责。例如，大塚仁教授在对于数名作业人员在楼房顶上共同扔下一根圆木，因为不注意没有确认安全，而打到偶然在路上的行人，致行人死亡的“圆木案”的分析中指出，“处在看不见下面状况位置的人向处在看得见位置的人提出‘下面没事吧’的疑问后，处在看得见位置的人没有很好地确认，就说‘没事’，在这种状况下发生了事故时，处在看不见位置的考虑到安全问题的人就没有违反主观注意义务，就能够阻却责任过失……这种场合仍然必须说全体成员都违反了共通的客观注意义务。”[①] 处在看不见状况位置的行为人的行为仍和砸人致死的结果具有刑法上的因果关系。笔者同意该种观点。但对此有学者认为，处在看不见下面位置的行为人由于位置的影响，使其难以发现危险，但他仍然询问处在看得见下面位置的人相关情况，说明前者已经履行了可以履行且能够履行的注意义务，因而否认他的行为与圆木砸人的结果之间已存在刑法上的因果关系，对此行为人追究共同过失犯罪之责任也就有悖主、客观相统一的刑法基本原则。[②] 显然，此处论者并没有廓清归因与归责的内涵。因果关系是行为与结果之间引起与被引起的关系，投扔圆木与砸死行人之间的关联性是客观事实，无论如何也不能否认它们之间的因果性，即便最终不对看

---

① ［日］大塚仁：《犯罪论的基本问题》，冯军译，中国政法大学出版社 1993 年版，第 260 页。

② 参见舒洪水：《共同过失犯罪的概念及特征》，载《法律科学》2005 年第 4 期。

得见下面位置并提出疑问的行为人追究刑事责任，也并不是因为缺乏因果关系，而是因为该行为人不具备主观方面的过失和期待可能性。认为如果承认上述行为人的行为与砸死人之间具有因果关系就违背刑法主客观相统一的观点也值得商榷，因为因果关系本身就是客观的考量因素，本身并不涉及主观方面。

在共同过失犯罪行为与结果的因果关系的确定上，尚需特别注意重叠的因果关系。“两个以上的相互独立的行为，单独不能导致结果的发生，但合并在一起导致了结果发生时，就是重叠的因果关系。”① 例如，某村办小学教学楼，修建时楼顶就作为村民的晒谷场使用，后因年久失修而成为危房，村委会遂规定禁止在楼顶晒粮。某日天晴，该村 5 户村民不顾村委会的规定，各在楼顶晒谷 5000 余斤，结果导致楼顶垮塌，致使数名学生伤亡。后经鉴定，每户村民所晒的粮食都不能压塌楼顶，危害结果是各户村民的危害行为综合作用所致。② 在该种情形中，各行为之间并不存在引起、支配或者从属关系，但它们之间的综合作用力致使产生了危害结果。对此，不能否定其中的每个危害行为都是危害结果发生的原因，都与结果之间具有因果关系。那么，该种情形在过失共同犯罪成立与否层面，应该如何解释呢？笔者认为应该构成过失共同犯罪，属于过失的共同正犯，具体可以分几个层次来分析：第一，如果是 5 户村民同时均在场晒麦子，认定过失共同正犯明显没有问题，在注意义务的来源上可以归属于明示的注意义务或者和一的整体行为；第二，如果 5 户村民是先后到房顶晒麦子，则从主观上来分析，先晒麦子的行为人应该预见到还会有其他人来晒麦子，但由于疏忽大意而没有预见或者已经预见而轻信能够避免。同时其对于“危房”这一客观事实也是明知的，因此对自己的行为以及后继来晒麦子

---

① 张明楷：《外国刑法纲要》，清华大学出版社 2007 年版，第 122 页。

② 案例参见马克昌主编：《犯罪通论》，武汉大学出版社 1999 年版，第 225 页。

的人的行为的共同作用可能会造成危害结果的发生应该有所预见，但最终由于疏忽大意而没有预见或者已经预见而轻信能够避免。而后继到房顶晒麦子的行为人的主观反面更容易分析，当其实施自己的行为时，已经有其他人晒了麦子，因而更应该预见到自己的行为与他人的行为共同作用可能造成危害结果的发生，但最终由于疏忽大意而没有预见或者已经预见而轻信能够避免，而导致了危害结果最终发生。从客观行为来分析，虽然各自行为人的行为不是同一时间内实施的，而且各行为人之间也没有引起与被引起的关系，但需要注意的是，晒麦子这种行为不是已经实施，其作用即可结束的行为，而是当麦子在房顶的时间内，对于结果的最终发生时持续期作用的，因而虽然各行为人到房顶的时间不同，但由于作用的持续性，个人的行为最终是共同起作用，相互结合而产生结果的，因而在共同注意义务的来源上，同样可以归属于合一的整体行为。

第四节 共同过失犯罪的主观要件

一、共同的注意能力

共同过失犯罪也是主、客相统一的有机体。共同过失犯罪的主观要件是共同行为人主观方面的共同不注意，即共同的过失，这是追究行为人刑事责任的主观依据，这当然首先涉及各行为人的注意能力问题。各行为人之间共同的注意义务是成立共同过失犯罪的前提条件，但在具体到行为人是否能够履行该注意义务时，还必须考察行为人在主观上是否能够注意，即是否具备注意能力。

（一）注意义务与注意能力的关系

在论述注意能力的内容与认定标准之前，首先需要厘清注意义务与注意能力之间的关系，这关涉对下文内容的理解。对此问题，理论上存在不同的观点：第一种观点认为，注意能力是注意义务的前提，有注意能力必有注意义务，没有注意能力也就无所谓注意义务。此种观点实际上是用注意能力来证明注意义务。例如，林山田教授认为："行为人如有预见发生结果之可能时，则有预见结果之义务，进而有回避结果之义务。"[①] 第二种观点认为，注意能力与注意义务二者是相互独立的，注意义务的存在与否并不取决于行为人有无注意能力。如陈兴良教授认为，注意义务是从客观的意义上来提供应当预见或者应当避免的法律标准；而注意能力则是从主观的意义上来提供应当预见或者应当避免的实施根据，注意义务和注意能力的统一就是"应当预见"或"应当避免"这一大的范畴。[②] 周光权教授也认为，注意义务的存在与否不取决于行为人有无注意能力。能够注意的人不一定都有注意义务，而负有注意义务的人也不一定任何时候都能够预见。[③] 另外，林亚刚教授认为，对于注意义务与注意能力的关系问题，应当区分是在何种意义下讨论，如果是在将注意义务作为客观性、普遍性的注意义务这一一般意义上讨论，则注意义务与个体的注意能力是分离的。但如果在具体的事件中考察具体的注意义务时，就不能将行为人的注意义务与其注意能力相分离，而应当是在确认了行为人对危害发生有认识可能性以及回避可能性，即确认了行为人有注意能力的情况下，才能将预见义务以及回避义务赋予行为人。[④] 除此之外，针对注意义务与注意能力的关系，有学者列举了注意能力中介说、注意能力前提说、注意能力与注意义务并列说、注意能力与注意义务分离说、注意能力与注意义务独立说等五

---

① 洪福增：《刑事责任之理论》，台北，刑事法杂志社 1988 年版，第 358 页。

② 参见陈兴良：《刑法哲学》，中国政法大学出版社 1992 年版，第 186～187 页。

③ 参见周光权：《注意义务研究》，中国政法大学出版社 1998 年版，第 102～103 页。

④ 参见林亚刚：《犯罪过失研究》，武汉大学出版社 2000 年版，第 164～167 页。

种观点，并又提出了所谓的注意能力与注意义务对立统一说。[①] 由于这些分类之间并不具有实质的相异因素，各类别之间缺乏相互独立性，注意能力中介说、注意能力与注意义务并列说、注意能力与注意义务分离说基本上都可以被上述的注意能力前提说、注意能力与注意义务独立说所涵盖，注意能力与注意义务对立统一说也不具备真正独立的刑法学意义，因而不再一一展开论述。

笔者赞同独立性说，即注意义务的存在与否并不由行为人是否具有注意能力所决定。如果依照注意能力前提说，那便是用注意能力来推导注意义务的存在，有注意能力就有注意义务，缺乏注意能力即无注意义务。这样，要么使注意义务变得难以捉摸，要么对有无注意义务的判断就演变为单纯对注意能力的判断，从某种意义上说，注意义务就完全依附于注意能力而丧失单独存在的必要性。而实际上，注意义务是由法律、法规、职务或者业务以及社会生活中的常理所产生的一种客观要求，是行为人行为时应负的社会责任。而注意能力则是行为人在某种客观条件下的主观能力，是能否履行义务的主观条件与基础。注意义务具有客观性，对于类型化了的主体或者在特定的环境下具有统一性。而注意能力则是个别的，因人而异、因时而异、因具体条件而异。现实生活中确实存在能够注意的人不一定都有注意义务，而负有注意义务的人不能注意的情形。将注意义务与注意能力进行“一揽子”判断，则必然会导致要求那些事实上不具有注意义务但有注意能力的人承担刑事责任的现象，从而株连无辜。因此，在过失犯罪领域，对“法律不要求不能”或者“法律不能强求行为人预见他无法预见的事情”的正确理解，不是当行为人缺乏注意能力时就不负有注意义务，而是当行为人缺乏注意能力时就不对其追究刑事责任。有学者以姜伟博士“过失以行为人不履行注意义务为重要条件，但又以行为人具有注意

① 参见刘期湘：《过失犯中的违反注意义务研究》，经济科学出版社2009年版，第88~92页。

能力为前提”的论述来佐证注意能力前提说,[①] 不仅是断章取义，更是明显的语法分析错误，因为整个句子的主语是“过失”,“以行为人具有注意能力为前提”指的是“过失”要以行为人具有注意能力为前提，而不是“注意义务”要以行为人具有注意能力为前提。至于区分一般意义上的注意义务与具体的注意义务的见解，笔者认为其在实质上仍然是注意能力前提说的主张。因为就注意义务有无的判断而非注意义务来源的判断来看，总是具体到特定的人以及特定的客观环境的具体注意义务的判断。如果做这种区分的话，站在司法实践的角度，从认定行为人是否应当负刑事责任的立场，离开具体的行为人及客观环境的一般意义上的注意义务并不具有现实的价值。再者，对于行为主体而言，注意义务的有或无是客观既定的，不能说行为人既有注意义务，又没有注意义务。而具体化、个别化的判断，也就只能是不同行为人在不同客观条件下注意能力的不同与变化的判断，简单而言，是行为人注意能力有无的判断，而不是注意义务有无的判断。

基于以上的分析，在共同过失犯罪的场合，对于各行为人注意能力的判断也就只能是在具备共同的注意义务的情形之下所作的判断。在各行为人具备共同注意义务时，判断各行为人是否均具有注意能力，而不是根据各行为人是否均具有注意能力来证明行为人之间是否具有共同的注意义务。只有这样，对于成立共同过失犯罪才具有意义。

（二）注意能力的内容

注意能力，是指行为人对于应当注意的事项在主观上注意的可能性。关于注意能力的内容，目前主要存在以下不同的见解：第一，认识能力说。该种观点将注意能力等同于认识能力，如有学者认为：“行为者对构

---

① 参见刘期湘：《过失犯中的违反注意义务研究》，经济科学出版社 2009 年版，第 89 页。

成事实的认识以及对避免结果发生可能性的认识，是个注意能力或认识能力的问题。”[①] 第二，认识能力与避免能力统一说。该种观点认为，刑法学意义上的“注意”，包含内部的注意与外部的注意两个方面，内部的注意是指行为人的心理活动指向和集中于一定的对象，而外部的注意义务则是指在内部注意义务的基础之上，行为人实施一定的作为或者不作为以避免危害社会结果的发生。正因如此，注意能力并不能等同于认识能力，而是包含内部注意能力和外部注意能力两方面的内容，内部的注意能力是指认识和预见可能发生危害社会结果的能力，外部的注意能力则是指在认识、预见可能发生危害社会结果的基础上，采取适当措施以避免发生危害社会结果的能力。因此，注意能力就是认识能力和避免能力的统一。[②] 除了上述两种观点外，尚有学者提到抽象说或者个体能力说，[③] 该种学说只是简单地将注意能力描述为行为人对客体保持和集中注意所具有的个体能力，并没有真正揭示注意能力的内容，故不做详细论述。认识能力说把注意能力完全作为犯罪主观方面的内容来看待，符合从主观方面来探讨过失罪过的目的，因而得到绝大多数学者的支持。[④] 但主张认识能力与避免能力统一说的学者认为认识能力说将注意能力等同于认识能力，并同时适用于疏忽大意的过失与过于自信的过失，没有区分两种过失中行为人注意能力的内在差异，因而有失妥当。而认识能力与避免能力统一说关注了不同犯罪过失形态下注意义务的不同内容，与注意义务在内容上包含预见结果义务和避免结果义务相一致，因而更具有科学性。[⑤] 认识能力与避免能力同一

① 甘雨沛、何鹏：《外国刑法学》（下册），北京大学出版社 1984 年版，第 368 页。

② 参见胡鹰：《过失犯罪研究》，中国政法大学出版社 1995 年版，第 78 页。

③ 参见周光权：《注意义务研究》，中国政法大学出版社 1998 年版，第 98 页；刘期湘：《过失犯中的违反注意义务研究》，经济科学出版社 2009 年版，第 85 页。

④ 参见高铭暄、赵秉志主编：《过失犯罪的基础理论》，法律出版社 2002 年版，第 25 页。

⑤ 参见周光权：《注意义务研究》，中国政法大学出版社 1998 年版，第 97 ~99 页。

说得到越来越多学者的认可。

对于上述争议，笔者不同意对认识能力说的批判。认识能力说认为，注意能力无论在疏忽大意的过失还是在过于自信的过失中都是指认识能力，但该说并非像批判者所述没有区分行为人在两种过失中注意能力的内在差异。实际上，在疏忽大意的过失中，行为人虽然具有注意能力，但根本就没有发挥，从而对危害结果没有预见。而在过于自信的过失中，行为人已经认识到危害结果发生的可能性，但实际上并没有准确地认识到危害结果发生的内在方式，从而轻率地认为危害结果不会发生，这是注意能力没有正确、充分发挥的问题，[①] 二者之间并非完全没有区分。另外，认识能力与避免能力统一说认为，在过于自信过失中，行为人已经预见危害结果发生的可能性，并且也能够避免，因而，行为人在此基础上采取适当的措施以避免发生危害结果的能力也就包含在注意能力之中。[②] 支持该说的学者否认将结果避免能力称为外部的注意能力以及避免能力具有行为特征的现象，认为避免能力是行为人如何借助主、客观条件来避免结果发生的认识能力，它仍然是个体对于特定对象保持和集中注意力的认识能力，至于行为人在这种认识基础上采取的避免行为，则不是注意能力心理活动本身。[③] 若依此理解，“认识能力与避免能力统一说”与“认识能力说”也就没有实质的差异，对认识能力说的批判也就纯属理解上的错误。

认识能力说虽然也承认在疏忽大意过失与过于自信过失之间认识的内容并不相同，但将注意能力仅仅停留在认识层面也不妥当。笔者认为，注

---

① 参见陈兴良：《刑法适用总论》（上卷），中国人民大学出版社2006年版，第163页。

② 参见周光权：《注意义务研究》，中国政法大学出版社1998年版，第99页。

③ 同上书，第100页。

意能力是认识能力与控制能力的统一。[1] 对于该主张，需要从以下几个方面解释：

第一，从层次上来理解，认识能力是控制能力的前提，只有在具备认识能力的前提之下，控制能力才有探讨的必要。控制能力是关键，行为人有认识能力，因疏忽大意而根本没有认识到自己的行为可能发生危害结果，但如果能证明即便行为人发挥了他的认识能力，认识到了行为造成危害结果的可能性，却仍然根本无法控制他的行为在正常限度或者法令、条理要求的限度内行使的话，也同样被认为缺乏注意能力。第二，从内容上来看，认识能力主要针对的是行为可能发生的危害社会结果，即行为人能够认识、预见到自己的行为发生危害社会结果的可能性。当然，行为人的行为本身也是认识的对象。而控制能力指向的对象则是行为人自己的行为本身，这也是与上述避免结果发生的能力最大的区别。传统上所说的避免能力所指向的对象是危害结果，即避免危害结果的发生，而实际上避免结果发生的能力可以细分为两部分，一是在认识可能发生危害结果的基础上避免自己实施离规的或者高度危险行为的能力；二是当自己实施的离规行为或高度危险行为已经造成现实的危险状态时，消除这种危险状态从而最终避免危害结果发生的能力。而消除危险状态的能力在过失犯罪的认定中实际上并不是必须要考虑的因素。换句话说，当危险状态出现时，行为人

① 笔者将注意能力理解为认识能力与控制能力的统一，此处要注意“注意能力”与行为能力以及刑事责任能力的联系与区别。在一般意义上，行为能力是指行为人辨认和控制自己行为的能力，刑事责任能力除了辨认和控制自己行为的能力外，尚包括承担刑事责任的能力。将注意能力界定为认识能力与控制能力的统一，与行为能力有着密切的关系，没有行为能力的人，也就谈不上注意能力，但二者之间仍然是有区别的：行为能力中的认识能力重在认识、辨认自己行为的社会性质及其意义的能力，强调认识自己行为是否为法律所不允许。而注意能力中的认识能力则是指预见自己行为可能产生危害结果的能力，即预见危害结果发生的能力。就控制能力而言，基本含义为控制自己不实施一定的行为的能力，但从具体内容形式化来看，行为能力中的控制能力是指控制自己不实施在法律上无价值的行为，而注意能力中的控制能力则是基于预见的内容而控制自己不实施可能造成危害结果发生的能力。但从本质上看，在控制能力的层面二者的差别不大。

自身有没有最终避免结果发生的能力对于是否构成过失犯罪并无必然影响，法律此时关心的是危害结果是否最终发生，而不是危害结果没有出现时最终是基于谁的能力避免的。例如，一民工用平板车向工地上运送砖块，途中要经过一段较陡的坡地。为了安全，负责施工的工头要求每车只能装五十块，但该民工自认为自己干这个工作已经多天，不会出现什么危险，自作主张装了一百多块，结果在下坡的时候，控制不住车速。碰巧坡底的路口走出一个老太太，由于刹不住车，民工大喊"赶快躲开"，但结果仍将老太太撞死。在该例中，当危险状态出现时，该民工已经没有避免危害结果发生的能力，但他仍然应负过失致人死亡的责任。对该事例稍加改造，假定从坡底路口出现的不是一个老太太，而是一个动作敏捷的年轻人，民工对他超重的车子仍然失去了控制，径直朝该年轻人撞去，民工仍大喊"赶快躲开"，年轻人在即将撞上那一刻敏捷跳开，最终没有发生任何危害结果。对此，民工自然不负刑事责任，因为没有造成危害社会的结果，但从行为人的避免能力上来看，前后两种情形并无二致。换句话说，不是行为人自己避免了危害结果的发生，而是潜在的受害人避免了危害结果的发生，但这并不影响否认行为人构成过失犯罪。由此可见，当危险状态出现后，消除危险状态避免结果发生的能力并不是犯罪过失的应有因素。那么，将这一种情形剔除避免能力之外，注意能力所余下的也就只是认识能力和控制自己不从事脱离标准或高度危险行为的控制能力。第三，从存在的范围来看，在疏忽大意的过失中，只存在考察行为人认识能力的问题，即行为人是否有认识、预见自己的行为有发生危害社会结果的能力。由于行为人完全没有预见，从而也就不需要进一步考察是否存在对自己行为的控制能力。但在过于自信的过失中，由于行为人已经认识到自己行为有发生危害社会结果的可能性，因而需要进一步考察行为人是否有基于该种认识而控制自己不从事离规或高度危险的行为。如果虽然能够认识到危害结果发生的可能性，即存在认识能力，但由于自己生理或者心理等方面的因素而无法控制自己实施正常的行为，则只能说该行为人仍然缺乏注意能力。

共同过失场合对行为人注意能力的要求以及注意能力的内容与单独过失的场合基本相同，即各行为人都应该具有预见、认识自己的行为可能造成危害社会结果的能力，在认识到自己行为具有发生危害社会结果可能的前提下，各行为人都应该具有将自己的行为控制在正常或者法规、条理要求限度内的能力。如果共同的行为人中存在部分行为人缺乏认识自己行为造成危害结果的能力，或者虽有此认识能力，但根本无法控制自己的行为在正常的范围内行使，则该部分人不构成过失犯罪，自然也就无法与其他人构成共同过失。但在注意的对象上，共同过失的场合与单独过失稍有不同，这表现在共同过失犯罪中注意的对象具有双重性：在认识的层面上，共同过失的行为人不仅要认识、预见到自己的行为有发生危害社会结果的可能性，而且要认识到其他行为人的行为有发生危害社会结果的可能性；在控制的层面，一方面行为人要有控制自己的行为在正常范围内行使的能力，另一方面应当具有提醒、警示其他行为人控制其行为的能力。

（三）注意能力的判断

行为人是否具有注意能力还存在一个依据什么标准判断的问题。对此，目前存在以下几种观点：第一，客观说，即以社会上一般人的能力作为判断行为人是否具有注意能力的标准，也被称为平均人标准说、常人标准说。如果一般人在行为人所处的情况下具有注意能力，能够认识、预见自己行为可能造成危害结果的发生以及据此认识能够控制自己的行为在正常的范围内行使，那么，行为人就也具有相应的注意能力，反之亦然。第二，主观说，即并不考虑他人的能力情况，而是以当时特定条件下行为人本人的能力和水平标准来判断是否具有注意能力。该说又被称为个人标准说、行为人标准说。客观说受到的批评是它与近代以来刑法所倡导的罪责自负、主客观相一致的保障人权的理念不符。因为它以社会上一般人的注意能力取代行为人个人的行为能力，不考虑行为人的个人情况及在注意能力上的差异性，必然会使注意能力高于一般水平的人即便实质上存在过失，也能因此种判断标准而逃避刑事责任，同时也会使实际注意能力低于一般水平的行为人可能承担自己原本没有的过失责任，有违罪责自负与人权保障的理念，也有客观归罪的嫌疑。相反，主观说受到的批判是，它将注意能力的标准极端个别化，忽视了社会要求的普遍的注意水平，在法律上难以统一确认。另外，主观说被认为容易造成一种情况：水平越高、注意能力越高的人，负的责任就越大，而注意能力越低、水平越低的人，负的责任就越小。“这无异于在法律上公开打击先进、保护落后”，① 显然是不合理的。由于存在以上的批判，因而又有所谓的折中说，但学界对折中说有不同的理解及表述。有人认为折中说是把具有相同情况的某类人的注意能力抽象化，作为一种类型标准，以这种抽象了的类型标准来确定该类人的注意能力。如从事交通运输的人员就应当具有相同的保障交通运输安全的注意能力，从事矿山井下作业的生产和技术人员就都应当具有避免发生井下事故的注意能力。② 笔者认为，这种所谓的折中说实质上仍然是客观说，因为它仍然是以一般人而非行为人个人的情况来具体判断注意能力的有无，只不过这里的“一般人”是具体为某一类别的一般人，因此充其量只是修正了的客观说。还有的认为折中说是指以主观标准为根据、以客观标准为参考，认为判定行为人是否具有注意能力的决定性意义的标准只能是行为人的实际认识能力和行为时的具体条件，不能无视行为人的实际认识能力而拿一般人的认识能力来衡量，也不能脱离行为时的具体条件。既要根据行为人本身的年龄、智力、文化水平、业务技术水平以及生活经

---

① 胡鹰：《过失犯罪研究》，中国政法大学出版社 1995 年版，第 81 页。

② 参见马克昌主编：《犯罪通论》，武汉大学出版社 1999 年版，第 355 页。

验等因素决定行为人实际的注意能力，又要考虑行为当时的客观环境和条件。[①] 但深入分析，该种观点的实质仍然是主观说。因为主观说与客观说争议的焦点在于究竟以行为者本人的注意能力为标准还是以一般人普遍的注意能力为标准，而不在于认定是否具有注意能力时考不考虑客观因素。实际上，主观说从来就不排除对行为时客观因素的考虑，上述折中说在论述的过程中存在偷换概念的嫌疑。有的认为折中说是指对于智力高于普通人者，以客观标准确定注意能力，而对于智力低于普通人者，以主观标准确定注意能力。[②] 严格地说，该主张在具体的认定上并没有在主、客观说之间进行折中，只是对于不同的情况适用了不同的标准，虽然该说并不一定完美，但笔者认为它至少给我们提供了一个解决注意能力标准问题的切合实际的思路，即区分不同的情况而分别适用主观说和客观说。因为笔者认为，对于注意能力标准的认定问题，在主观说与客观说之间是无法折中的，对于某一具体的事例，要么以一般人的注意能力为标准，要么以行为人个人的注意能力为标准，无论如何也无法做到既按照一般人标准，又按照行为人个人标准。有学者对此提出的所谓的主客观相统一说，实际上是主观因素与客观因素相统一，而不是主观标准与客观标准相统一。而无论是主观说还是客观说，从来都是既考虑主观因素，又考虑客观因素的。因此，对于注意能力的认定标准，在主观说与客观说之外再提出似是而非的主客观相统一说，并没有实际意义。

鉴于上述分析，笔者赞同在注意能力的认定上区分普通过失和业务过失，并适用不同的标准。具体而言，在普通过失的场合，对于社会上一般的成员基于日常生活而可能发生过失危害结果的情形，在对行为人注意能

---

① 参见高铭暄、马克昌主编：《刑法学》（第3版），北京大学出版社、高等教育出版社2007年版，第126页；高铭瑄、赵秉志主编：《过失犯罪的基础理论》，法律出版社2002年版，第26页。

② 参见洪福增：《刑事责任之理论》，台北，刑事法杂志社1988年版，第304页。

力的判断上应该采用主观说。也就是说，只能在行为人所处的具体条件、环境下，以他自己的实际注意能力承担过失责任，而不能简单地以社会上普通人的注意能力来取而代之。在业务活动中，应该针对不同的注意义务来分别对待。职务、业务上要求的注意义务又可以分为两类，一类是以规范化、定型化的形式规定在有关生产操作规程、技术安全规则或者相关的保护法规中，属于业务规章制度明示的注意义务，这类注意义务可以说是对从事该种业务的人员的最低要求。另一类是属于没有被规范化，是人们在从事一定业务活动过程中习以为常的、自然遵行的一些操作惯例，也属于常理要求的注意义务。对于第一类，应该采取客观说。因为就具体的每个行业而言，法律对于所有从业人员的最低要求是一致的。从个人注意能力来看，业务人员在自己所属的业务范围内应当具备不同于普通社会成员的特殊注意能力，即具有专门知识、经验，受过专门训练并且从事专门业务活动的人在所属的业务活动中所具有的注意能力,[①] 如汽车驾驶人员对于车辆性能、路况、交通标志的辨别能力以及驾驶能力与应急能力；医生对于治疗行为的规范操作能力、对于病情的诊断觉察能力等。这种特殊的注意能力只有从事相关业务活动的行为人才具备，同时也是从事某种特定的行业所应该具备的最低的注意能力要求，因为这些注意能力是职业活动中最低限度的注意义务所要求的注意能力。一般而言，现代社会中的业务活动领域，特别是具有危险性的业务行业，都规定有比较严格的从业人员准入标准，即执业资格制度，从业人员只有经过严格的专业技术训练，知晓相关职务和业务范围内的规定，具备了普通人所不具备的在特定行业内的特殊注意能力，才能取得从事该行业的资格或者才能够上岗作业，如司机要取得合格的驾驶证、医生要有执业资格证等。因此，在专门的职务、

① 参见胡鹰：《过失犯罪研究》，中国政法大学出版社 1995 年版，第 201 页；周光权：《注意义务研究》，中国政法大学出版社 1998 年版，第 113 页。

业务活动领域，只要是从事专门职务、业务活动的人，我们便可推定他在所属的业务范围内具有特殊的注意能力，即依照某一特定业务范围内的一般从业人员的注意能力作为行为人注意能力的判断标准。但对于业务活动中的第二类注意义务，即没有被规范化的、人们在从事一定业务活动过程中习以为常的、自然遵行的一些操作惯例，则如同社会上一般成员基于社会常理所负的注意义务一样，对行为人注意能力的判断应该采用主观说，根据行为人自身的经历、知识水平、社会生活经验、从事业务的时间长短以及当时的具体条件、环境等，以他自己的实际注意能力来判断是否承担过失责任，而不能简单地以一般人的注意能力来取而代之。

在对业务人员的特别注意能力采取推定的方式认定时，不能不涉及国外刑法中的“专家模式”与“超越承担过失”理论。这是因为，即便是正在从事业务活动的行为人，他的注意能力和业务水平也是不一致的，绝大多数业务人员的业务注意能力与业务活动客观要求的特殊注意能力相当，但不可否认存在一部分从业人员的注意能力可能高于业务活动客观要求的注意能力。“专家理论”即是针对该种情况，认为行为人的实际注意能力高于业务活动所客观要求的特殊注意能力时，仅要求行为人履行规章制度所规定的业务上的注意义务，行为人只要保持依特殊注意能力所应为的一切注意即为履行了业务上的注意义务，而不能再对行为人提出过高要求。而“超越过失理论”是指当行为人超越自己注意能力而从事明知自己所不能胜任的业务，因而发生危害社会结果时，仍应当承担过失责任。[①] 显然，“超越承担过失理论”是针对行为人实际注意能力低于业务活动客观要求的注意能力这一情况的。出现该种情况可能是因为行为人对业务学习、钻研不够，或者理解力、领悟力有限，也可能是行为人根本没有从事该专门

① 参见胡鹰：《过失犯罪研究》，中国政法大学出版社 1995 年版，第 202 ~203 页；周光权：《注意义务研究》，中国政法大学出版社 1998 年版，第 114 ~115 页。

业务活动的资格，但只要行为人是在明知自己的注意能力不足以胜任某项业务工作而仍然冒险承担超越其个人能力的该项事务，就应当负过失责任。因为即便行为人在从事业务活动的过程中已尽其所能，但由于从事该种业务活动的行为本身，就已经是违反了业务上注意义务的行为，而其本人是具有控制自己不从事该行为的能力的。由此可见，“专家模式”与“超越承担过失”理论实际上都是在业务活动领域对从事业务活动人员的注意能力依照客观的标准来认定，这与我国有的学者所提倡的对业务人员的特别注意能力采用推定的方法确定①是一个道理。

在共同过失犯罪的场合，各行为人注意能力的认定一般也要遵循上述单独过失场合注意能力认定的标准，但可能要考虑的情况比较复杂，具体而言：

第一，当共同的过失属于普通过失的场合时，各行为人注意能力的认定采用主观说，即在考虑行为当时具体的客观环境及条件外，重点要考虑各行为人自己的年龄、知识水平、智力、生活经验、生理状况等影响注意能力的因素，既不能按照社会一般人的注意能力标准来确定实际行为人的注意能力，也不能以共同行为的其他行为人的注意能力标准来认定某一行为人的注意能力。

第二，在共同过失属于业务过失的场合，则根据上述对注意义务的分类，结合不同类型的注意义务而分别按照客观说或者主观说的立场，或者推定各行为人都具备该业务活动所要求的特殊注意能力，或者依据各行为人自己的实际注意能力来具体判断。

第三，在各行为人虽不具有从事某一特定业务的资格但实际从事该种业务的场合，问题则稍微复杂，因为该种情况毕竟不同于单独过失场合行为人自愿冒险承担超越其个人能力事务的情形。如果各行为人均明知自己

① 参见姜伟：《罪过形式论》，北京大学出版社2008年版，第276~279页。

实施的业务行为超出自己的注意能力而都自愿地冒险行使，则根据前述的“超越承担过失理论”，可推定各行为人均具有从事该业务的特殊注意能力。但如果行为人之间存在被指令、强制的情形，如领导因自己的司机临时不在而指令本不具有驾驶资格的另一下属为其开车，则对于被指令的该下属而言，只能根据他个人的实际状况来认定其注意能力，即仍然采用主观说，而不能依“超越承担过失理论”来推定。

第四，在共同行为人中既有具备从事专门业务资格的业务人员，又有不具备该种资格的普通人员，两种行为人共同从事该种专门业务活动的场合，对于专门的业务人员依照客观说推定具有从事该业务活动所要求的特殊的注意能力，对于不具备业务资格而又从事该业务的行为人而言，则要具体问题具体分析。如果行为人在通常情况下自愿冒险从事该业务活动，则仍然依照“超越承担过失理论”推定他具备特殊的注意能力，如果是在特定的必要情况下或者存在强令、胁迫的情况下实施该业务活动，则不应当采用客观说。例如，在某事故现场，医生认为情况紧急必须对一受伤人员做现场紧急处理，但又人手不够，于是就让当时在场的一个曾有两年兽医从业经验的人员共同处理伤者的伤口，那么，在此场合对于该兽医就只能依照主观说，以他的实际知识水平及经验来确认他的注意能力。

二、注意义务的共同违反

注意义务的共同违反，亦即共同的不注意。我国台湾地区著名刑法学者洪福增认为，“所谓不注意，乃对于一定事实之认识，欠缺意思力或预见力所必要之紧张也。亦即系行为者在应充分地振奋其意识，且能振奋其意识，而未能振奋其意识的情形下之内心的状态”。[①] 简言之，行为人在存

① 洪福增：《过失论》，载刑事法杂志社编印：《刑事法杂志》第16卷第3期。

在注意义务，具备注意能力的前提下，没有预见到危害结果发生的可能性，或者虽预见到发生危害结果的可能，但没有在此基础上形成反对动机以有效控制自己行为的一种主观心理状态。共同过失犯罪对行为人追究刑事责任的主观核心亦在于具备注意能力的各行为人怠于发挥或者怠于充分发挥自己的注意能力，即共同的不注意。过失共同犯罪的场合，各行为人之间对于共同进行的行为以及行为可能造成的危害结果可能存在一定的意思联络，也可能不存在意思联络，但在具备共同注意义务的前提下，各行为人之间存在相互的心理依赖性，这种心理上的依赖性直接导致懈怠各自的注意义务，并相互助长其他行为人的不注意，最终造成共同行为人之间的共同不注意心理，在这种共同不注意心理下，疏于履行或者没有正确履行共同的注意义务。

在单独过失的场合，不注意表现为两种形式：一是行为人对其行为可能产生的危害结果完全没有预见，即疏忽大意的过失。二是行为人已经预见到自己的行为有发生危害结果的可能性，但基于对有利条件的过高估计而没有将自己的行为控制在正常的范围内，即过于自信的过失。在共同过失的场合，行为人之间的过失形式则表现为以下三种：第一，共同的疏忽大意，即行为人都应当预见到自己的行为以及其他共同行为人的行为可能发生危害结果，但都因疏忽大意而没有预见，导致危害结果的发生。例如，甲、乙二人共同抬着一根圆木从屋顶往下扔时，都没有查看下面是否有行人经过，也没有发出其他警告信号，结果将从下面经过的一个小孩砸成重伤。第二，共同的过于自信过失，即各行为人都已经预见到自己以及其他共同行为人的行为有造成危害社会结果发生的可能性，但都轻信能够避免，以至于最终发生危害结果。例如，司机驾车载着领导前去开会，领导要求司机超速行驶，司机向领导说明超速违反交通规则，而且该处公路邻村，容易出现危险，但领导因赶时间，并且认为当时是早晨，路上行人不会太多，坚持要求超速行驶，司机于是在侥幸心理下开始超速行驶，结果发生交通事故，造成一行人死亡。该例中领导和司机均已经预见行为可能发生危害结果，但都轻信危害结果不会出现，属于共同的过于自信过失。第三，疏忽大意的过失与过于自信过失的结合，即共同行为人中，有的由于疏忽大意而根本没有预见到自己以及其他行为人的行为造成危害结果的可能性，有的虽然预见到了造成危害结果的可能性，但又轻信能够避免而没有控制自己的行为或者没有对其他行为人进行必要的提醒与警示，在疏忽大意与过于自信的共同作用下导致了危害结果的出现。例如，甲、乙父子二人一起在山上烧荒，将要点火的时候刮起了风。甲根本没有注意到起风而继续点火，乙发现起风停了下来，向周围观察后发现已经打了隔离带，并根据经验判断风一会就过去了，于是也开始继续点火，结果因风势猛增，引起森林大火，造成重大经济损失。很明显，甲属于疏忽大意的过失，而乙已经预见到自己以及对方的行为可能造成危害结果的发生，但过高地估计了当时对自己有利的因素，最终没有形成反对动机以停止继续实施行为或者采取更有效的防范措施控制行为，属于过于自信的过失。最终的危害结果就是由于甲的疏忽大意过失与乙的过于自信过失相结合而导致。

共同过失的不同表现形式体现在内容上也存在差异。在共同疏忽大意的过失中，不注意表现为各行为人均不仅没有认识、预见到自己的行为造成危害结果的可能性，而且也没有认识、预见到其他行为人的行为造成危害结果的可能性。在共同的过于自信过失中，过失的内容体现两方面：第一，各行为人没有基于对可能发生危害结果的预见而形成有效的反对动机而控制自己的行为。第二，各行为人没有基于对可能发生危害结果的预见而提醒、警示其他行为人。就构成共同过失而言，这两种过失内容对于行为人而言无须同时存在，只要在其中一方面存在不注意即可。如果行为人在认识可能发生危害结果的基础上，不但尽自己的能力控制自己的行为正常行使，而且也尽到提醒、警示其他行为人谨慎小心行为的义务，则该行为人由于已经履行自己的注意义务而排除过失。在疏忽大意过失与过于自信过失相结合的形式中，疏忽大意行为人的过失内容仅仅表现在对自己以及共同行为人的行为可能造成的危害结果没有预见，而过于自信行为人的过失内容则包括没有基于对可能危害结果的预见而形成有效的反对动机而控制自己的行为与没有提醒、警示其他行为人两个方面。

共同过失的不同表现形式在认识的程度上也存在差别，共同疏忽大意的过失由于是对危害结果的发生应当预见而根本没有预见，因而彼此之间不存在认识的程度的差别。但在共同过于自信过失的场合以及疏忽大意过失与过于自信过失相结合的形式中，过于自信行为人对于自己的行为造成危害结果的程度的认识当然只能是可能性的，因为如果认为自己的行为必然要造成危害结果的发生，也就不能称其为过于自信，而只能是放任或者容忍故意，[①] 超出了过失的范围。同时，对其他行为人的行为产生危害结果也只能是可能性的认识，如果行为人认识到其他共同行为人的行为必然产生危害社会的结果，同样超出了过失的范围，可能成立故意犯罪中的间接正犯，而非共同过失犯罪。

---

① 这里所谓容忍的故意，是不同于我国传统刑法理论中对故意区分为直接故意和间接故意的分类。按照传统的直接故意与间接故意分类，行为人在意志态度层面只要对危害结果的发生持希望态度，无论在认识层面明知这种结果的发生是必然的还是可能的，均构成直接故意，而对于间接故意则不仅在意志态度层面对危害结果的发生只能是放任态度而不能是希望，而且在认识层面也必须是只能认识到危害结果发生的可能性，而不能是认识到危害结果发生的必然性。传统的理论认为，一旦在认识层面明知结果发生是必然的，则在意志态度上就只能是希望而不可能是放任，因而也就只能属于直接故意而不可能是间接故意。笔者对此不以为然，认为即便是明知危害结果发生具有必然性，在意志态度上同样可以是“放任”，为了与传统的间接故意相区分，将该种类型的故意称之为容忍故意。具体内容参见贾宇：《罪与刑的思辨》，法律出版社2002年版，第145～146页。

第五节 信赖原则对共同过失犯罪的阻却

一、信赖原则与被允许的危险、危险的分配理论概述

信赖原则（vertrauensgrundsatz），是指在有关多数人的事件中，在行为人从事某行为之际，通常可以信赖被害人或者第三人会遵守规则而采取适当行动，但却由于被害人或者第三人采取了无视规则的不适当行为，此不适当的行为与行为人的行动相结合引起结果的发生，此情况下行为人对危害结果可不负过失责任，从而否认过失犯成立的原则。理论上一般认为，信赖原则源于1935年12月9日德国帝国法院的一个判决，即电车司机撞倒突然从电车修筑区跳到车轨上的行人一案。该判决认为行为人不构成过失，所主张的理由是机动车驾驶人员没有必要"考虑到一切注意行为"的顾虑，只要驾驶人员具备"对所有事情进行合理考虑而可能预见的不注意行为加以注意"的念头，就已经尽了自己的注意义务。[①] 在此之前，对于机动车辆驾驶人员过失责任的认定采取非常严格的态度，认为驾驶人员不能期待其他交通参与人员采取符合交通秩序所要求的正确态度，因而驾驶人员应该随时注意他人从路旁突然闯入机动车车道的情况，所以其注意义务范围非常广泛。"信赖原则"就是在上述案例判决的基础上形成的。由此可见，信赖原则产生的背景首先在于现实社会发展下高速运输车辆的普及。如果保持传统的要求，车辆驾驶人员对于所有的情况都要考虑在内，都属于其注意义务的范围，将必然严格限制驾驶人员的行为，交通运

---

① 参见［日］西原春夫主编：《日本刑事法的形成与特色》，李海东等译，法律出版社、成文堂1997年版，第263页。

输行业也就将违背其初衷，不可能有所发展，也就不可能有高速公路供驾驶人员高速驾驶。整体而言，信赖原则是在交通设施的完备以及交通参与者法律知识的普及，产业、医学等技术的高度化、专门化、分业化等背景下逐步发展起来的。其虽然原本由道路交通事故所衍生的原则，但在医疗事故以及其他集团协作的领域均有适用的余地，如医疗上的手术小组，若主刀医生不以其他参与的医师、护士的适当行为作为整体手术的重要部分，也就不可能有圆满安全的手术。

关于信赖原则的理论基础，一般认为源自过失犯的“被允许的危险”与“危险的分担”法理，因此将三者放在一起论述。

“所谓被允许的危险，是对伴随社会生活中不可避免地存在的法益侵害的危险的行为，根据其社会的有用性，在法益侵害的结果发生了的场合，于一定的范围内也允许的一种见解。”① 关于被允许的危险的具体内容，存在广义、狭义两种不同的理解。广义的理解认为允许的危险，即为日常生活中所说的一般危险，如通常的驾驶汽车的行为，因为这些危险为我们的日常生活所必需，因而即便危险也允许其存在。狭义的理解则认为允许的危险是指实质上的危险行为，这种行为具有引起危害结果的实质危险，如为了抢救病人而允许救护车超速或者闯红灯行驶。超速或者闯红灯行驶本来属于严格禁止的行为，但是为了救济其他重要利益，如抢救病人的生命，从而不得不允许其存在，此即为被允许的危险。② 笔者认为，从被允许的危险产生的最初意义上来讲，应该承认广义的“允许的危险”概念。我国学者通常也是在广义上理解该概念的。论者所述的狭义上的危险行为，完全可以通过紧急避险等刑法理论加以解决。另外，广义的理解允

① 马克昌：《比较刑法原理》，武汉大学出版社2002年版，第231页。

② 参见黎宏：《过失犯研究》，载赵秉志主编：《刑法评论》（2006年第2卷），法律出版社2006年版，第119~120页。

许的危险行为也并不违背过失犯的实行行为观念。正如该论者所说，从规范的立场来看，法律不禁止的行为即为合法的行为，行为之所以含有危险的因素但仍然被允许，就是从社会需求以及生活经验的总结来看，只要是在一定规则等行为规范控制之内的行为，其危险性就不是实质的危险，自然也就不是过失犯的实行行为。至于论者担心从广义上理解允许的危险会让人产生“既然驾驶汽车本身很危险，但由于其是允许的危险，所以，即便驾车撞死了人，也没有关系”的想法，显然这种担忧是脱离现实的理解，因为毕竟允许的危险是有范围限制的，受到一定规则的制约。被允许的危险的道理在于，为了达到有益于社会的发展目标，对于社会有价值的行为，即便会给生命、身体等带来一定的危险，也允许在社会生活上已经付出必要注意的人员从事这种必要的危险行为，其基本观点可以通过“如果禁止所有的危险，社会就会停滞”这一名言表现出来。除此原因之外，“之所以允许行为人实施必要的危险行为，乃在于信赖其他参与者也会采取适切之行为，因此，‘可容许之危险’之法理与信赖原则具相同脉络之思维”。①

所谓“危险的分担”即分配的危险理论，是指为了避免危险，在加害人与被害人之间分配负担危险的注意义务，根据适当的危险的分配，明确客观的注意义务的范围，并据此来认定加害人是否构成过失。依据危险的分配理论，各参与交通、医疗等危险业务的行为人均应有条件且妥适地对各参与者就业务上的危险进行分配。其法理在减轻信赖其他有关行为人的行动的人的负担上，被认为与信赖原则有内容上的一致性。因而，信赖原则与被允许的危险法理或者危险的适当分配理论成为表里关系，起到阻却

---

① 陈子平：《刑法总论》，中国人民大学出版社 2009 年版，第 150 页。

过失成立的作用。[①]

二、信赖原则阻却过失的缘由

适用信赖原则可以阻却过失犯罪的成立，但对于其原因则存在“否定预见可能性”与“否定注意义务”两种相对立的立场：[②]“否定预见可能性”说认为，信赖原则之所以可以否认过失，是因为存在信赖的情形下，行为人对于被害人的违规行为缺乏预见可能。该立场具体又有两种见解，其一认为，信赖原则是将客观的预见可能性加以具体化的思考上的标准以及将信赖原则作为判断是否存在具体的预见可能性的标准之一。由于在信赖的场合，被害人采取违规行为的盖然性甚低，所以行为人基于信赖而实施的行为并没有实质的危险性，因而不成立过失。日本刑法学者平野龙一、大谷实、曾根威彦、山中敬一等持该种观点。其二认为，信赖原则是在过失的概念中从自然的预见可能性当中选择、抽取出刑法上的预见可能性的原理。将预见可能性作两个层次上的判断，首先是事实上的预见可能性，即客观上行为人对某一危害结果的发生能否预见。在此基础上，再从法律意义上，依照是否存在合理的信赖对事实上可预见的情况进行筛选，如果有信赖原则适用的余地，即便存在事实上的预见可能性，但从刑法层面上考虑，被认为没有刑法上的预见可能性。西原春夫是该观点的支持者。“否定注意义务”的立场认为存在信赖的场合，行为人本身不存在相应的注意义务。该说具体又分为三种不同的见解：第一种见解认为，信赖原则是限制预见义务本身范围的规范标准，即在一定的条件下作为是否赋予行为人预见他人违规行为的注意义务的基准，直接限制预见的义务。金

① 参见马克昌：《比较刑法原理》，武汉大学出版社 2002 年版，第 239 ~240 页；陈子平：《刑法总论》，中国人民大学出版社 2009 年版，第 150 页。

② 参见陈子平：《刑法总论》，中国人民大学出版社 2009 年版，第 151 页。

泽文雄持该种观点。第二种见解认为，信赖原则是认定结果回避义务的基本要素，即在行为人存在预见可能性的事态之下，信赖原则是减轻行为人结果回避义务负担的根据。该观点为藤木英雄所支持。第三种见解认为，信赖原则是在方法上将以预见义务和结果回避义务为内容的客观注意义务的内容加以具体化的原则。具体而言，只有当客观的预见可能性与客观的结果回避可能性得以被肯定时，才有赋予社会生活上必要的注意义务的可能性，但并非有结果的预见或者结果的回避可能性时，就非得被课以应该预见该结果而采取回避该结果的妥适措施的注意义务，在交通运输、医疗等危险业务中，信赖原则就是作为将社会生活上必要的注意内容加以具体化的方法上的原则，也就是说，对行为人本身存在预见可能或者回避可能的社会生活的注意义务内容依据信赖原则进行具体化的限缩，否定一定范围内的注意义务。日本学者福田平、大塚仁、川端博以及我国学者陈子平等持该种观点。

笔者认为，信赖原则是以允许的危险和危险的分配理论为基础的，因而对于上述观点的理解也不能脱离允许的危险和危险的分配理论。基于被允许的危险理论，为了达成有益于社会的目标，对于公路、铁路、航空等高速运输、医疗、矿厂、大规模土木工程等危险事业，虽然存在侵害人的生命、身体、财产等法益的危险，但在一定的范围内，仍然允许其存在。这里所谓“一定的范围”，实质上是在综合考虑这些危险业务行为所能造成危险的盖然性、可能受侵害法益的性质与程度以及根据经验所能采取的防止危险发生的可能手段等，社会通念或者说社会相当性可允许的范围。这种所谓的社会通念或者说社会相当性的确定则是一个经验总结的过程与结果，而这种经验总结结果的规范表现形式则是适用于各个危险行业领域的各种法令、规章以及操作规范、安全章程等。从另一个角度讲，划定被允许的危险与不被允许的危险的界限的，主要就是各种规制存在法益侵害危险的风险行业的法令、规章以及操作规范等。凡是在这个规范之内的行为，即便存在一定的危险，也是被允许的危险，在被允许的范围之内，行为人并不存在预见危害结果发生的注意义务。而只有超出这些规范所规定的范围之外的行为的危险才不被允许，行为人方负有预见及回避危害结果发生的注意义务。同样的道理，危险的分配理论中，适用于风险行业的各种法令、规章以及操作规范、安全规章等也起着重要的界定作用，即凡是在法令、规章以及操作规范、章程所允许的范围之内的行业行为本身所具有的危险，应当由被害人自己承担，而超出这些法令、规章以及操作规范所允许之外的行为人的行为所具有的危险，则由行为人承担。其实质也是基于法令、规章以及操作规范在行为人与潜在的被害人之间分配注意义务。而在信赖原则理论中，行为人之所以信赖被害人或者第三人会采取适当的行为而非违规的反常行为，信赖的基础也在于由经验总结而规范化了的法令、规章以及操作规范等。如果没有这些基于生活及行业的经验而形成的规范化指令，也就不可能存在彼此间的信赖。信赖原则是以“允许的危险”与“危险的分配”理论为基础发展而来的，从它们之间一脉相承的联系来看，不能不说在信赖的场合，信赖原则阻却过失的理由在于注意义务的否定，即在合理信赖的范围之内，行为人即便具有预见危害结果的可能性，但没有预见他人实施反常行为的义务，即在此范围内不存在相应的注意义务。因而，信赖原则说到底也是一个注意义务的分配问题。对于上述“否定注意义务”立场的三种不同见解，笔者认为第一种与第三种的思路的共同点在于二者都体现了注意义务与注意能力可以相分离的主张，只不过第一种见解只强调信赖原则限制“预见义务”的范围，而第三种见解则强调除“预见义务”之外尚包含“结果回避义务”，即信赖原则不仅可以限制预见义务，还可以限制结果回避义务。从过失犯罪中客观注意义务包括预见结果发生的义务与回避结果发生的义务来考虑，第三种见解更具有合理性。至于认为“在行为人存在预见可能性的事态之下，信赖原则是减轻行为人结果回避义务负担的根据”的第二种见解，笔者认为，站在注意义务与注意能力可以相分离的立场上，行为人具有预见可能性，未必就一定具有预见义务，抛开结果预见义务而只谈结果回避义务，并不具有合理性。

认为信赖原则是基于“否定注意义务”的立场阻却过失的成立，并且将规制业务行为的法令、规章以及操作规范作为是否存在合理信赖的标准，直接面临的问题是如何对待信赖原则的适用界限。无论是以何种理由，承认信赖原则的学者都认为适用信赖原则应当具备一定的条件，即信赖原则是在一定社会相当性下的信赖，在某些场合应当排除信赖原则的适用。大体而言，这些条件集中表现为在客观方面，交通设施、环境等比较完善，交通教育、交通道德得到普及，遵守交通秩序的习惯已经形成；在主观方面，存在信赖的相当性，即行为人从其经验来看，有足够的理由相信其他交通参与者采取不适当行动的可能性很小。① 据此条件，一般认为在下列场合不能适用信赖原则：一是根据被害人或者第三人的行为、态度等，行为人很容易预见该人实施交通上不适当的行为的场合；二是对方是不可能期待采取适当行为的老人、幼儿、身体残疾或者醉酒者等，且无保护者在身边的场合；三是行为人本身违反交通规则，并且该违反交通规则的行为是事故的起因或者是主要原因的场合。② 按照笔者所述的以规制危

---

① 参见马克昌：《比较刑法原理》，武汉大学出版社 2002 年版，第 240～241 页。

② 参见［日］西田典之：《日本刑法总论》，刘明祥、王昭武译，中国人民大学出版社 2007 年版，第 222～223 页；马克昌：《比较刑法原理》，武汉大学出版社 2002 年版，第 264 页；陈子平：《刑法总论》，中国人民大学出版社 2009 年版，第 151 页。另外，关于行为人本身违反规则时能否适用信赖原则，过去多数学者的观点是排除信赖原则的适用，因为行为人在自己事先违反规则的情况下已经失去了信赖他人遵守相关规则的基础。但这种观点也受到学者的批判，认为在特定的条件下，即便行为人本身违反相关规则，仍有适用信赖原则的余地，这些情况包括：行为人的违章行为不是事故发生的原因；违章行为并不具有使危害结果发生的危险性增大的可能性；即使遵守交通法规，也会发生事故的场合；行为人违反交通法则的行为已经成为事实，被害人也知道这一事实情况而不采取相应的躲避措施而致事故发生的场合等。参见林亚刚：《试论危险分配与信赖原则在犯罪过失中的运用》，载《法律科学》1999 年第 2 期；黎宏：《过失犯研究》，载赵秉志主编：《刑法评论》（2006 年第 2 卷），法律出版社 2006 年版，第 119～120 页。

险行业法令、规章以及操作规范作为是否存在合理信赖的主要标准时，如何解释上述适用的例外呢？特别是行为人完全遵守了相关的规则的场合？对此笔者认为要从以下几个方面考虑：一是业务领域内注意义务的不同类型，二是要从法的实效角度考虑规则的弱化问题。首先，如前所述，职务、业务上要求的注意义务又可以分为两类，一类是以规范化、定型化的形式规定在有关生产操作规程、技术安全规则中或者相关的保护法规中的明示的注意义务，另一类是没有被规范化而是人们一定业务活动过程中习以为常的、自然遵行的一些操作惯例，同样属于常理要求的注意义务。可以说，上述关于信赖原则适用例外的场合，都是在明示的规则之外考虑社会常理或者说根据社会相当性得出的结论。从渊源来看，规则是对社会常理经历一定的时间所总结并固定化、规范化的产物，因而二者并无本质上的矛盾。但二者之间的差别也很明显，前者具有明确性而后者具有相对的模糊性，前者的外延小而后者的外延大，因而往往后者能包含前者，换句话说，符合规则的行为通常也同社会常理相一致，但并非所有违反常理的行为都被明确化为规则的内容。这就得出一个结论，即行为人完全遵守了相关的规则，也有可能违背社会的常理，因为规则明示的注意义务是根据经验积累的从事某一行业的最低限度的注意义务，而非注意义务的全部。其次，规则被制定后，有一个实效问题，这在适用信赖原则时不得不考虑。所谓法律实效，通常是指社会主体按照法律规定的行为模式实际进行行为，法律在实践中被遵守、被执行和被适用。[①] 法律实效侧重于从法律运作的角度考察法律的实质有效性。“社会现实与法律条文之间，往往存在一定的差距。如果只注重条文，而不注意实施情况，只能说是条文的、形式的、表面的研究，而不是活动的、功能的研究。我们应该知道法律在

---

① 参见付子堂主编：《法理学初阶》，法律出版社2006年版，第221页。

社会上的实施情况，是否有效，推行程度如何，对人民生活有什么影响。”① 如果在某个特定的场合或者针对某些特定的群体，某种规则的实效很差或者近乎没有，那么就不能再根据既有的规则分配危险和注意义务，而应该让位于规则背后的社会常理，或者说依据社会相当性来判断彼此之间的注意义务。例如，有些靠近公路的村镇每个月有固定的几天要举行所谓的交易会，而这些交易会往往习惯性以公路两侧为场地。每逢交易会进行期间，公路上人员攒动。此时，针对该段公路所设置的限速以及其他交通规则等的实效几乎是不存在的，也就是说在这种场合，规则的作用已经完全被弱化，而无论是驾驶人员还是普通的行人对于此种情形都是明知的，因此就不能再根据平时的限速规定等来判断彼此之间的危险分配及注意义务范围，而应当按照社会常理来判断当时的注意义务分配。在特殊群体的场合也是同样的道理，一般人都可以认识到规则对于儿童、老人、精神病、醉酒者等的实效甚微，也就是说规则的作用对于这些特殊的群体而言被弱化，因而在行为人已经认识到对方是此类特殊群体时，就不能再根据通常的规则而信赖对方采取适当的行为，而只能根据当时的社会常理来进行判断。也就是说，此时只能根据行为人是否尽到结果预见义务和结果避免义务来判断是否应当承担相应的责任，而不能仅根据是否遵守规则来决定。此时的规则已经丧失其本来的效力，自然也就无所谓信赖原则的适用。如此理解，并没有否定风险业务中的法令、规则、操作规范等在确定是否适用信赖原则中的作用，而是说明在界定适用信赖原则的界限时，或者说适用信赖原则界定注意义务的范围时，要综合考虑，具体而言，风险业务人员要首先遵守相关的法律、法规。其次要遵守本行业的技术规则以及安全规章、章程、操作规范等，除此之外，还要在特殊的情形下考虑遵守社会普遍存在的必要义务，也就是依据社会常理所要遵守的义务。林亚

① 瞿同祖：《中国法律与中国社会》，中华书局 1981 年版，第 2 页。

刚教授强调信赖原则一般只适用于在有具体明确的规章制度、法律、法规调整的领域内的事故处理，也从侧面说明了这一问题。笔者认为，除此之外尚需补充，即信赖原则一般只适用于有具体明确的规章制度、法律、法规调整，且这些规章制度、法律、法规的实效相对较高的领域内的事故处理。

三、信赖原则与共同过失的关联

共同过失的相关问题同样涉及信赖原则的适用。与单独过失的场合相比，信赖原则在共同过失犯罪的认定中显得更为复杂。因为在共同过失的场合，信赖原则具体表现为以下三层关系人之间的义务分配：一是共同行为人整体与被害人之间的注意义务分配，这涉及过失犯罪是否成立的问题；二是单一行为人或者共同行为人整体与第三人之间的注意义务分配，这除了涉及是否成立过失犯罪外，还涉及过失共同犯罪与竞合过失之间的区分问题；三是共同行为人之间注意义务的分配，这涉及共同行为是成立过失共同犯罪还是单独过失犯罪的问题。

如果在共同行为人与被害人之间存在适当的信赖，则共同行为人不负有预见或者避免被害人不适当行为及危害结果的注意义务，因而阻却行为人过失（共同过失）的成立，此与在单独过失中通常所论的信赖原则的适用并没有区别，因此不予赘述。

信赖原则本身就包含在行为人与第三人之间的适用，单纯就行为人而言，若有充分理由信赖第三人在适当的范围内行为，则阻却过失犯罪的成立，但从与第三人的关系而言，可以说如果存在合理的信赖，则阻却过失的竞合，构成第三人的单独过失犯罪，如果不能适用信赖原则，则是行为人与第三人之间的过失竞合。如日本名古屋高等法院昭和三十四年（1959年）三月十六日曾有如下判决：汽车驾驶员纵然能够发现某甲偕同幼儿乙立于自己行进道路前方的公路左侧，但通常情况下都能期待甲乙二人既然已经知悉汽车正行驶而来，即便要穿越公路，也须等待汽车通过后方能穿越。基于此期待，汽车驾驶员继续驾车前进，这是因为驾车人员信赖携带幼儿的成年人在汽车前进道路之跟前不至于作出轻易松开牵拉幼儿之手而任该幼儿独自一人先行奔跑，穿越公路的冒险行为，此应是理所当然之事。因而只要该汽车驾驶员不能断定成年人甲采取上述危险的行动，即可认为驾驶员能够信赖对方是能够必然采取适当行动而回避与汽车相撞危险的行为人，因而即可进行正常驾驶而并不被课以必须考虑对方何时、何故而实施不适切的行动的义务，也未被课以预见万一发生危险并须加以防备，经常鸣按警笛或减低速度等以讲求万全的措施，防止发生事故于未然的义务。① 此判决所述情形即为行为人与在被害人之外的第三人之间的义务分配。成年人甲有过失无疑，驾驶员对于成年人甲的合理信赖，阻却二者之间的过失竞合，仅成立成年人甲的单独过失。但若对此案例稍作改动，倘若成年人甲并非牵拉幼儿之手，而且离幼儿的距离并非一伸手就能对其进行控制，当时视野开阔，驾驶员对此情况极容易察觉，由于幼儿一人先行奔跑穿越公路，结果造成交通事故之时，由于驾驶员对于幼儿不实施该行为缺乏合理的信赖，因此在驾驶员与甲之间形成过失的竞合。

现代社会，信赖原则已由交通运输行业逐渐扩大到多数由集体行为协作的危险性作业领域，这些危险作业领域往往是为了实现一定的目的，由多数人有组织性地对危险性作业进行分担协作。这些领域中的信赖原则往往并非针对被害人而言，而是针对分担同一领域内的不同业务或者不同业务环节的第三者的信赖。例如，在医疗行业，手术医疗小组的成员中的主任医师、麻醉师、护士都各司其职，每个人都不必分散精力预想他人不履行职责该怎么办。医生应该信任药剂师能按照处方正确地配药，药剂师应当信赖医生的处方的正确性，手术后未给病人打破伤风针，只是护士的责

① 参见洪福增:《刑事责任之理论》，台北，刑事法杂志社 1988 年版，第 289 ~290 页。

任，其他人没有责任。虽然如此，但笔者认为对于此种情形中信赖原则的适用也应该有所限制。第一，要求行业内部不同业务或者不同业务环节间的分工明确，权责分明，确实不存在彼此的监督关系。第二，根据通常从业人员的执业水平，第三者的错误行为并非显而易见的重大过失。如果存在一般从业者都能非常容易地发现的重大过失的场合，不适用信赖原则。第三，在已经明知存在第三者的错误的场合，不适用信赖原则。行为人并不对第三人可能从事的违规行为存在预见义务，但在事实上已经明知第三者错误的存在而仍然将自己的行为与存在的错误相结合而造成危害结果的场合，不适用信赖原则。由于行为人之间并不存在共同的注意义务，因而考虑上述的情形若存在合理的信赖，则信赖原则的适用就阻却过失的竞合，可能成立单独的过失，若否认合理的信赖，则各行为人之间成立过失的竞合。

关于信赖原则在共同行为人之间的适用，这里的行为人特指存在共同注意义务的各行为人，以区别于上述与第三人之间的注意义务分配。如前所述，共同的注意义务有特殊的形成及存在方式，因此当以行为人之间具备共同的注意义务为前提时，行为人之间的信赖具有特殊性，这种信赖并不能免除共同行为人整体的注意义务，因而与其说依据信赖原则是在行为人之间进行注意义务的再分配，不如说是根据信赖原则判断某一行为人是否履行了自己的注意义务更恰当。如大塚仁教授所举的“圆木案”，当甲、乙二人共同抬起圆木从房顶往下扔时，在二人之间就存在了预见及避免圆木可能砸伤下面人员的共同注意义务，但在二人之间所存在的信赖及其程度，影响到对义务的履行。笔者认为，信赖原则不能轻易在共同行为人之间适用，必须更为严格控制。首先，要考虑有无规范、规章等对具有共同注意义务的共同者进行规范，如果存在禁止性规范而共同者违法规范行为，那么即便从普通常理上已经达到可以信赖的程度，也不能适用信赖原则。比如，假设铁路段规章规定扳道工二人一班，必须同时执勤，同一班的二人不能再施行轮班，某日适逢甲、乙两扳道工同时执勤，甲因前一晚熬夜，于是征得乙的同意由乙先一个人值班而自己小睡一会儿。临睡前，甲虽然知道乙对业务已非常熟练，仍对乙反复叮咛要谨慎，为了防止万一，还亲自为乙在须扳道之前定了时上了闹钟后才睡去。结果恰逢闹钟响之前乙去了趟卫生间，闹钟响时甲没有醒，乙回来后以为闹钟尚未响而大意错过了扳道时间，结果造成事故发生。该例中，从当时的情境看，从常理上甲对乙按时扳道应该存在合理的信赖，但由于他在值班时间睡觉的行为本身就违反业务的规定，因而仍然不能适用信赖原则，甲、乙二人仍构成过失共同犯罪。其次，在没有明确违反相关业务规章规范时，要严格依照当时的具体情况根据社会常理将信赖原则的适用控制在社会相当性范围之内。“圆木案”中，假设抱着圆木的二人所处的位置不同，甲站在楼房的边上能够看清下面的状况，乙站在后面离边沿相对较远的地方而看不清下面的情况，此时乙就不能仅仅因为甲处在能够看清下面的位置而信赖甲对下面的情况进行了观察，因此在乙没有就下面的安全向甲作任何提示就一同扔下圆木时，不存在合理的信赖，不能说乙已经履行了注意义务，二人仍然构成过失共同犯罪。然而，即便处在看不见下面状况位置的乙确实在扔下圆木之前向甲问“下面没有问题吧”，如果甲只是随便地往下瞄一眼而没有很好的确认就说“没事”，乙也不能对甲形成合理的信赖，至少乙从其所在的位置及角度看到甲确实对下面的情况进行了合理的确认时，才能说乙对甲存在合理的信赖，此时信赖原则的适用阻却甲乙构成共同的过失。

第四章　共同过失犯罪类型及刑事责任承担

犯罪类型与犯罪人的类型在概念内涵上有时是存在交叉的。特别是在共同犯罪中，当按照分工不同将共同犯罪区分为正犯、教唆犯、帮助犯等时，“正犯、教唆犯、帮助犯”既可以理解为不同的犯罪类型，又可以理解为共同犯罪行为人的不同种类。基于此，为了避免内容上的前后重复，本书将过失共同犯罪存在的类型问题与过失共同犯罪人依照分工标准的分类问题放入同一章论述。

第一节　共同过失犯罪类型概述

在肯定共同过失犯罪的学者中，对于共同过失犯罪成立的范围，即共同过失犯罪的类型也存在不同的见解。但凡肯定共同过失犯罪的学者对共同过失正犯都持肯定的态度，分歧主要表现为，在共同过失正犯之外，是否还成立过失教唆犯与过失帮助犯。国外学者在探讨这个问题时，通常是将过失的教唆与过失犯的教唆（教唆过失）、过失的帮助与过失犯的帮助（帮助过失）放在一起论述。所谓过失的教唆，是指由于过失教唆他人实行犯罪。过失犯的教唆，是指教唆他人进行过失犯罪。而过失帮助是指由于过失而帮助他人实行犯罪，过失犯的帮助则是指帮助他人进行过失犯罪。而值得注意的一点是，肯定过失的教唆的学者通常也肯定过失犯的教唆，否认过失的教唆的学者通常也否定过失犯的教唆，在过失帮助与过失犯的帮助的场合也是类似的情形。①

一、国外学者观点概述

《德国刑法典》第26条规定："故意教唆他人使之故意实行违法行为者，为教唆犯，其处罚与正犯同。"由于这一规定明确否认了过失教唆犯与教唆过失犯，因此除了极少数学者，如阿尔费尔德（Allfeld）承认过失教唆的可能性外，② 学者之间的争议不大。但大多数国家刑法的规定并没有如此明确，因此必然引起理论上的争论。通常情况下，采行为共同说立场的学者，倾向于过失教唆与过失帮助亦成立教唆犯与帮助犯，如木村龟二、佐伯千仞；而采犯罪共同说立场的学者，则多否认过失教唆与过失帮助，如福田平、大塚仁、川端博。但也有采行为共同说立场的学者认为，教唆乃指使他人产生实行特定犯罪之决意而言，因此难以承认过失教唆的观念，如中义胜、中山研一。③ 日本学者平野龙一认为在逻辑上不能承认因过失构成教唆、帮助犯，而主张只限于过失共同正犯才能成立的观点。④ 大塚仁教授从"犯罪共同说"的立场出发，认为"因为从犯是使正犯的实行变得容易，所以，有必要对此表象后进行，应该认为不能承认基于过失

---

① 参见马克昌：《比较刑法学原理》，武汉大学出版社2002年版，第648~649页。但这种立场只是通常而言的，也有极少数学者肯定对过失犯的教唆、帮助的可罚性，但否定过失的教唆、帮助的可罚性。参见［日］佐久间修：《共同过失与共犯》，载马克昌、莫洪宪主编：《中日共同犯罪比较研究》，武汉大学出版社2003年版，第61~66页。

② 参见马克昌：《比较刑法学原理》，武汉大学出版社2002年版，第649页。

③ 参见陈子平：《刑法总论》，中国人民大学出版社2009年版，第398页。

④ 参见林亚刚：《犯罪过失研究》，武汉大学出版社2000年版，第256页。

的从犯”。[①] 福田平教授也认为“教唆是使人产生实行犯罪的意思，过失不是着眼于一定犯罪行为的。因此在本质上可以认为和志在一定犯罪行为的教唆是一种互相排斥的关系……恐怕同时它已脱离了教唆的固有观念了”。[②]

认为除了可以成立过失共同正犯外，也可以成立过失教唆犯与过失帮助犯的学者，有大场茂马博士等，他在《刑法总论》一书中写道：“共同正犯、教唆及从犯之过失犯之场合，虽为稀有，然其场合之存在，甚明……例如，暗夜为强盗所袭，家人共同讲求防卫方法之际，适遇为救援而来之邻人，误为强盗，家人以共力射杀之场合，为过失致死罪之共同正犯之场合也。由此类推，则过失犯、教唆犯，或从犯之场合，亦不难认识之。”[③] 日本刑法学者木村龟二也持该种观点，“既‘承认过失犯的共同正犯’，同时认为‘由于（日本）刑法第六十一条及第六十二条没有明文要求教唆及帮助须故意实施，也就没有理由否定出于过失的共犯’”。[④] 牧野英一、宫本英脩亦持相同观点。另外，西田典之教授从通说肯定结果加重犯的共同正犯、教唆犯、帮助犯的立场出发，认为没有理由否定过失的教唆犯与过失帮助犯，“如果认为要成立结果加重犯，不仅要与加重结果之间存在因果关系，还须存在过失，那么，就加重结果这一部分而言，其问题就完全在于过失的共犯”。[⑤] 土本武司则总结道：“从学说和判例的发展来看，不认为存在与故意犯相对的教唆、帮助的理解失于狭隘。”[⑥] 苏联著

---

① ［日］大塚仁：《刑法概说（总论）》（第3版），冯军译，中国人民大学出版社2003年版，第273页。

② ［日］福田平、［日］大塚仁编：《日本刑法总论讲义》，李乔等译，辽宁人民出版社1986年版，第175页。

③ S. P. C：《刑法过失论》，郑宇中译，第175～176页。转引自侯国云：《过失犯罪论》，人民出版社1996年版，第188页。

④ ［日］木村龟二：《刑法总论》，有斐阁1984年版，第406、412页。转引自马克昌主编：《犯罪通论》，武汉大学出版社1999年版，第518页。

⑤ ［日］西田典之：《日本刑法总论》，刘明祥、王昭武译，中国人民大学出版社2007年版，第314页。

⑥ ［日］阿部纯二：《刑法基本讲座》（第4卷），法学书院1992年版，第151页。转引自童德华：《共同过失犯初论》，载《法律科学》2002年第2期。

名的刑法学家 A. H. 特拉伊宁也支持过失的教唆犯，在他看来，教唆行为不是刑法分则规定的行为，而是因总则作了规定才产生了教唆行为的处罚根据，因此，过失的教唆犯也应如此，如果没有总则关于过失的共同犯罪的规定，就会失去对过失的教唆犯追究刑事责任的根据。①

二、国内学者观点概述

与国外学者类似，我国刑法学者中即便是认同过失犯罪成立共同犯罪的，也大多只是承认过失共同正犯，而否认过失教唆犯与过失帮助犯。如陈子平教授认为："教唆之观念，乃意味着使他人产生实行特定犯罪之决意，且过失之教唆得以惹起他人成为正犯之可能性或者危险性相当微小，何况'刑法'上对于过失犯之处罚，以有特别规定者为限，因此，将过失之教唆当作教唆犯加以处罚，实为不当之结论。"② 同时，他还从行为与结果间有无因果力的存在出发，否认过失教唆与过失帮助，认为："为什么教唆犯、帮助犯在过失犯中不能成立？因为教唆犯、帮助犯有很重要的一个因素，就是对犯罪结果是否有因果力的存在，不管是教唆犯还是帮助犯，通常会有一个心理的因果力，心理因果力是可以承认的，尤其是教唆犯更是如此。对所谓犯罪心理的强化有因果力的存在，那么过失是不是能够强化他的犯罪决意的因果力？我认为不能。"③ 林亚刚教授虽然赞同过失共同犯罪的观点，但也认为共同过失犯罪的范围只宜限定在过失共同正犯的范围内，从刑事政策的角度为防止对过失犯罪处罚扩大化来考虑，认为过失帮助、过失教唆均不应该成立共同过失，超出过失共同正犯的范围，

---

① 参见胡鹰：《过失犯罪研究》，中国政法大学出版社 1995 年版，第 166 页。

② 陈子平：《刑法总论》，中国人民大学出版社 2009 年版，第 398 页。

③ 中国人民大学刑事法律科学研究中心编：《明德刑法学名家讲演录》（第 1 卷），北京大学出版社 2009 年版，第 303 ~304 页。

容易造成对过失犯罪处罚的扩大化，是不妥当的。[①] 冯军教授认为："过失共同犯罪中的共同行为应该被限定为共同实行行为……过失的教唆行为或者过失的帮助行为不应被纳入过失共同犯罪的共同行为的内容之中。在教唆行为、帮助行为与危害结果的发生之间本来就只具有间接性，如果这种带有间接性的教唆行为、帮助行为是源于行为人的过失，那么，其可罚性就成为问题。从刑法谦抑主义出发，应该认为过失的教唆行为和帮助行为不具有可罚性。"[②] 由此可见，林亚刚教授、冯军教授等基本上都是站在刑罚谦抑主义、防止刑罚扩大化的立场反对过失教唆与过失帮助的。张明楷教授从教唆、帮助的语义分析否认过失教唆、过失帮助的成立。他认为过失的教唆与过失的帮助以及教唆过失和帮助过失均不应成立共犯。因为从语义上分析，教唆与帮助都是一种有意识的行为，即教唆是使他人产生实施特定犯罪的决意的行为，而帮助也是有意识地促进他人实施犯罪的行为，也就是说，教唆犯和帮助犯只是通过正犯的行为才引起法益的侵害，进而才受到刑罚的处罚，刑法分则规定的过失犯仅限于实行行为，如果将过失教唆和过失帮助作为共犯处罚，就会与《刑法》总则第 15 条例外处罚过失犯的规定相抵触。而对于故意唆使、故意促成他人实施过失犯罪的情形，则宜作为间接正犯处罚。[③] 学者刘永贵除了从刑法谦抑注意的立场考虑外，还从注意义务的共同性出发分析该问题。他认为过失共同犯罪中的共同行为应限定为共同的实行行为，即只有共同正犯可以构成过失共同犯罪，这是由于过失的教唆者、过失的帮助者与过失的实行者之间不存在共同的注意义务，在实施导致危害结果发生的行为方面不存在内容相同的过失心理，因此行为也就不符

---

① 参见林亚刚：《犯罪过失研究》，武汉大学出版社 2000 年版，第 264、266 页。

② 冯军：《论过失共同犯罪》，载胡驰等主编：《刑法问题与争鸣》（总第 3 辑），中国方正出版社 1999 年版，第 333 页。

③ 参见张明楷：《共同过失与共犯》，二十一世纪第二次（总计第八次）中日刑事法学术讨论会报告者论文，第 27 页。

合共同犯罪这一统一有机体的本质特性，应排除出过失共同犯罪之外。[①]

另一部分学者则认为，除了可以成立过失共同正犯外，也可以成立过失教唆犯与过失帮助犯。如侯国云教授认为："过失犯罪同故意犯罪一样，也可以由两人以上共同构成。在共同过失犯罪中，各个行为人所处的地位和起的作用都是不同的。而且在数个行为人中，也可以区分出教唆犯、实行犯和帮助犯。那种认为在共同过失犯罪中不存在主犯、从犯、教唆犯、实行犯和帮助犯的观点，是不正确的。"[②] 孙国祥教授也认为不能排除过失教唆犯和过失帮助犯。[③] 持此观点的学者尚有舒洪水教授等。

除了上述的主要分歧外，尚有学者主张共同过失犯罪不可能构成过失教唆犯，但可能构成过失共同正犯和过失从犯，如刑法学者翁国梁持该种观点。[④] 童德华博士则否定过失的帮助，但肯定过失的教唆。[⑤]

三、观点述评

从上述关于过失共同犯罪的成立范围，即是否成立过失教唆犯与过失帮助犯的不同观点来分析，国内外学者的侧重点不同。首先，国外学者对于该问题在共同犯罪理论上的立场相对鲜明，虽然也有个别例外，但基本上持犯罪共同说的学者否认成立过失教唆犯与过失帮助犯，而持行为共同说的学者则肯定二者的成立。其次，国外学者所探讨的问题范围包括过失的教唆、对过失犯的教唆、过失的帮助与对过失犯的帮助，从逻辑上排列组合的话，实际上包含过失教唆过失犯、过失教唆故意犯、故意教唆过失

① 参见刘永贵：《过失共同犯罪研究》，载胡驰等主编：《刑法问题与争鸣》（总第3辑），中国方正出版社1999年版，第366页。

② 侯国云：《过失犯罪论》，人民出版社1996年版，第192页。

③ 参见孙国祥：《刑法基本问题》，法律出版社2007年版，第382页。

④ 参见马克昌主编：《犯罪通论》，武汉大学出版社1999年版，第518~519页。

⑤ 参见童德华：《共同过失犯初论》，载《法律科学》2002年第2期。

犯、过失帮助过失犯、过失帮助故意犯、故意帮助过失犯等多种情形，所以难免包含片面共犯与间接正犯的问题，涉及范围远比国内学者所指要大。最后，国外学者强调过失教唆与过失帮助在观念上、逻辑上是否存在。反对论者认为教唆与帮助都是着眼于他人特定犯罪行为的，即从教唆与帮助的固有含义来看，教唆与帮助只能是故意实施，而且只能加功于故意犯罪之人。因此，他们从观念上就否认过失教唆、过失帮助的存在。也正基于此，对于过失教唆与过失帮助的态度往往是统一的，即否认过失教唆的学者自然否认过失帮助，肯定过失教唆的学者也肯定过失帮助。

相比而言，国内学者对于过失共同犯罪成立范围的争议则特指过失教唆过失犯罪与帮助过失犯罪的场合，因此对于过失教唆、帮助故意犯罪是否构成片面共犯与故意教唆、帮助过失犯罪是否构成间接正犯的问题并不在重点讨论之列。另外，国内肯定过失共同犯罪的学者对于能否成立过失教唆犯与过失帮助犯，基本上是持一种妥协的态度，即一方面承认过失教唆与过失帮助这种现象或者说事实，另一方面又基于过失教唆行为与过失帮助行为与危害结果之间的原因力太小，以刑法谦抑原则、不扩大刑罚的范围等为由，否认过失教唆与过失帮助犯成立的合理性。也正是基于该原因，学者们对于过失教唆犯与过失帮助犯的态度并不统一，有人认为成立过失共同正犯与过失教唆犯而否认过失帮助犯，有人认为成立过失共同正犯与过失帮助犯而否认过失教唆犯，这是学者们基于自己对过失教唆与过失帮助危害程度的不同理解所得出的不同结论。相比较而言，陈子平教授与张明楷教授从教唆所固有的观念与语义上分析而否定成立过失教唆犯与过失帮助犯，这与国外学者的分析方式相一致。学者刘永贵从否认过失教唆、过失帮助者与实行犯之间的共同注意义务出发，否认过失教唆犯与过失帮助犯，但理由并不充分。

肯定过失教唆犯与过失帮助犯的学者，其论述理由与国内反对过失教唆犯与过失帮助犯者所关注的角度一样，即以现实中所存在的过失教唆与过失帮助行为是否具有可罚性为焦点来论证。大多是通过举例来证明现实中存在的过失教唆或者过失帮助行为具有相当的危害性以及对危害结果具有相当的原因力，从而得出肯定的结论。但从所列举的事例来看，有的明显因不具有共同的注意义务而不属于共同过失犯罪的范畴，而属于过失的竞合现象，这往往也成为反对论者否认成立过失教唆犯与过失帮助犯，甚至否定整个过失共同犯罪的一个重要原因。

综合上述学者反对成立过失教唆犯与过失帮助犯的意见，大体可以归纳为以下两条理由：第一，教唆与帮助概念本身固有地含有“故意”的含义，即教唆、帮助均以他人的特定犯罪为前提，因而过失教唆与过失帮助的概念本身就不能存在。第二，即便是承认事实上的过失教唆行为与过失帮助行为，但过失教唆与过失帮助行为对于危害结果的原因力很小，从刑法谦抑的立场看，不足以用刑罚来规制。

笔者肯定过失共同犯罪包含过失教唆犯与过失帮助犯，因而对上述两点理由提出自己的异议。

首先，就概念本身的含义而言，教唆是指“引诱、指使他人做坏事”。[①]“怂恿、指使（别人做坏事）。”[②]从怂恿、引诱、指使等解释用语上来看，可以认为从语义学上来讲，“教唆”含有故意的内涵。但同时应当注意，词语的普通语义学上的侧重点与其在刑法学范畴内的侧重点是有所不同的。陈兴良教授认为，教唆，从语义学上来说，是在故意的心理状态支配下的一种行为，指有意识地使他人去实施犯罪。[③]很显然，陈教授是将普通语义上的教唆与刑法学上的教唆混为一谈的。我国《刑法》第14条第1款规定：“明知自己的行为会发生危害社会的结果，并且希望或者放任这种结果发生，因而构成犯罪的，是故意犯罪。”第15条第1款规定：“应当预见自

① 《四角号码新词典》，商务印书馆1982年版，第461页。

② 中国社会科学院语言研究所词典编辑室编：《现代汉语词典》，商务印书馆1995年版，572页。

③ 参见陈兴良：《共同犯罪论》，中国人民大学出版社2006年版，第401页。

己的行为可能发生危害社会的结果，因为疏忽大意而没有预见，或者已经预见而轻信能够避免，以致发生这种结果的，是过失犯罪。”从上述规定可以看出，在我国刑法中，不管是对于故意还是过失，主观的罪过心态指向的对象都主要是结果，即刑法上的故意与过失都是针对危害结果的心理态度。[①]而就教唆与帮助的本身语义来讲，这种心理态度不仅指向结果的发生与否，更是指向对方的行为，即怂恿他人去“做”，帮助他人去“做”。实际上，舒洪水教授也已经注意到这一点，他认为可以把过失教唆分为两个部分，即教唆行为部分与过失结果部分，教唆行为是故意的，而对引起他人造成危害社会的结果是过失的。[②] 按照这种思路，当行为人故意怂恿、引诱或帮助他人去做违法或者高度危险的行为，但对于行为可能造成的危害结果是过失心态，即既不希望也不放任时，把它称为过失教唆犯与过失帮助犯，从刑法对罪过形式的规定方式来看，与过失的心理态度相一致，同时也并不违背教唆、帮助的本来语义。依照这种理解所界定的过失教唆犯中的“教唆”和过失帮助犯中的“帮助”，与故意犯罪中的教唆和帮助相比，从行为人对他人行为的态度上看是相同的，但从行为人对他人行为引起的危害结果上看是不同的，从本来的语义上看是相同的，从刑法意义上的“罪过”概念看是不同的。

其次，认为过失教唆与过失帮助行为对于危害结果发生的原因力很

---

① 对于该结果是狭义的构成要件结果还是广义的危害社会的结果，在刑法理论界是存在争议的，而且刑法的这一规定也受到某些学者的批判，如储槐植教授就认为，这样的规定，等于刑法中的主观方面的规定只是将结果犯涵盖了，但对于并不要求结果为构成要件要素的行为犯则无法依此规定认定主观故意。参见储槐植：《刑事一体化》，法律出版社 2004 年版，第 224 ~225 页。也正因如此，有的学者主张《刑法》第 14、15 条的规定中的结果并非作为构成要件要素的结果，而是广义的对社会有害的结果。但有的学者如贾宇教授认为，应当坚持狭义的构成要件结果，但应该在此之外提出应适用“行为故意”的概念。参见贾宇：《罪与刑的思辨》，法律出版社 2002 年版，第 144 页。上述的争议在“故意”的罪过形式中比较激烈，但在“过失”的罪过形态中，由于通说一直认为过失犯罪是结果犯，所以这里的“没有预见”“应当预见”“能够避免”等都是指向构成要件结果的，因而，在过失犯罪领域中，不存在行为犯的可讨论性。

② 参见舒洪水：《共同过失犯罪的概念及特征》，载《法律科学》2005 年第 4 期。

小、危害不大而不需要用刑罚来规制的观点太过绝对。我国学者对过失教唆行为与过失帮助行为的理解颇为宽泛，因此，如果将行为人由于自己的不自觉、不经意的行为而引起或者影响到他人的行为并最终造成他人过失犯罪的场合也作为过失教唆与过失帮助来看待时，说过失教唆与过失帮助行为对于危害结果发生的原因力很小、危害不大而不需要用刑罚来规制并不为过，笔者也赞成对于该种情形不适用刑罚处理。然而，肯定过失教唆犯与过失帮助犯的学者经常所举的例子则并非如此，如“首长命令司机超速违章行驶，司机听命，结果发生交通肇事”的情形多被支持者拿来举例，并以此证明教唆者对于危害结果的发生并非只具有很小的原因力，也不是社会危害性很小，因此得出应该承认过失教唆犯与过失帮助犯的结论。对于在该具体情形下所持的此种观点，笔者也是赞同的。但问题是，当仅以广义的概念所包含的其中一种含义而举的特殊例子来论证，并将这一在特殊事例中所论证的结论推广适用于广义概念下的所有情形时，无论最终是肯定过失教唆犯与过失帮助犯的成立还是否定二者的成立，都并不合理，而是分别走到了两个极端。因此，笔者认为，应该肯定过失教唆犯与过失帮助犯，但合理界定二者的范围至关重要。

第二节　以分工标准对过失共犯的分类

通说一般按照行为人在共同犯罪中的分工以及在共同犯罪中所起的作用两个标准对共同犯罪人进行分类。依据笔者上文对共同过失犯罪类型的论述，笔者主张过失共同犯罪人不仅包含过失正犯，还包含过失教唆犯与过失帮助犯。需要澄清的是，有学者认为，在共同过失犯罪的场合，各行为人之间因为没有主观方面的联系，因而相互之间也就不存在为了实现犯罪而分工、配合的情况，从而也就不可能存在对共同过失犯罪人按照他们在共同犯罪中的分工进行分类的可能性。[①] 对此，笔者认为，共同过失犯罪人之间确实不存在为了实现某个特定的犯罪而进行分工、配合的情况，但并不能由此而绝对否认各行为人之间的主观联系。而且共同行为人对于所从事的危险或者离规行为本身以及在实现非犯罪的目的上也是可以存在分工、配合的。再者，不管是按照哪种方法对犯罪人进行分类，犯罪人本身总是分类的对象而非分类的主体，而分类的主体永远是法学理论或者法律实践工作者。因实行犯、教唆犯、帮助犯等类别都是法学理论或者法律实践工作者为了更好地进行理论研究以及适用法律而站在局外的立场上对现实中存在的犯罪现象所作的分类，所以根据共同过失犯罪人之间不存在主观联系而否认将共同行为人按照分工的方法进行分类的理由也就站不住脚。

具体而言，以分工为标准，可以把共同过失犯罪中的行为人分为过失实行犯、过失教唆犯和过失帮助犯。为了一并论述过失共同犯罪的类型，对于过失实行犯，笔者以“过失共同正犯”为标题展开，同时在本节末尾探讨自己对于共同过失犯罪中的组织犯的看法。

一、过失共同正犯

过失共同正犯即过失的共同实行犯，要求各共同行为人必须均实施了过失的实行行为。对于过失犯的实行行为，传统的旧过失理论并不加以考察。因为如前文所述及的旧过失论认为过失犯只要发生了结果就够了。但工业革命以后，伴随诸如交通、医疗等本身包含侵害法益危险的行为日益增加，加上主观违法要素的提出和规范责任论的兴起，促生了新过失论。根据规范责任论，过失行为承担责任的根据不仅在于行为人对于结果的过失心理态度，而是由于行为人违反规范要求。新过失论站在行为无价值的立场，认为在犯罪论体系上，过失不仅是责任问题，也被视为构成要件符合性以及违法性的

---

① 参见胡鹰：《过失犯罪研究》，中国政法大学出版社 1995 年版，第 233 页。

要素，过失犯罪与故意犯罪一样，都有各自的实行行为。

刑法上的实行行为，即符合构成要件的狭义的行为。国外刑法理论关于过失犯的实行行为有两种不同的理解，一是认为过失实行行为是偏离标准的行为，二是认为实行行为是具有引起危害结果发生的现实危险的行为。[①] 第一种理解是站在“过失犯罪的核心是注意义务的违反”的立场上，认为过失的实行行为即是违反注意义务的行为，因而从客观注意义务的立场出发，过失的实行行为也就是违反法令、职务和职业上等规则的行为和违反日常生活中常理所要求的注意义务的行为。这在日本是有力的见解，如大谷实教授认为，行为人没有履行客观上被要求的注意义务而实施的一定的作为和不作为是过失犯的实行行为。[②] 第二种理解是将过失犯的实行行为与故意犯的实行行为一样从实质而非形式的立场上来考虑。因为犯罪在本质上是侵害或者威胁法益的行为，过失犯罪作为结果犯，其实行行为必然需要具有引起一定的犯罪结果的可能性，即需要包含有发生一定危害结果的现实危险。这种从实质立场出发考虑过失犯的实行行为近年来在国外已渐成普遍趋势，如平野龙一教授认为，过失行为不仅是与结果之间具有因果关系的行为，也是具有引起结果的实质上不被允许的行为；前田雅英教授也认为，过失犯的实行行为必须是具有引起该罪结果的危险性的行为。[③]

笔者认为，上述两种对于过失犯罪实行行为的理解并没有实质的分歧，只是角度不同而已。因为从现代风险社会的特点来看，为了避免生产、生活中出现人为的危害结果，针对各行各业，特别是诸如交通、医疗、建筑等本身带有危险性的行业都制定有不同的法规、规章及操作规范等。这些被制定出来的规则正是人们在生产生活中对可能造成危险结果发

---

① 参见黎宏：《“过失共同犯罪”质疑》，载《人民检察》2007年第14期。

② 参见［日］大谷实：《刑法总论》（总论·第3版），黎宏译，法律出版社2003年版，第194页。

③ 参见［日］前田雅英：《刑法总论讲义》，东京大学出版会1999年版，第351页。转引自黎宏：《过失犯研究》，载赵秉志主编：《刑法评论》（2006年第6卷），法律出版社2006年版，第113～114页。

生的情况所作的经验的总结。将业务行为控制在相关的规章、制度、操作规范等规则之内，则即便从抽象意义上讲有一定的危险性，这种危险也被认为是允许的危险。而一旦行为人违反这些规则，即违反作为或不作为的客观注意义务，则说明行为本身就包含了造成危害结果的高度危险，这是从社会经验的总结中得出的结论。从司法实务对过失行为的认定上来看，第一种理解则更具有可操作性，即通过对行为违背法令、规章、规范等来认定行为的实行性。但两种观点基本上是一致的。大塚仁教授认为，“过失犯的构成要件行为……需要裁判官基于对符合具体事态的注意义务的认定、补充，来确定违反它的行为（需要补充的构成要件）。因而，违反这种注意义务而进行的行为人的行为是过失犯的实行行为，它必须特别包括使犯罪结果发生的现实危险性”。[①] 这种理解也反映了这种一致性。针对有论者对“偏离标准行为”的批判，笔者提出个人的不同意见：有论者认为，如果按照上述第一种理解从形式上去认定共同过失犯罪的实行行为，会出现过失共同正犯成立范围难以确定的问题，并举下面事例予以例证：数人共同从事某一危险的作业，并且各个行为人都具有违反标准及操作要求的共同过失行为，并最终造成他人死亡的结果，但事后查明被害人死亡的直接原因是自己有意自杀的行为。对此，论者认为如果按照上述第一种理解，则各行为人既具有偏离标准的实行行为，又碰巧发生了被害人死亡的结果，各行为人就要成立过失共犯，这显然有扩大过失犯的处罚范围之嫌疑。[②] 笔者认为，上述所举事例是对过失实行行为认定的一种误解，因为上述事例中行为人的共同过失行为并不是“造成”他人死亡结果的原因，即二者之间并不具有刑法上的因果关系。过失行为与事实结果之间缺乏因果关系，各行为人当然不能构成过失犯罪，这是因果关系的认定问题，与过失犯罪实行行为

① ［日］大塚仁：《刑法概说（总论）》（第3版），冯军译，中国人民大学出版社2003年版，第152页。

② 参见黎宏：《“过失共同犯罪”质疑》，载《人民检察》2007年第14期。

的认定标准并无关系。论者以另一个事例来说明将过失犯的实行行为表述为“违反规则的行为”或者“违反日常生活中的注意义务的行为”有扩大过失犯成立范围的倾向，即行为人在限速20公里/小时的街道上以时速30公里/小时的速度行驶，结果路边的小巷里突然跑出一个意图自杀的人冲到马路中央，行为人躲闪不及而将该人撞死。但事后发现，就当时的情形，即便行为人以正常的速度行驶也同样难以避免危险结果的发生。① 此案例中，似乎不能排除司机驾车行驶的行为与死亡结果之间的因果关系，但问题是，如何才能证明行为人即便在正常限速内行驶也同样无法避免危害结果的发生？如果不能证明，则认定行为人过失犯罪并没有扩大过失犯罪成立的范围。而如果能够证明，则可以依照德国、日本刑法理论中的“合法行为的替代”或曰“合乎义务的态度的代替”② 来解决，此与过失

① 参见黎宏：《过失犯研究》，载赵秉志主编：《刑法评论》（2006年第2卷），法律出版社2006年版，第111页。

② 该理论源自德国的“拖拉机事件”（又称吊车事件），即拖拉机司机在旁边只有75厘米间隔的地方超越前方的自行车，由于骑自行车的人喝得大醉而倒下，被卷到拖拉机后轮被压死。事后发现，本案中，即便拖拉机的司机按照法律规定，在法定间隔（1.5米）上超车，也同样会导致这个结果。由于该种场合采用了将假设的合法行为代替现实的违反行为进行讨论的方法，因此被称为“合法行为的替代”或者“合乎义务的态度的代替”，特指在过失犯中，因行为人违反规则或者日常生活中应注意的事项，即违反注意义务而引起结果，但即便行为人在当时的客观情况谨慎行为，不违反注意义务，结果仍难以避免的情形。对此，德国、日本法院在多数情况下认为违反规则的行为与发生结果之间没有因果关系而判处行为人无罪。对于认定为“没有因果关系”，这一解决途径，由于理论通说否定在判断条件关系的时候采用附加假定的事实，而多被通说理论所否定，但我国学者也有持肯定态度的，如学者李海东认为，过失犯中，行为与结果之间的不法联系只有当结果在行为人不违反注意义务就不会发生的情况下，才能予以肯定，如果行为人即使遵守了注意义务，仍不能避免结果发生时，行为与结果之间的不法联系就不能成立。这里论者虽然用的是行为与结果之间的“不法联系”，但显然指的是二者之间的因果关系。但如德国、日本理论通说所持观点，否认该种情况下行为与结果之间的因果关系明显与事实不符，因而现在的学说大都将其作为有无增加危险的问题或者结果预见可能性以及结果回避可能性的问题加以解决。参见［日］北川佳世子：《交通事故和过失论》，载高铭暄、赵秉志主编：《过失犯罪的基础理论》，法律出版社2002年版，第75～77页；李海东：《刑法原理入门》，法律出版社1998年版，第149页；黎宏：《过失犯研究》，载赵秉志主编：《刑法评论》（2006年第2卷），法律出版社2006年版，第137～141页。

犯罪实行行为的认定标准同样没有关系。

综上分析，过失共同正犯要求各行为人均实施了构成要件的行为，而对构成要件行为的认定上，笔者认为应主要判断各行为人的行为本身是否含有发生一定危害结果的现实危险性，但在具体操作上，对于违反法律、法规以及职业、业务上明示规则规定的业务过失行为，可以认定为过失的实行行为，而对于没有规则明示的日常生活中违反常理的过失行为，则需要根据常理来判断行为是否包含了发生一定危害结果的现实危险。

大塚仁教授与冯军教授在通过界定共同注意义务而界定过失共同正犯时，[①] 均强调各行为人在法律上的平等地位。[②] 应当说，用“法律上的平等地位”来限定共同注意义务也好，限定共同的实行行为也好，都显得太过抽象而不明确。如前所述，将“法律上的平等地位”理解为相同职业中的具有平等的职位并从事相同的业务的地位也许更准确一点，但这种界定尚不能包含业务活动之外的共同过失正犯行为。但整体来讲，过失共同正犯中各行为人实行行为的认定，必须是各行为人的行为平行地对危害结果的发生均具有直接的因果关系，即将各行为人单独来看，每个人的行为各自都包含有发生危害结果的现实危险性。每个行为人在共同的注意义务中虽有监督、警醒其他行为人谨慎行为的义务，但对危害结果的原因力上，并不需要必须以其他行为人为中介，这也是过失共同正犯与过失教唆犯和过失帮助犯的最大区别。在后两者中，各行为人之间虽有避免结果发生的共同注意义务，但共同的注意义务具有纵向性而非平行性，教唆者与帮助者的注意义务主要体现在对于实行者的提醒、警示与监督义务。教唆者与帮

---

① 由于二人对于过失共同犯罪只承认成立过失共同正犯一种，因而界定共同注意义务论证过失共同犯罪的成立，也就特指过失共同正犯。

② 参见［日］大塚仁：《犯罪论的基本问题》，冯军译，中国政法大学出版社 1993 年版，第 261 页；冯军：《论过失共同犯罪》，载胡驰等主编：《刑法问题与争鸣》（总第 3 辑），中国方正出版社 1999 年版，第 332 页。

助者对于实行者来说具有从属性，即从各行为人的行为单独来看，教唆与帮助行为并不直接包含危害结果发生的现实性，其所包含的危险性要通过实行行为体现出来，避免结果发生的注意义务的履行也要通过实行者实现。

当过失犯场合引起结果发生的行为人的行为不止一个时，对于过失实行行为的具体认定上还存在“过失阶段说”与“过失并存说”之间的争议。过失阶段说认为，在某个过失犯罪结果的发生上顺次、分阶段地并存着同一行为人的数个不注意行为时，只对与结果最接近的、最终的过失行为追究责任就够了。而过失并存说则认为应当将各个违反注意义务的行为作为整体理解为实行行为，承认一个过失犯。[①] 对此，笔者认为，由于过失犯是结果犯，当危害结果不出现时，并不构成过失犯罪，因而对于单独过失犯罪的场合，依照“过失阶段说”还是“过失并存说”，从最终的结论上看并没有实质的区别。但对于共同的过失犯罪而言，则应该考虑适用过失并存说更为合理，否则只将造成结果发生的最接近的过失行为认定为过失的实行行为，就容易将负有共同注意义务而且本身也具有发生危害结果的现实危险，但又在各行为人之间以阶段形式出现的前一阶段的过失行为排除在实行行为之外，显然并不合理。但无论如何，在过失共同实行行为的认定上，都要坚持各行为人的行为均包含发生危害结果的现实危险，正如大塚仁教授所说，“为了能够说存在关于过失犯的共同实行行为，从实质上看必须存在二人以上者共同进行了包含着发生属于某犯罪要素的一定结果的高度危险性的行为”。[②]

---

① 参见［日］大塚仁：《刑法概说（总论）》（第 3 版），冯军译，中国人民大学出版社 2003 年版，第 152 页；何荣功：《实行行为研究》，武汉大学出版社 2007 年版，第 88 页。

② ［日］大塚仁：《犯罪论的基本问题》，冯军译，中国政法大学出版社 1993 年版，第 260 页。

二、过失教唆犯

如前所述，“教唆”一词，在语义上本身含有故意的内涵。因此，传统理论认为，教唆即意味着使他人产生实行特定犯罪的决意，“所谓教唆，就是唆使没有犯罪意图的人产生犯罪意图”，[①] 从教唆者的角度看，是在故意的心理状态支配下的一种行为，对被教唆者而言，是要其实施故意犯罪的实行行为。学者们多以此为由否认所谓的过失教唆犯，但如前所述，理由并不充足。

我国学者在论述过失教唆犯时，无论是持肯定还是否定观点，大体将过失教唆定义为：过失地引起他人过失犯罪。如侯国云教授认为：“过失教唆犯，是指过失地引起他人过失犯罪的人。”[②] 童德华博士认为：“在过失教唆犯的场合，主要指行为人过失引起他人过失犯罪。”[③] 类似于这样的表述尚有陈子平教授、阴建峰教授、孙国祥教授、胡鹰博士、舒洪水教授、韩玲博士等，不再一一列出。

胡鹰博士早在20世纪90年代对过失犯罪进行分类时就提出纯正的过失与非纯正的过失的概念。所谓纯正的过失，是指行为人对于自己的行为以及行为的结果均持过失态度，均出于过失，在理论上又可称为典型的过失。而非纯正的过失是指行为人对于实施的危害行为是故意的，但对于自己的危害行为可能引起的危害结果却属于过失的情况。[④] 这种分类在过失教唆与过失帮助中同样可以借鉴。因而，将过失教唆定义为过失地引起他人过失犯罪，从教唆人的心理构造上来看，他的过失心理可能指向的对象也是两个，一是被教唆人的过失实行行为，二是被教唆人可能造成的危害

---

① 马克昌主编：《犯罪通论》，武汉大学出版社1999年版，第557页。

② 侯国云：《刑法总论探索》，中国人民公安大学出版社2004年版，第380页。

③ 童德华：《共同过失犯初论》，载《法律科学》2002年第2期。

④ 参见胡鹰：《过失犯罪研究》，中国政法大学出版社1995年版，第96~97页。

社会结果。由于如前所述，我国刑法中罪过心理态度，无论是故意还是过失，都主要是针对危害社会的结果而言的，基于该认识，既然是在过失犯罪领域内探讨问题，首先应当肯定无论是教唆者还是被教唆者，他们对于危害结果的发生所持的心理态度都是过失的。那么，就教唆者对于引起被教唆者的过失实行行为的心理态度而言，则存在两种可能，一是过失，二是故意。依此分析排列组合的话，过失教唆犯就可以分为以下两种：第一种，由于过失行为引起他人过失行为，对于他人过失行为造成的结果持过失态度。现实中表现为说者无心听者有意，行为人不自觉地、不经意的语言或者行为引起他人从事违规行为或者高度危险的行为，最终因过失造成了危害结果的发生。第二种，故意引起他人的过失行为，但对他人过失行为造成的结果持过失态度。现实中表现为明知自己的教唆行为会引起他人从事违反规定的行为或者高度危险的行为而仍然实施教唆，但对于他人行为可能造成的危害结果持侥幸不会发生或者轻信能够避免的态度。[①] 论者经常所举的“领导为了开会赶时间，指令司机超速违章驾驶，结果造成危害结果发生”的例子就是该种情形的最好例证。

反对成立过失教唆犯的论者通常所指的即为第一种情形的过失教唆，一个原因是此种情形与教唆的本来语义不符，不能称为教唆；另一个原因是因不经意引起他人的过失行为，本身危害性小，对危害结果的因果力也

---

① 此处应当注意与传统的未遂的教唆相区别。未遂的教唆，即教唆者明知被教唆者的犯罪行为不能达到既遂，而仍教唆其实施犯罪行为的情形。其与笔者此处所界定的过失教唆的区别在于，未遂的教唆中，教唆者教唆被教唆者实施的是故意犯罪，因而即便被教唆者实施的行为没有发生危害结果，通常也能成立教唆犯（特别是站在共犯独立性说的立场），而在过失教唆犯的场合，教唆者教唆被教唆者实施的是违法的、违规的或者是常理上高度危险的行为，当危害社会的结果发生时，构成的是过失犯罪，当危害结果没有发生时，并不存在犯罪的考量。未遂的教唆不同于教唆未遂，教唆未遂是指教唆行为已经实施，但未产生预期中之教唆结果的情形。另外，关于未遂的教唆与陷害教唆，多数学者并没有严格区分这两个概念的。（参见黄村力：《刑法总论比较研究》，台北，三民书局1998 年版）笔者在本书中也将二者在同一意义上使用。

很微弱。而支持成立过失教唆犯的论者往往所举例子为第二种情形，该种情形下，一方面教唆者对被教唆者实施离轨行为的唆使在主观上是故意的，另一方面此种情形教唆行为对于危害结果的原因力并非很小而不值得用刑罚处理，有时其原因力比直接实行者的原因有过之而无不及，甚至是危害结果发生的主要原因。可以看出，反对与支持两种观点实际上是在一个概念之下讨论两个不同层面的问题，因此，在没有严格廓清范围的情况下，无论是支持的观点还是反对的观点都太过极端。

笔者赞同成立过失教唆犯，但同时认为应当将成立范围严格限制在上述的第二种情形。首先，该种情形保留了教唆的本来语义，但并没有跳出过失犯罪的范畴。因为虽然教唆行为是故意的，但当我们谈到“故意犯”或“过失犯”时，所说的故意或者过失都是针对危害结果的心理态度，这就如在单独过失犯罪如交通肇事罪中，行为人对于自己的违法行为往往是明知故犯的，但这并不影响他造成危害结果而构成过失犯罪。其次，将过失教唆犯限制为该种情形，保证了只对严重的危害社会行为处罚，它排除了第一种情形，并不与刑法的谦抑性原则相违背。

除了上述限制外，为了体现并不扩大刑罚处罚范围的精神，笔者还主张从行为方式上对过失教唆犯的范围进行限制。陈兴良教授对于教唆行为的表现方式总结了劝说方法、请求方法、挑拨方法、刺激方法、利诱方法、怂恿方法、嘱托方法、胁迫方法、诱骗方法、授意方法等，[①] 虽然这些分类不可能涵盖所有的教唆方式，但给我们提供了分析比较的基础。一方面从行为人的主观恶性及行为方式本身的危害程度，另一方面从这些行为方式对引起被教唆人行为的作用强度上来分析，对于过失教唆犯而言，教唆的方式应该限制为挑拨、刺激、胁迫、强令、指使等方式。这里的“挑拨、刺激”，是指通过搬弄是非或者激将的方法故意挑逗他人实施过失

---

① 参见陈兴良：《共同犯罪论》，中国人民大学出版社2006年版，第84~88页。

行为。“胁迫”，是指使用暴力威胁或者精神威胁，逼迫或者恐吓等方法迫使他人实施违反行政取缔法规或者高度危险的行为等。“指使”，通常是指上级给下级或者具有从属关系的支配者对被支配着从事某事所做出的安排、指令，而“强令”则指强制性命令，通常也是发生在上下级之间或者具有从属关系的行为人之间。

基于此种限制，成立过失教唆犯需要具备以下条件：(1) 明知自己的教唆行为能引起他人实施违规或高度危险的行为；(2) 实施了引起他人实行行为的教唆行为；(3) 他人的过失行为最终造成了危害社会的结果；(4) 教唆者与实行者对于最终的危害结果都是过失的心理态度。

为了对教唆过失犯与过失教唆犯以及他们内部的不同构造进行对比，笔者特列下表，为了避免语义上的无谓歧义，笔者在表格的第一列中使用“引起”一词来替代“教唆”（见表1）：

表1 教唆过失犯与过失教唆犯的内部构造对比

行为	对引起他人实行行为的心理态度	对他人行为造成危害结果的心理态度	处理意见
引起他人故意犯罪	故意	故意	传统的故意教唆犯
		过失	未遂的教唆（陷害教唆）
	过失	过失	因果关系中断、不可罚
引起他人过失犯罪	故意	故意	间接正犯
		过失	可罚的过失教唆
	过失	过失	(不具有教唆的典型性)不可罚

在谈到过失教唆犯时，不能不涉及2000年11月10日最高人民法院《关于审理交通肇事刑事案件具体应用法律若干问题的解释》中关于共同犯罪的规定。该解释第5条第2款与第7条的规定涉及共同过失犯罪的问题。由于该部分需要探讨分析的内容较多且具有相对独特性，笔者在本章

最后单独作为一节专门进行论述。

三、过失帮助犯

对于过失帮助犯的理论争议与对过失教唆犯的理论争议有许多相似之处。“帮助”一词也被认为语义本身就含有“故意”的内涵，因而传统的犯罪共同说认为帮助犯是有意识地促成他人特定犯罪行为，必须以故意为基点。通说认为，“所谓帮助犯，是指故意帮助他人实行犯罪”，[①] 是以他人具有的特定的犯罪意图为前提的，因而就其心理态度而言，一方面对于自己实施的助成他人犯罪的行为是故意的，另一方面对于被帮助者所实施的实行行为及可能造成的危害结果也是故意的。学者们正是基于此种认识而否认过失帮助犯的存在，如泷川幸辰认为：“帮助，要求必须是基于故意的。基于过失的帮助，虽然不是不可考虑，可是它不是法律技术意义上的从犯。”[②] 大塚仁教授也认为，“因为从犯是使正犯的实行变得容易，所以有必要对此表象后进行，应该认为不能承认基于过失的从犯。”[③] 除了从“帮助”一词的语义上分析反对过失帮助外，还有学者虽然承认事实上存在过失帮助这种情形，但认为过失地促成实行行为容易实行的帮助行为对于结果的发生具有很小的原因力，本身也没有造成危害结果发生的现实危险性，因而若对其适用刑罚处罚，违背刑法的谦抑性原则。

笔者认为，类似前文中对于过失教唆犯的分析，在将过失帮助犯界定为“过失地帮助过失犯罪”的范围之内，仍需要从帮助者对于帮助行为的心理态度以及对于实行者实行行为可能造成的危害社会结果的心理态度两个方面进行分析。也就是说，过失帮助犯也可以分为以下两种情形：第一

---

① 马克昌主编：《犯罪通论》，武汉大学出版社 1999 年版，第 549 页。

② [日] 泷川幸辰：《犯罪论序说》，王泰译，法律出版社 2005 年版，第 160 页。

③ [日] 大塚仁：《刑法概说（总论）》（第 3 版），冯军译，中国人民大学出版社 2003 年版，第 273 页。

种，由于过失助成他人过失行为，对于他人过失行为造成的结果也持过失态度。现实中表现为自己不经意的语言或者行为对于他人从事的违规行为或者高度危险的行为起到促进的作用，最终因过失造成了危害结果的发生。如工人甲将一包工业盐违规随手放置在了工厂的厨房附近，厨师没有仔细辨别就当作食用盐使用，结果造成重大食物中毒事故即为一例。① 第二种，故意帮助他人的过失行为，但对他人过失行为造成的结果持过失态度。现实中表现为行为人明知自己的帮助行为对于他人从事的违反规定的行为或者高度危险的行为具有促进作用而仍然实施帮助，但对于他人行为可能造成的危害结果由于疏忽大意没有预见或者虽然预见但持侥幸不会发生或者轻信能够避免的态度。例如，侯国云教授所举的“打赌滚石案”：甲、乙二人在一半山腰就路旁边的一大石块打赌，若乙能将大石滚下山，就请乙喝酒。乙推理几下，不易推动，此时同行的丙建议乙用钢钎撬，并把自己带的钢钎借给乙，结果乙使用钢钎用力一撬，大石滚下山去，砸断了一妇女的右腿致其终身残疾。② 本例中，丙即是对于自己帮助乙的行为持故意的态度，明知自己的帮助行为会对乙的危险行为起到促进的作用，但仍然实施帮助，但对于大石最终将妇女砸成重伤的结果持过失的态度。

反对成立过失帮助犯的论者通常针对第一种情形，即过失地帮助了他人实施了过失的犯罪，其反对的理由一个是此种情形下与“帮助”的本来语义不符，不能称为“帮助”，另一个理由就是行为人不经意而对他人的过失行为起到促进作用，本身危害性小，对危害结果的因果力也很微弱。而支持成立过失帮助犯的论者往往所举例子为第二种情形，即故意帮助他人的过失行为，但对他人过失行为造成的结果持过失态度。此种情形下帮助行为对于危害结果的原因力明显超出第一种情形。

---

① 参见孙国祥:《刑法基本问题》，法律出版社 2007 年版，第 382 页。

② 参见侯国云:《刑法总论探索》，中国人民公安大学出版社 2004 年版，第 375 页。

笔者赞同成立过失帮助犯，但应当将成立范围严格限制在上述的第二种情形。首先，该种情形保留了“帮助”所固有的“故意”的语义，同时因为帮助者对于最终的危害结果是持过失的心理态度，因而并没有超出过失犯罪的范畴。其次，将过失帮助犯限制为该种情形，保证了只对相对严重危害社会的行为进行刑事处罚，避免了与刑法的谦抑性原则相违背。

基于此种限制，成立过失帮助犯需要具备以下条件：（1）明知自己的帮助行为能够为他人所从事的违规或高度危险行为创造便利条件；（2）实施了为他人的实行行为提供工具或者创造条件的帮助行为；（3）他人的过失行为最终发生了危害社会的结果；（4）帮助者以及实行者对于最终的危害结果都持过失的心理态度。

同样，特列下表对帮助过失犯与过失帮助犯以及他们内部的不同构造进行对比（见表2）：

表2　帮助过失犯与过失帮助犯的内部构成对比

<table>
<tr><th>行为</th><th>对他人实行行为的心理态度</th><th>对他人行为造成危害结果的心理态度</th><th>处理意见</th></tr>
<tr><td rowspan="2">帮助他人故意犯罪</td><td>故意</td><td>故意</td><td>传统的故意帮助犯</td></tr>
<tr><td>过失</td><td>过失</td><td>因果关系中断、不可罚</td></tr>
<tr><td rowspan="3">帮助他人过失犯罪</td><td rowspan="2">故意</td><td>故意</td><td>间接正犯</td></tr>
<tr><td>过失</td><td>可罚的过失帮助</td></tr>
<tr><td>过失</td><td>过失</td><td>（不具有帮助的典型性）不可罚</td></tr>
</table>

四、过失组织犯

关于共同过失犯罪，国内学者几乎没有提到“过失组织犯”这一称谓。传统的共同犯罪理论中，“组织犯”最早是在1952年《阿尔巴尼亚刑法典》对共犯采用四分法而分为实行犯、组织犯、教唆犯和帮助犯时出现，后为1960年《苏俄刑法典》和1961年《蒙古人民共和国刑法典》所采用，1997年的《俄罗斯联邦刑法典》也采用对共犯的这种四分法，保留了组织犯这一共犯类别。根据《俄罗斯刑法典》的规定，组织犯是指“组织犯罪的实施或领导犯罪实行的人以及成立有组织的团伙或犯罪团体（犯罪组织）或领导这些团伙或团体的人”。[①] 就我国刑法来看，在革命根据地法律、1950年中央人民政府法制委员会制定的《中华人民共和国刑法大纲草案》以及1954年中央人民政府法制委员会制定的《中华人民共和国刑法大纲草案（初稿）》中，都对共同犯罪人采用四分法，包括组织犯、实行犯、教唆犯与帮助犯。其中组织犯是指建立犯罪组织，指导犯罪组织，制订实施犯罪计划或指导执行计划者。自1957年《刑法草案》（22稿）以后，组织犯的称谓开始逐渐淡出。[②] 1979年《刑法典》与1997年《刑法典》对共犯的分类中均无组织犯的称谓。虽然我国刑法典中没有直接明文规定组织犯的概念，但在刑法条文中却有包含组织犯的规定，如现行《刑法》第26条第1款的规定——“组织、领导犯罪集团进行犯罪活动的或者在共同犯罪中起主要作用的，是主犯”——其前半段实际上指的就是组织犯，第97条关于首要分子的规定——本法所称首要分子，是指在犯罪集团或者聚众犯罪中起组织、策划、指挥作用的犯罪分子——也包含有组织犯。因此，结合这些规定，我国刑法理论通说认为，组织犯是指组织、领导犯罪集团或者在犯罪集团中起策划、指挥作用的犯罪分子。[③] 从上述组织犯概念的产生、发展以及现状可以清楚地看出，组织犯始终是与有组织犯罪联系在一起的，而有组织的犯罪自然是纯粹的故意犯罪，“过失”不可能与有组织而又有目的有计划的犯罪联系在一起，这也是我国刑法学

---

① 马克昌：《比较刑法学原理》，武汉大学出版社2002年版，第607页。

② 参见陈兴良：《共同犯罪论》，中国人民大学出版社2006年版，第157~160页。

③ 参见马克昌主编：《犯罪通论》，武汉大学出版社1999年版，第542页。

者在讨论过失共同犯罪时对所谓的"过失组织犯"从无提及的原因。从国外刑法传统来看，以德国、日本为典型代表的大陆法系刑法理论对于共犯的分类采用的是三分法，即分为正犯（实行犯）、教唆犯和从犯（帮助犯），并无组织犯的概念，这也是对过失共同犯罪研究较为深入的德日学者也从来并不涉及所谓的"过失组织犯"的缘由。至于在日本刑法学者中，有提到"组织过失中的共同过失"及"组织性的过失"，但基本上是在监督过失的范畴内理解的，因此不能算是对于"过失组织犯"的认同。①

应该说，现实中确实存在因违规组织某项活动或者组织多人从事高度危险的活动而造成危害社会结果发生的现象。例如，某挖沙船船主为了使自己的船只穿过一桥孔，擅自找一建材厂（该挖沙船与该建材厂有经常业务来往）的调度员组织人压船过桥孔，但未成功。第二日，船主、航道站技术员、建材厂的厂支部书记与厂长四人商议过桥方案，船主说："昨天用人压只差5厘米，今天水小再试试。"另外四人均未提异议，书记与厂长遂开始组织人。压载前有人报告称经检测船东干舷25厘米，西干舷3厘米，但未引起四人的注意与重视，结果242名职工上船压载时，船体急速倾斜翻船，造成26人死亡。② 该案中，组合职工压船的四人明知用人压船违规而且危险，但对于最终的严重结果则持侥幸心理，轻信能够避免，应该说其组织行为是造成最终的过失犯罪的主要原因，从刑法中的罪过主要是对于危害结果的心理态度这一点来分析，称为过失组织犯也未尝不可，但笔者认为，对于这种情形，实际上可以根据具体情况的不同按照监督过失或者过失教唆犯来处理，因而没有必要再另外确立过失组织犯的概念。

---

① 参见［日］佐久间修：《共同过失与共犯》，载马克昌、莫洪宪主编：《中日共同犯罪比较研究》，武汉大学出版社2003年版，第70~71页。

② 案例来源于陈才天：《共同过失犯罪探讨》，载《法学》1991年第1期。

第三节 以作用为标准对过失共犯的分类

根据过失共同犯罪中各行为人所起的作用的大小，可以将共同过失犯罪人分为主犯、从犯和胁从犯三类，即过失主犯、过失从犯与胁从的过失犯。

一、过失主犯

过失主犯就是在共同过失犯罪中，对于危害结果的最终发生起主要作用的行为人。过失主犯主要有以下几种：

第一，在过失共同实行犯罪中，对共同过失行为起决策和指挥作用的过失人。这里的决策和指挥并非指监督过失中居于监督地位者对于被监督者的决策与监督，因为即便在共同实行中，各行为人的影响力也不一样，因而某些行为人可能主导过失行为的具体进程与发展方向，即起着决策和指挥作用。例如，在两个行为人共同从屋顶往下面扔木头的“圆木案”中，可能一个工作人员是老员工，而与此老员工一起抬木头的是刚到工地工作的新人，在具体抬那根木头、朝那个方向抬、谁走前边谁走后边、具体扔下的位置等都由老员工决定，扔木头时还要听着老员工的口号扔出。显然，虽然二人属于共同的过失实行犯，但老员工对于共同行为起着决策和指挥的主导作用，应该是过失的主犯。前文中提到的“裘氏父子共同失火案”，也属于该种情形，即虽然父子二人都违规在野外燃放烟花爆竹，并最终引起了森林火灾，但在燃放的过程中一直都是在父亲的决定和指使下进行的，因而裘父属于过失共同犯罪中的主犯。这种情形同样存在于共同负有监督职责的行为人中。监督者的监督过失与被监督者的直接过失属于竞合的过失，但如果负有相同监督职责的行为人为二人以上时，此二者共同的监督过失自然构成共同过失。现实中，单位内部往往在同一监督岗位设置正副不同的职位，虽然对于被监督者而言，他们的注意义务内容相同，但是居于正职的监督者往往在监督过失中起到主要的作用，属于过失主犯，而居于副职的监督者则是过失从犯。当然具体的情况还要具体分析。

第二，在复杂过失共同犯罪中的实行犯。这又包含两种情况，一是存在帮助犯场合的实行犯，二是存在教唆犯场合的实行犯。通常实行犯相比帮助犯与教唆犯而言，对于危害结果的产生都具有较大的作用力，因而属于过失共同犯罪中的主犯。但实行犯未必一定就是主犯，特别是在教唆实行的场合，如果教唆者采用强令甚至暴力胁迫的方式，则实行者可能基于期待可能性的欠缺或减少而只构成胁从的过失犯。

第三，对实行犯起支配作用的教唆犯。教唆犯是按照分工对共同过失犯罪行为人分类的一种，他在共同过失犯罪中可能起主要的作用，也可能只起到次要的作用，因而应当按照他在共同犯罪中所起的作用处罚，起主要作用的是过失主犯，起次要作用的就是过失从犯。特别是当教唆者使用命令、威胁、强迫甚至暴力方式教唆时，一般构成共同犯罪中的主犯。

二、过失从犯

过失从犯是指在共同过失犯罪中，过失行为对于危害结果的发生只起次要作用的行为人。包含以下几种：

一是在共同过失实行犯罪中，虽然实施了过失犯罪的实行行为，但对于共同行为不起主导以及决策作用，而是顺从于其他共同实行者的人。例如，上文论述过失主犯所举的“圆木案”中的新员工以及“裘氏父子共同失火案”中的儿子，即是过失从犯。同样，在共同的监督过失构成共同过失时，与正职人员构成主犯相对应，副职人员往往构成过失从犯。当然，这种分类也并非恒定不变，而是要结合具体的情况具体确定。

二是为过失行为的实施提供方便、创造便利条件的行为人，也就是通常的过失帮助犯。因为一般而言，过失的帮助只是促使实行者更容易导致危害结果的发生，但对于危害结果往往并没有直接的作用力。

三是过失教唆犯中的处于非支配地位的教唆者。虽然笔者将过失教唆犯限定为对最终的危害结果持过失态度但对于实行者的过失实行行为持希望态度的范围内，但同样不能排除在某些情况下，教唆者对于危害结果的发生只起到次要的作用，从而成立过失的从犯。

三、过失的胁从犯

过失的胁从犯，也可称为胁从的过失犯，是指因受到胁迫而实施脱离正常标准的危险行为，并最终因为过失而造成危害结果发生的行为人。这里所谓被胁迫是指受到暴力威胁或者精神威胁而被迫实施离规行为。行为人虽然知道自己实施的是离规的行为或者高度危险的行为，而且主观上也不愿意实施这样的行为，但为了免遭现实的危害或者其他对自己不利的影响，而在侥幸危害结果不会发生或者自信危害结果不会发生的心理状态下，实施了该行为，最终导致危害结果发生。胁从的过失犯在过失的共同实行犯、过失的教唆和过失的帮助犯中都可以存在，而最常发生的则是过失教唆的场合。如前文侯国云教授所举的“打赌滚石案”，如果推石块的甲利用自己的强势地位或者强壮身体而强迫不愿意参与“滚石”的丙与他自己一起推石块，则丙就可能是过失共同实行中的胁从犯。而如果甲强迫本不想帮助他的丙把钢钎借给他使用，则丙可能就是过失帮助犯中的胁从犯。教唆过失中，在教唆者采用强令、胁迫的方式教唆他人行使离规行为的场合，例如受到他人追打的甲拦到出租车强迫司机超速行驶的场合或者领导强令司机超速行驶的场合，司机均可能属于胁从犯。另外，受他人胁迫而教唆第三人实施离规行为的情形中，教唆者也有可能属于胁从犯。当然，在胁从的过失中，被胁迫者还是有相对的自由意志的，实施离规行为最终还是他自己选择的结果，因此应当负一定的刑事责任。如果根据当时的具体情形，行为人完全失掉了自由意志，他的身体动静也就不是自己的行为，这与故意犯罪中的情形完全一样，行为人也就不能成为胁从犯。最后，由于胁从的场合，行为人的主观危害本来就小，又加上是过失的场合，所以，对胁从的过失犯罪人是否最终适用刑事处罚要特别严格限制。

第四节　共同过失犯的刑事责任承担

在共同过失犯罪中，各行为人所处的地位和所起的作用可能各不相同，从主观方面来讲，每个人的过失程度也可能各不相同。为了对共同过失犯罪人进行准确的定罪量刑，有必要在对共同过失行为人进行分类以及立法现状评析的基础上，分析影响过失共同犯罪人刑事责任大小的因素，确定共同过失犯罪人的刑事责任承担原则。

一、共同过失犯罪刑事责任承担的立法现状及学说纷争

关于过失共同犯罪的刑事责任承担原则，1979 年《刑法》第 22 条第 2 款与现行的 1997 年《刑法》第 25 条第 2 款作了完全一样的规定，即“二人以上共同过失犯罪，不以共同犯罪论处；应当负刑事责任的，按照他们所犯的罪分别处罚”。抛开对于过失共同犯罪本身的理解，立法对于过失共同犯罪的处罚采用的是分别处罚的原则，从而与共同故意犯罪的“部分行为全部责任”的处罚原则相对立。这一规定，不但直接影响到学者们对于是否成立过失共同犯罪的态度，也影响到主张成立过失共同犯罪的学者对于过失共同犯罪人刑事责任承担原则的态度。

由于我国《刑法》中明确使用“共同过失犯罪”这一称谓，因而即便是否认成立共同过失犯罪的学者，大多也认可在事实上存在过失共同犯罪

的现象，从而也提出自己对于这一现象进行处罚的原则，即所谓共同过失犯罪的责任分配原则。如上所述，反对过失犯罪成立共同犯罪的学者立足于我国刑法的规定，主张对共同过失犯罪的处罚遵循独立责任原则，即"按照他们所犯的罪分别处罚"。如姜伟博士认为，对于共同过失犯罪，每个人只对自己的行为负责而不需对他人的行为负责，只对共同造成的危害结果负部分的责任，即与行为人自己过失行为的作用相适应的责任，而不是对整个危害结果负完全责任，从而使得共同过失的责任原则有别于共同故意犯及单独过失犯。① 肯定过失犯罪成立共同犯罪的学者也有持上述观点的，如侯国云教授认为追究共同过失犯罪的刑事责任，应贯彻分别处罚原则。而所谓分别处罚，是指在共同过失犯罪中，应对各个共同过失犯罪人根据各自触犯的罪名分别处以不同的刑罚，并认为我国《刑法》第 22 条第 2 款（1979 年《刑法》，笔者注）规定的"二人以上共同过失犯罪……应当负刑事责任的，按照他们所犯的罪分别处罚"即是这个意思。② 孙国祥教授认为，共同过失犯罪的行为人虽应同负过失犯罪的责任，但由于行为人之间没有共同故意的意思联络，而是以单个人各自独立的意思和意志所表现出来的，因而缺乏共同处罚的基础，从定罪到量刑都要按个人责任的原则进行。③ 李希慧教授虽然反对依据我国《刑法》第 25 条规定的独立责任原则，认为在对各共同过失犯罪人进行责任分配时要分析因果关系、人身危险性等因素，但并没有明确提出过失共同犯罪承担刑事责任的原则，只是站在共同过失犯罪行为人由于共同不注意导致的危害后果比一般单个人的不注意导致的危害后果要严重的立场上，认为共同过失犯罪行为人应当较单独的过失犯罪行为人承担比较重的刑罚。④

① 参见姜伟：《罪过形式论》，北京大学出版社 2008 年版，第 341 页。

② 参见侯国云：《过失犯罪论》，人民出版社 1996 年版，第 205 页。

③ 参见孙国祥：《刑法基本问题》，法律出版社 2007 年版，第 384 页。

④ 参见李希慧：《刑法探微》，中国人民公安大学出版社 2007 年版，第 239 ~242 页。

与上述相反的观点则主张全部责任原则，即认为过失共同犯罪的刑事责任问题应适用共同处罚原则，由过失共同犯罪人共同承担刑事责任。如张明楷教授认为，认定是否成立共同正犯的重要结局就在于是否适用部分实行全部责任原则，因为故意或者过失都是责任的要素或形式，故意犯罪与过失犯罪也都有各自的实行行为，从现实上看，二人以上既可能共同实施故意犯罪，也可能共同实施过失犯罪，那么，既然对故意犯的共同实行行为能够适用部分实行全部责任原则，也就没有理由否认对过失犯的共同实行行为适用部分实行全部责任原则。[①] 同时张明楷教授还明确指出，承认过失共同犯罪，尤其是承认过失的教唆犯和过失的帮助犯，本身就是为了适应刑法总则关于共同犯罪的处罚规定，贯彻处罚共同犯罪的原则，而如果承认各种过失的共同犯罪，但同时又主张对各行为人分别定罪处罚，这便丧失了承认共同犯罪的意义。[②] 冯军教授亦明确认为，“对过失共同犯罪适用共同处罚原则，各行为人都要对全部的危害结果承担刑事责任”。[③]

对于上述学者的观点，应该从他们对于过失共同犯罪的基本立场出发来理解。对于否认过失犯罪成立共同犯罪的学者而言，既然过失共同犯罪现象在法律上不是共同犯罪，那么自然也就不能按照共同犯罪的处罚原则，因此主张分别处罚是其理论的必然结论，本无可非议。对于承认过失犯罪构成共同犯罪的学者而言，如前所述，相当一部分学者所认同的过失共同犯罪范围很广，在过失共同犯罪的概念下涵盖了过失同时犯、监督过失以及其他形式的竞合过失，而这些竞合过失的行为人之间本没有共同注

---

① 参见张明楷：《共同过失与共犯》，二十一世纪第二次（总计第八次）中日刑事法学术讨论会报告者论文，第26页。

② 同上书，第22页。

③ 冯军：《论过失共同犯罪》，载胡驰等主编：《刑法问题与争鸣》（第3辑），中国方正出版社1999年版，第335页。

意义务做基础，并不构成真正意义上的过失共同犯罪，对于此类竞合的过失犯罪，适用分别处罚的原则也就不足为怪。对于真正意义上的过失共同犯罪，即各行为人在违反共同注意义务下，共同过失造成危害结果的情况，究竟是适用分别处罚原则还是共同处罚原则，这才是真正争论的焦点。应该说，持传统的过失共同犯罪概念，即包含竞合过失在内的过失共同犯罪概念的学者主张对于过失共同犯罪人分别处罚，一定意义上是受到其概念的内涵的影响，即过多地考虑了其中的竞合过失，而并没有对其中真正的过失共同犯罪提出专门的明确规则。相比而言，以共同行为人之间的共同注意义务定义过失共同犯罪的学者，如林亚刚教授、冯军教授、张明楷教授，则明确提出对于过失共同犯罪适用共同处罚的原则。笔者认为，既然承认过失共同犯罪为共同犯罪，就没有理由不适用与故意的共同犯罪相同的处罚原则。

二、影响共同过失犯刑事责任的因素

过失共同犯罪作为过失犯罪的一类，在刑事责任承担的一般原则上，需要具备与单独过失相同的条件，如主体符合相应的刑事责任年龄和刑事责任能力的要求，需要有违反注意义务的过失行为，过失行为造成危害社会的结果，而且行为结果的危害性越大，需要承担的刑事责任也就越大。本书对此一般条件不再展开，只针对影响共同行为人刑事责任大小以及行为人间刑事责任的分配的其他因素略作论述。

过失共同犯罪行为人刑事责任的承担，同样要遵循主客观相统一原则。抛开其他一般因素，影响共同过失行为人刑事责任的主观因素是过失的程度，客观方面则是过失行为与危害结果的原因力大小。

（一）过失程度

在我国民法领域，特别是侵权法领域，根据行为人过失的严重程度将过失分为重大过失、一般过失和轻微过失早非罕见，但在刑法领域尚未有类似的概念。就国外刑法来看，《日本刑法典》第117条之二关于业务失火等的规定中指出：第116条或者前条第一项的行为，出于懈怠业务上的必要的注意，或者出于重大过失的，处3年以下监禁或者150万元以下罚款。第211条关于业务上过失致死伤等的规定中指出：懈怠业务上必要的注意，因而致人死亡的，处5年以下惩役、监禁或者50万元以下罚金，因重大过失致人死亡的，亦同。联邦德国1962年的刑法草案第18条第3款中也曾使用严重过失这一称谓，即“严重过失地行为的人，就是轻率地行为”，而且在德国，轻率也一般地被称为“严重的过失”。[①] 在刑法领域根据过失程度而引入相应的分类，从行为人刑事责任的承担上而言，有其必然性，“当人们甚至能够这样把故意和过失带入一种逐次划分等级的关系之中时，很清楚的就是，即使在过失的内部，也能够区分出较强硬和较软弱的形式来。立法者已经利用了这一点。”[②] 但与民法领域相比，在刑法领域中，一般基于谦抑性的考虑，有意义的过失应包含重大过失与一般过失二类，或者称之为重过失与轻过失，而对于仅具轻微过失的行为，不应将其囊括至犯罪圈之中。由此可见，过失的程度并非如有的学者所说，仅仅对于过失犯的量刑产生作用而不对过失犯罪的成立发生影响。[③] 当然，如果在共同过失犯罪的前提之下讨论各行为人间的责任分担，自然只影响到量刑的问题。

过失的核心是注意义务的违反，因而，过失的程度，通常也是指违反注意义务的程度。从国外关于过失程度的区分来看，基本上都是围绕注意义务本身和行为人对注意义务的违反两个方面来认定的。如德国联邦最高

---

① 参见［德］克劳斯·罗克辛：《德国刑法学总论》（第1卷），王世洲译，法律出版社2005年版，第731页。

② 同上。

③ 参见胡鹰：《过失犯罪研究》，中国政法大学出版社1995年版，第108页。

法院通常比照《德国民法典》第276条第2款的过失定义来界定重大过失，认为如果行为人以异常之高的程度违反社会交往中必要的注意时，就构成重大过失。[①] 我国学者胡鹰博士从注意义务的违反程度、注意义务的可履行程度、行为人违反注意义务的程度三个方面来论述影响过失程度的因素。[②] 借鉴其论述，笔者略加补充，认为影响过失程度的因素包含以下几个方面：

第一，所从事活动、业务以及具体行为方式的危险程度。一般而言，行为人所从事的活动或者业务本身越危险，对于行为人注意义务要求的程度就越高，如果同样懈怠的话，注意义务要求程度越高的活动中，行为人的过失程度就越大。例如，林场的管理员以及油库的值班人员都有防止现场人员使用明火的义务，当他们发现进入现场的人员吸烟时，如果均持侥幸心理认为不会发生危害后果而不加制止，则因为对于明火而言油库管理是更危险的业务，因而与林场的管理员相比，油库现场的管理人员的过失程度更大。

第二，注意义务的可履行程度。根据注意义务的性质以及履行注意义务当时的客观条件及外部环境，如果稍加注意就能预见到危害结果的发生，或者在预见到危害结果可能发生的前提下，稍微集中精力即可控制自己的行为、采取有效的措施轻易避免危害结果的发生，但仍然没有预见或者没有避免危害结果发生的，过失的程度就高。相反，如果一般情况下比较难以预见或者在预见的情况下比较难以避免危害结果的发生，预见或者避免需要高度注意和特别努力，行为人最终未能预见、避免危害结果发生的，与前一种情况相比，过失的程度就低。在共同过失的场合，注意义务

---

① 参见蔡曦蕾：《论犯罪过失类型与刑罚轻重的关联——从学说理论与司法实践两个纬度的展开》，载《中国刑事法杂志》2009年第4期。

② 参见胡鹰：《过失犯罪研究》，中国政法大学出版社1995年版，第108~111页。

的可履行程度同样影响责任的分配。如甲、乙二人共同捕杀一野兽，为了能一击毙命，二人协商从两个不同的方位依甲的示意同时开枪。因为光线的问题，从甲的位置很容易看清对象，而从乙的位置看则清晰度明显不强。结果甲乙均误认了猎杀对象，同时开枪将一采蘑菇的老妇击毙。此案中，虽然二人负有共同的注意义务，但就每个行为人而言，注意义务的可履行程度不同，因而对于最终危害结果的发生，甲的过失程度就大于乙的过失程度。

第三，行为人的注意能力。行为人注意能力的强弱也影响到过失的程度。在论及注意能力的有无时，笔者主张在业务过失领域采客观的标准，并推定准入的从事业务的行为人均具有本业务所普遍要求的最低注意能力；在普通过失中采主观标准，如果行为人不具有足够的注意能力，则认定其现实地不可能履行注意义务，因而不能承认注意义务的违反。需要强调的是，在认定行为人是否有注意能力而确定是否可能存在过失责任时，考虑的是行为人注意能力的最低限度。但在论及行为人违反注意义务的程度，即过失的程度时，则要在具备注意能力的前提下考虑注意能力的最大限度。因此，对于某一特定业务或行为中的注意义务，行为人若具有远远高于通常人的注意能力，但没有充分发挥而违反了注意义务时，过失的程度就大。表现在共同过失领域，比如，某工厂的锅炉由甲、乙两人共同负责日常的维护以及维修，其中甲是多年的老技工，无论技术、经验都非常丰富，而乙是从事该项工作的新手。某日锅炉出现异常现象，二人经检查后均认为问题不大，因所修材料没到货，过几天再维修也不迟，所以没有停止使用，结果在维修前锅炉爆炸造成重大事故。此案中，对于共同的注意义务，甲的注意能力远高于乙，可以认定甲的过失程度大于乙。

第四，违法性意识的有无。[①] 客观上违反注意义务的行为，要求行为人在主观上存在违法意识的可能性。在此基础上，行为人是否认识到自己违反注意义务，也就是说是否有明确的违法性认识，也影响到过失的程度，特别是在规范明确要求的情况下。例如，同样是由于违章超速而造成交通事故，但如果一个是明知故犯，肆意违章；另一个是因疏忽没有注意到减速的标志而在无意中超速行驶，前者的过失程度肯定要重于后者。

第五，过失行为的离规程度。如果从过失犯罪的实行行为是脱离标准行为的角度去把握，过失的程度也就与离规的程度有着直接的联系。过失行为的离规程度可能存在定量的分析，特别是在对注意义务有明示性规定的场合。例如，同样是驾驶机动车辆在道路上超速行驶，但如果假定限速是60千米/小时，那么以80千米/小时行驶的司机和以100千米/小时行驶的司机相比，后者的过失程度应该更高。类似的定量因素尚有超重、超载、脱岗的时间、饮酒驾驶中血液的酒精含量、例行检查的频率等。在违反一般社会常理的过失场合，过失行为离规的定量虽然并非如此明显，但也可以通过社会的相当性予以对比。在共同过失的场合，也可以通过离规行为的定量对比来判断过失的程度，并影响到责任的分担。实际上，注意义务的违反与注意义务的履行是一个问题的两个方面，违反注意义务的程度越重，就说明对注意义务履行得越少，因而也就可以通过注意义务的履行程度来判断过失程度。履行了一定的预见或者回避结果义务的行为人比完全没有履行任何注意义务的行为人的过失程度就要轻。比如，在“圆木案”中，如果甲在扔下木头之前在自己所处的位置对下面进行了观察，没有发现有人，但对另一端附近的情况没有注意，也没有提醒乙注意，而乙

---

① 关于违法性意识，学者们对于故意犯罪领域论述的比较多，违法性意识对于故意的成立而言存在“违法性意识不要说”、“违法性意识必要说”和“限定故意说”等观点的对立。对于故意犯罪中的违法性意识问题，笔者持“违法性意识必要说”的观点，因而就过失犯的认定而言，笔者同样认为应当考查违法性意识可能性。

则根本没有做任何观察，在此种情况下，二人扔下的圆木造成靠近乙所处端下方人员的伤害，构成共同过失犯罪时，甲的过失程度轻而乙的过失程度重。

（二）过失行为与危害结果的原因力

抛开过失行为所造成的客观危害结果本身的轻重这一显性因素，在客观方面影响到行为人过失责任大小及责任分配的因素就是过失行为与危害结果之间的原因力大小。在主观过失程度相同的情况下，过失行为对于危害结果的原因力大的，过失责任就大，相反，对于危害结果的原因力小的，过失责任也就小。原因力的大小与因果关系密切相关，但二者并非同一回事。笼统地说，行为与结果之间因果关系的有无决定罪与非罪，而原因力的大小则决定着刑事责任的大小，即原因力的大小是在行为与结果之间具备因果关系的前提下才探讨的问题。

简单来说，因果关系就是一种现象引起另一种现象的关系，前者是因，后者是果。但是，当我们直面刑法中对于刑事责任的规定时，我们必须承认，刑法中的因果关系远非单纯的日常生活意义中引起与被引起的事实关系，而是经过了法律选择的关系，这就是我国学者所主张的“双层次因果关系原理”。具体而言，刑法中的因果关系首先是事实因果关系，即不以人的主观意识和意志为转移的客观存在的引起与被引起的关系，是一种纯客观的事实联系。刑法中的因果关系又是刑事法律所要求的法律因果关系，这种要求通过法律规范的各种规定性反映出来，不同程度的刑事责任对于它所要适用的因果关系也有不同的要求。事实因果关系是刑法因果关系的基础，没有事实因果关系，也就不存在法律因果关系，但法律因果关系是刑法因果关系的本质，这种本质体现在，国家对刑事责任的设定和追究并不会完全以危害行为客观上对于危害结果产生所起的作用程度如何而转移，有时在客观上对于结果的产生起作用大的，可能不作为刑法上的因果关系或者只是次要的因果关系，从而不承担刑事责任或者只承担次要的责任，而有时对于结果的产生起作用不大的，也有可能承担主要刑事责任。[①] 现实中的实例更有助于说明这一点，如甲女经常虐待丈夫前妻留下的10岁女孩乙，迫使其做过度体力劳动，某日甲让乙去井中打水，结果由于水桶太重，在上提时急速下沉将乙带入井内最终致死。该案中，从事实因果关系上看，甲的虐待行为与乙的死亡结果并不存在决定的因果关系，但显然不能不让甲对乙的死亡结果承担责任。甲男意图奸淫乙女，遭反抗后持刀威逼，乙在前边逃而甲在后边追，当乙女从胡同口跑出时，被一恰好驶过的汽车撞死。从事实因果关系上看，甲的追逐行为并非乙死亡的直接的、决定性的因果关系，但从法律因果关系上讲，甲的行为可能作为主要原因而承担主要的刑事责任。笔者上述论述的目的在于，在进行过失行为原因力的判断时，必须要考虑因果关系的法律性，即在法律因果关系的观念中考虑原因力的大小，特别是在过失教唆与过失帮助的场合，否则，仅仅站在事实因果关系的立场，难免得出不合理的结论。

我们可以说，过失行为与危害结果之间原因力大的，过失责任就重，原因力小的，过失责任就轻，但这些人尽皆知的道理并不解决实际问题。有学者认为可以根据“因果关系学说中的原因说中的有力原因说”[②] 来解决过失行为与结果之间原因力大小的问题，当条件越有力时，它的原因力就越大，与危险结果之间的密切程度就越高，过失责任就越重。[③] 但这种论述显然是逻辑上的循环论证，同样解决不了实际问题。笔者认为，在具

---

① 参见张绍谦：《刑法因果关系》，载赵秉志主编：《犯罪总论问题探索》，法律出版社2004年版，第360~363页。

② 大陆法系国家关于因果关系的学说通常分为条件说、原因说与相当因果关系说，而原因说内部又分为最有力条件说、优势条件说、最终条件说、离规条件说、必要条件说和动的条件说。上述论者所述的有力原因说实质上即是指最有力条件说。

③ 参见李希慧、廖梅：《共同过失犯罪若干问题研究》，载《浙江社会科学》2002年第5期。

备刑法因果关系的前提之下判断各过失行为人过失行为的原因力，最终还是要依据社会相当性来判断，即根据日常生活中人们对于两种现象之间关系的通常的经验来判断原因力的大小。相当因果关系说以条件关系的存在为前提，认为由行为发生某结果在经验上是通常的，即限于被认为是“相当”的场合，而肯定刑法上的因果关系。虽然该说经常受到诸如“含混、缺乏可操作性”等的批判，但是否具有相当性是作为主体的人的判断，判断的依据是主体的通常的经验，因而这种判断有其内在的合理性。而且，相当性判断对于任何一种判断来说，都是不可或缺的，即便是因果关系学说中的条件说以及原因说，何种现象可以成为条件、何种条件又可以称为最有力的条件，最终所依据的也仍不过是通常的社会经验基础上的相当性。至于进行社会相当性判断的经验基础，笔者认为在进行因果关系有无的判断时，折中的相当因果关系说较为可取，而在此基础上进行原因力大小的判断上，则应该采客观的相当因果关系说。[①] 因为原因力大小的判断是在承认存在因果关系的基础上所进行的，更应该是一种对客观事实的判断。

（三）其他影响过失责任的因素

胡鹰博士还提出行为的动机以及介入因素也影响过失的程度。[②] 笔者认为，对于介入的因素，其实影响到的是注意义务本身的分配或者是注意义务的可履行程度，已经为前述所包含。而行为的动机，则是构成要件性过失之外的反映行为人主观恶性的因素，虽然行为动机最终可能影响到对

---

① 折中的相当因果关系说认为，在因果关系是否存在的判断上，成为经验判断的基础的，是行为当时一般人能够认识的情况和行为人特别认识了的情况。客观的相当因果关系说认为，在因果关系是否存在的判断上，成为经验判断的基础的，是行为人当时认识到的所有的客观情况和行为后一般人能够认识到的情况。

② 参见胡鹰：《过失犯罪研究》，中国政法大学出版社 1995 年版，第 108～111 页。

行为人的量刑，但就具体的过失案件而言，动机的善良与恶劣并不影响过失程度本身。这与故意犯罪是同一个道理，在量刑时，可能考虑的因素除了案中因素之外，还要考虑案前以及案后因素，行为人平时的人格、行为的动机、案后的悔罪表现等，这些反映行为人主观恶性的因素，都是影响过失行为人刑事责任大小的因素。至于疏忽大意与过于自信这两种过失类别与过失的程度的关系，存在不同观点的对立。一种认为，过于自信的过失已经认识到了危害结果发生的可能性，但仍然冒险实施违规或者高度危险的行为，因而从主观或者人格上分析，其恶性较疏忽大意的过失明显，应付较大的刑事责任；另一种则认为，疏忽大意的过失对于应该预见的结果连预见都没有预见，其对于注意义务的懈怠有甚于过于自信的过失，因而责任更重。笔者认为这两种过失的类别与过失程度之间并没有任何必然的联系，这应该是显而易见的事实，实在没有必要再对其进行论证。

三、共同过失犯刑事责任的承担原则

过失共同犯罪作为犯罪的一个类型，其行为人在刑事责任的承担上，完全具备一般犯罪人承担刑事责任的基本原则。从规范的角度讲，过失共同犯罪刑事责任的承担也要遵循罪刑法定原则、[①] 适用刑法人人平等原则以及罪责刑相适应原则。从学理的角度讲，要遵循主客观相统一原则、法益保护原则以及刑法谦抑、人道主义等价值性原则。本书对此共性问题不再一一论述，仅就对于过失共同犯罪争议较大的处罚以及刑事责任分担原则展开。

---

① 当然，本书对于过失共同犯罪的倡导本身是在立法建议的意义上探讨的，这里所谓的罪刑法定原则是指假定立法承认过失共同犯罪的成立时，对于过失共同犯罪应当依照立法所明文规定的罪名、构成要件、处罚规则、法定刑等进行定罪量刑。

(一) 定罪上的共同处罚原则

依据我国现行《刑法》的规定，对于过失共同犯罪采取分别处罚的原则，而且这一原则也得到一定学者的支持。然而，分别处罚原则存在以下缺陷：

第一，与过失共同犯罪的理论不符。学者们主张过失共同犯罪适用分别处罚而非共同处罚的原因，主要集中在以下方面：首先，过失共同犯罪不具有共同犯罪的本质特征，其行为不是一个统一的有机整体，由于彼此缺乏意思联络，各个人的行为不可能形成一个互相支持、相互配合的统一体，而是以各自独立的单个人的意思和意志所表现出来的，因而缺乏共同处罚的基础，各个行为人只能分别构成过失犯，分别处罚。其次，过失共同犯罪中，不存在教唆犯、实行犯等的分工，也无主犯、从犯、胁从犯的差别，因而只要根据各个人的过失犯罪情况论罪科刑就可以了，不需要按照共同犯罪的规定来处理。然而，过失共同犯罪并不必然缺乏主观上的意思联络，而且在共同注意义务的要求下，过失共同犯罪人在主观心理构造上具有共同性，不仅要自己履行注意义务，而且还有警示、促使其他行为人履行注意义务，因而具备适用共同处罚的主观心理。同时，如上文所述，过失共同犯罪人由于在共同犯罪中所起的作用大小以及自己的主观过失程度不同，同样存在主犯、从犯以及胁从犯的区分，只根据各行为人自己的过失情况分别定罪处罚，也与这种客观现实不符。

第二，容易放纵犯罪分子。现代社会中分工的细密性与协作的紧密性已经使过失犯罪与以往有很大的不同。一方面，具有共同注意义务的主体由于共同的不注意而造成的危害社会后果通常要比单个人的过失后果严重得多；另一方面，一些大规模的过失事故所造成的危害结果甚至比故意犯罪都有过之而无不及。在此现实下，如果固守对过失共同犯罪只根据各行为人自己的过失情况分别定罪处罚，难免放纵犯罪分子。在过失共同实行犯罪的场合，根据自己的过失分别定罪，容易造成将一个严重的危害结果根据行为人的个数拆分考察，结果对谁也无法定罪的现象。而在过失教唆与过失帮助的场合，根据自己的过失分别定罪，则更缺乏对教唆者与帮助者进行定罪处罚的依据，造成了危害社会的严重后果而不能定罪或者量刑过轻，明显违背罪刑相适应原则。

第三，不利于进行司法实际操作。“共同过失犯罪，不以共同犯罪论处，应当负刑事责任的，按照他们所犯的罪分别处罚。”分别处罚的前提是可以“按照他们所犯的罪”，因而，在具有共同注意义务的行为人造成危害结果，但具体危害结果由哪个行为人的行为造成无法查明，即具体因果关系不明的情形下，“按照他们所犯的罪分别处罚”也就因缺乏实际操作可能而陷入尴尬，此前文已有论述。即便不存在具体因果关系无法查明的情况，但根据每个过失行为人自己的过失行为所造成的结果进行定罪，如何区分自己的过失行为造成的是哪一部分危害结果，恐怕在司法实践中也是一个无法解决的难题。

综上所述，在对过失共同犯罪进行定罪时，只有按照共同处罚的原则，才能做到不枉不纵，能体现过失共同犯罪在主、客观方面的共同性。从刑法理论的统一来说，承认过失共同犯罪为共同犯罪，就应该承认对过失共同犯罪人在定罪上适用共同处罚的原则。从司法实践操作看，也有利于对过失共同犯罪人进行合理的处罚。当然，共同处罚并不意味着对于过失共同犯罪人适用相同的处罚，只是说在判断共同过失的行为能否构成犯罪时，不但对于各行为人的行为要做整体考察，而且要对行为造成的危害结果做整体的考察，而不能对危害结果进行分割。只要从整体的行为与整体的结果来看能构成犯罪，需要用刑罚处罚，那么共同行为人就都构成犯罪。但每个行为人最终所承担的刑事责任大小，则需要考虑下一步在量刑上的责任区分。

（二）量刑上的区分责任原则

承上，当根据共同处罚原则确定各共同行为人构成犯罪时，尚需要对各行为人具体需要承担的刑事责任进行区分，此即量刑上的区分责任原则。

量刑所考虑的因素甚多，量刑情节中除了最重要的罪中情节外，尚包括每个行为人的罪前情节以及罪后情节。单就行为人之间的责任区分而言，则重点在于过失共同犯罪中各行为人主观过失的轻重以及过失行为对于危害结果的原因力。从总体上讲，应该主要依据行为人在共同犯罪中所起的综合作用来区分刑事责任的大小。为了与我国刑法对于共同犯罪人刑事责任的规定相协调，笔者认为，对于过失共同犯罪行为人刑事责任也重点依据主犯、从犯、胁从犯来规定，并同时考虑过失教唆犯。具体而言，分以下几种情况：

（1）对于过失共同犯罪中的主犯，应该在过失共同犯罪所应该适用的量刑幅度内从重处罚。

（2）对于过失共同犯罪中的从犯，应当从轻、减轻处罚或者免除处罚。

（3）对于过失共同犯罪中被胁迫而过失犯罪的，应当按照他的犯罪情节减轻或者免除处罚。

（4）对于过失教唆犯，应当按照他在过失共同犯罪中所起的作用处罚。

被教唆者不满 18 周岁的，对于过失教唆犯应当从重处罚。

由于过失犯罪是结果犯，所以，如果被教唆者没有实施离规或者危险行为，或者虽然按照教唆者的意思实行了这样的行为，但并没有造成危害结果发生的，二者都不构成犯罪。从这个意义上讲，过失教唆只具有从属性而没有独立性。

第五节　交通肇事罪中的共同犯罪

一、交通肇事罪概述

我国《刑法》第133条规定，违反交通运输管理法规，因而发生重大事故，致人重伤、死亡或者是公司财产遭受重大损失的，处3年以下有期徒刑或者拘役；交通运输肇事后逃逸或者有其他特别恶劣情节的，处3年以上7年以下有期徒刑；因逃逸致人死亡的处7年以上有期徒刑。从学理上，学者一般将交通肇事罪概括为违反交通运输管理法规，因而发生重大事故致人重伤、死亡或者使公司财产遭受重大损失的行为。

该罪在客观方面，通说一般认为是要符合三个条件：第一，必须有违反交通运输管理法规的行为。这里的交通运输管理法规主要指公路、水上交通运输中的各种交通规则、操作规程、劳动纪律等，同时也包含铁路、航空交通运输中的各种管理法规；第二，必须发生重大交通事故，致人重伤死亡或者是公司财产遭受重大损失，并且违章行为必须与严重后果之间具有因果关系，单纯违反交通运输管理法规的行为不成立本罪；第三，重大交通事故必须发生在交通过程中以及与交通有直接关系的活动中，即交通事故必须发生在公共交通管理的范围内，如果在公共交通管理范围外驾驶机动车辆或者使用其他交通工具致人死亡，或者使公私财产遭受重大损失并构成犯罪的，应以重大责任事故罪，重大劳动安全事故罪或过失致人死亡等罪论处。①

关于交通肇事罪的主观方面，虽然表述方式各有差异，但学者们基本

① 参见贾宇主编:《刑法学》(第3版)，中国政法大学出版社2017年版，第266页；张明楷:《刑法学》(下)(第5版)，法律出版社2016年版，第719页。

一致认为属于过失犯罪，笔者目前尚未发现有不同的观点。在对过失的阐释上，一般表述为“过失”，包括疏忽大意的过失和过于自信的过失，即行为人应当预见自己的行为可能发生致人重伤、死亡或者公私财产遭受重大损失的严重后果，但由于疏忽大意而没有预见，或者已经预见而轻信能够避免，以致发生严重后果的心理态度。有学者专门强调，这里的过失是指行为人对所造成的严重后果的心理态度而言，至于对违反交通运输管理法规本身则可能是明知故犯。[①] 有学者提到，本罪在主观方面除了一般的交通肇事过失之外，还可能是危险驾驶罪的结果加重犯。危险驾驶是故意犯罪，但危险驾驶行为过失造成他人伤亡，符合交通肇事罪的犯罪构成的，应以交通肇事罪论处，此时行为人对基本犯（危险驾驶罪）是故意，对加重结果为过失。[②] 但从表述的基本内容来看，二者之间并没有实质上的差异。由于本著作探讨交通肇事罪的重点在于其共犯的成立层面，因而其核心在于该罪的主观方面和主体，而主体的主要争议最终仍然归属于交通肇事共犯的成立层面，因而对于该罪的客体以及通常意义上的犯罪主体，笔者在此不予展开。

二、争议的惹起及解决途径

（一）争议的焦点与观点

关于交通肇事罪中的争议点，主要集中在“因逃逸致人死亡的，处七年以上有期徒刑”这一规定。其实，早在2000年11月15日最高人民法院《关于审理交通肇事刑事案件具体应用法律若干问题的解释》出台之前，针对《刑法》第133条“因逃逸致人死亡”的规定，就有诸多质疑。主要

① 参见贾宇主编:《刑法学》(第3版)，中国政法大学出版社2017年版，266页。
② 参见张明楷:《刑法学》(下)(第5版)，法律出版社2016年版，第720页。

表现为以下几种质疑观点：一是认为行为人在过失构成交通肇事后，为了逃避法律制裁而逃离现场，并最终导致被害人因得不到救助而死亡的情形，行为人的主观心理已经由过失转化为故意，并认为至少是放任的间接故意，犯罪的行为性质应当随主观心理的变化而变化，这种间接故意心理下导致人死亡的情形已经无法用犯罪后的结果加重来衡量，因而应当成立故意杀人罪，并且应当排除在《刑法》第 133 条的规定之外。[①] 另有质疑观点认为，交通肇事后，肇事司机对可能产生的后果预估后而采取的逃逸行为，反映的主观罪过可能是故意，也可能是过失。比如，肇事司机在肇事后下车观察，发现被害人受伤严重，因担心受到法律制裁或者承担民事赔偿而逃逸，致使被害人得不到救治而死亡的，肇事者对其逃逸行为可能引起被害人死亡的后果已经具有明显的预见性，在认识因素层面表现为“明知”，在意志因素层面至少已经表现为放任结果发生的间接故意，因而其逃逸行为应当构成故意犯罪。但如果交通肇事后，肇事司机并未下车观察情况或者因客观原因难以观察现场情况就匆匆离去，则肇事司机就无法确定被害者的具体情况，在主观上就会出现对自己逃逸行为可能造成被害人因得不到救治而死亡的危害结果已经预见而轻信能够避免的情形，此时逃逸行为就是过失犯罪，根据该肇事者逃逸时的不同主观罪过刑事，分别定故意杀人罪或者过失致人死亡罪，与逃逸前的交通肇事罪数罪并罚。[②]

上述两种观点，在对交通肇事罪中“因逃逸致人死亡”的处理模式上，都是采用了解构原有交通肇事罪，而单独定罪的做法。差别在于，第一种观点认为在交通肇事后逃逸致人死亡的场合，逃逸的肇事人在主观方

---

① 参见吴学斌、王声：《浅谈交通肇事罪中“因逃逸致人死亡”的含义》，载《法律科学》1998 年第 6 期。

② 参见范德繁：《交通肇事罪过形式初探——兼析刑法第 133 条》，载《中央政法管理干部学院学报》1998 年第 5 期。

面必然发生了过失向故意的转化，也就是说肇事人在逃逸的行为上的主观认识，必然是故意，至少也是间接故意，认为基于故意的主观罪过，再被认定为过失的交通肇事罪，必然不妥，因而提出应当单独成立故意杀人罪。第二种观点在对肇事者逃逸行为层面的主观罪过，并没有像第一种观点那样绝对，认为行为人在逃逸时的主观罪过可能是故意，也可能是过失，这一点而言，相比第一种观点要客观、合理，因为从交通肇事者逃逸的现实常理出发，完全认为只要肇事后逃逸，行为人主观态度一定是故意，未免太过绝对。但在对故意抑或过失的区别方法上，以肇事者是否下车观察被害人的伤害情况作为区分标准，如果肇事后肇事司机下车观察了被害人的受伤害情况，则后续逃逸行为的主观态度就是放任的故意，如果肇事后没有下车观察，而是直接逃逸的，则主观方面就有认定为过失的可能，这种区分标准难免显得相对幼稚。另外，第一种观点提出针对逃逸致人死亡的情形，另行构成故意伤人罪，而第二种观点提出构成故意伤人罪或者过失致人死亡罪，并与先前的交通肇事罪数罪并罚。就该点来看，虽然第一种观点没有明确说明针对逃逸行为另行构成故意杀人罪后，最终如何裁量执行，但与第二种观点的处理模式应该没有大的差别。因此总体而言，上述两种观点实质上都是持解构原有整体认定交通肇事罪的论处模式，而主张针对前行的肇事行为定交通肇事罪，而针对逃逸致人死亡的行为再单独定罪。

而针对《刑法》第133条规定的真正争议惹起，则源自2000年11月15日最高人民法院《关于审理交通肇事刑事案件具体应用法律若干问题的解释》（以下简称《交通肇事解释》）出台。该解释第5条第2款规定："交通肇事后，单位主管人员、机动车辆所有人、承包人或者乘车人指使肇事人逃逸，致使被害人因得不到救助而死亡的，以交通肇事罪的共犯论处。"第7条规定，"单位主管人员、机动车辆所有人或者机动车辆承包人指使、强令他人违章驾驶造成重大交通事故，具有本解释第二条规定情形之一的，以交通肇事罪定罪处罚”。该解释的这两条规定，可以说明确地表述了交通肇事可以成立共同犯罪。[①] 而正如前所交代，交通肇事作为传统的过失犯罪，无论是理论界还是在司法实务界，对其主观方面为过失，几乎从未有过不同的观点的争议。同时，我国《刑法》第 25 条第 2 款又明确表述“共同犯罪是指二人以上共同故意犯罪”。因此，《交通肇事解释》规定与《刑法》之间的矛盾冲突一下子激起了针对交通肇事罪规定的大讨论。

针对上述争议的讨论，与肯定该《交通肇事解释》规定的观点相比，持反对观点的呼声更高。反对的理由主要集中在：单位主管人员、机动车辆所有人、承包人或者乘车人指使肇事人逃逸的行为发生在肇事行为之后，“指使”这一教唆行为并不是交通肇事罪的构成事实；交通肇事罪的“共同犯罪”只应该发生在交通肇事的过程之中，而不应该是在交通肇事已经发生之后仅因为有“教唆”与“逃逸”就构成交通肇事罪的共同犯罪；单位主管人员、机动车辆所有人、承包人或者乘车人与肇事人之间只具有“逃逸”的共同故意与共同行为，因此“共同犯罪”的范围仅限于“逃逸”的共同犯罪而不是交通肇事罪的共同犯罪。[②] 还有人认为最高人民法院的司法解释定性有超越解释权限之嫌，违背了当前共同犯罪的基本理论和现行刑法的规定，严重损害了刑法的严谨性和权威性，甚至建议撤销

---

① 第 5 条第 2 款直接用了“以交通肇事罪的共犯论处”来表述，第 7 条虽然并没有用“共犯”两字，但从单位主管人员、机动车辆所有人或者机动车辆承包人最终以交通肇事罪定罪的规定来看，无异于明确表明单位主管人员、机动车辆所有人或者机动车辆承包人是与直接肇事的责任人员构成共同犯罪的。针对此，下文有详细的展开。

② 参见秦兰英：《对交通肇事罪司法解释中共同犯罪规定的解读与评价》，载《惠州学院学报》2005 年第 1 期；孟静、刘锋：《简析交通肇事罪的共同犯罪问题》，载《中国政法大学学报》2009 年第 4 期。

《交通肇事解释》中有关交通肇事共犯的表述。① 事实上，即便是在理论上一直倡导成立过失共同犯罪的学者，也认为《交通肇事解释》有越权之嫌，如侯国云教授认为："这一规定在我国刑法中确立了过失犯罪的共同犯罪理论，并同时确立了过失教唆犯的理论，这对我国刑事司法和刑法理论的发展无疑有着十分重要的推动作用和重大的现实意义，虽有超越解释权限之嫌，但却是十分令人欣慰的。"②

认同《交通肇事解释》的学者多是站在传统共同故意犯罪的立场上来解读该司法解释。如储槐植教授认为，《交通肇事解释》第5条第1款已经表明肇事人对于因逃逸而致被害人死亡这一结果的心理态度已不再是过失，而是故意，即肇事人为了逃避法律追究而置被害人的死活于不顾，被害人最终因得不到救助而死亡，肇事人对于死亡结果毫无疑问持放任的心理态度。因而，当单位主管人员、机动车辆所有人、承包人或者乘车人等指使肇事人逃逸时，这些人对于被害人的死亡结果也是持放任的态度，即与肇事人具有共同的主观故意。从客观行为来看，肇事人的逃跑行为是在上述人员的指使下产生的，指使行为与逃跑行为之间具有因果性，因而肇事者与指使者之间存在共同的行为，这种行为表现为对于死亡结果的共同不作为。有共同的故意与共同的行为，当然可以构成共同犯罪。③ 冯军教

---

① 相类似观点参见秦兰英：《对交通肇事罪司法解释中共同犯罪规定的解读与评价》，载《惠州学院学报》2005年第1期；赵星、潘铁伟：《交通肇事共犯问题研究》，载《甘肃社会科学》2011年第6期；谢炎、黄先驰：《复杂罪过：交通肇事罪共犯的理论支撑》，载《湖北警官学院学报》2017年第3期。

② 侯国云：《交通肇事罪司法解释缺陷分析》，载《法学》2002年第7期。但该种说法遭到了其他学者的针对性批驳，如有学者直接表示"《交通肇事解释》不是仅有超越权限之嫌，而正是超越权限。……解释不仅不能令人欣慰，更只能让人痛心。希望在刑法中对共同犯罪的有关规定进行突破，确认对2人以上共同过失行为犯罪在某些情况下以共同犯罪论处，但这种突破只能靠立法，而不能由司法解释做出规定。"参见秦兰英：《对交通肇事罪司法解释中共同犯罪规定的解读与评价》，载《惠州学院学报》2005年第1期。

③ 参见储槐植：《读"因逃逸之人死亡"司法解释》，载《人民法院报》2001年1月23日，第3版。

授认为，按照《交通肇事解释》规定的情况，当交通肇事致一人以上重伤，负事故全部或者主要责任时，是否成立交通肇事罪并不完全依照肇事行为所造成的严重后果来认定，肇事后的态度对于成立犯罪也有重要的影响，即“交通肇事后逃逸”在《交通肇事解释》中不再仅仅是一个量刑情节，还被赋予了定罪情节的意义，此时所着重强调的是为了逃避法律追究而故意逃逸的不作为行为，交通肇事罪已不是纯粹的过失犯罪，而应当看作故意犯罪。因此，单位主管人员、机动车辆所有人、承包人或者乘车人等在肇事司机致一人以上重伤，负事故全部或者主要责任这种情形下指使肇事人逃逸，致使被害人死亡的场合，他们之间具有共同逃逸的故意和共同逃逸的行为，自然可以构成共同故意犯罪。① 尚有学者认为，交通肇事行为本身虽然是过失的，但交通肇事后的逃逸行为是故意的，指使者在明知肇事行为已发生的情况下，仍然指使、教唆肇事者实施逃逸行为的，与肇事者对肇事后的逃逸具有共同的故意，共同造成了损害后果，因此，必须共同对这一后果承担刑事责任，并且只能以交通肇事罪的共犯论处。② 上述前两种观点，显然都是将交通肇事罪在所论述的“逃逸”情形下作为故意犯罪对待的，这样做表面上解决了共同犯罪的问题，但将交通肇事罪从传统的过失犯罪因此而演绎为故意犯罪，实为牵强，而且如前所述，将肇事后行为人逃逸时的主观方面一概认定为故意，也太过绝对，并不符合现实情形。第三种观点实质上与第一种并无区别，但在结论上直接点名只能以交通肇事罪的共犯论处，似乎根本没有阐释明白为什么具有共同故意而最终却又只能构成过失犯的共同犯罪，不但牵强，而且给人的感觉就是纯粹为了迎合《交通肇事解释》的结论而作的无厘头说辞。侯国云教授虽

① 参见黎宏：《“过失共同犯罪”质疑》，载《人民检察》2007 年第 14 期。

② 参见孙军工：《〈关于审理交通肇事刑事案件具体运用法律若干问题的解释〉的理解与适用》，载中华人民共和国最高人民法院刑事审判第一、二、三、四、五庭主办：《刑事审判参考》（第 3 卷·上），法律出版社 2002 年版，第 312 页。

然认为该司法解释确立了过失共同犯罪以及过失教唆的刑法理论，对该解释大加赞赏，但仍然认为该解释的规定存在缺陷，并且在最终的处理模式上选择了（间接）故意杀人罪的方案。[①]

（二）解决途径纷争

基于上述《交通肇事解释》规定与《刑法》关于共同犯罪规定间的冲突，学者们在观点争议中提出了众多的解决途径，亦可谓争议纷呈，大致体现为以下几种：

一是通过完善刑法总则中关于共同犯罪的规定，为过失共同犯罪留下立法空间，从而接受《交通肇事解释》中关于交通肇事的共犯的规定。此种途径又分为两种模式，一种如侯国云教授所一贯主张的，全面承认过失共同理论，彻底使现实中存在的事实过失共同犯罪成为法定的过失共同犯罪。另一种则是限定性地修改现行刑法中关于共同犯罪的规定，即“软化”刑法总则中关于共同犯罪的“硬性”规定，保留《刑法》第 25 条第 1 款的规定，将第 25 条第 2 款“共同过失犯罪，不以共同犯罪论处”修改为“共同过失犯罪，不以共同犯罪论处，但法律有特别规定的除外”。[②]

二是对《刑法》第 133 条交通肇事罪进行解构，以适应《交通肇事解释》中关于共同犯罪的规定。即通过将交通肇事逃逸致人死亡的情形，从原有的交通肇事罪中解构出来，并重新建构成一个新的故意犯罪，在此新的故意犯罪框架下纳入《交通肇事解释》规定的内容，从而将解释中的共犯问题纳入故意犯罪的范畴，绕开过失共同犯罪的理论障碍。具体的做法中，最常见的是将肇事后逃逸致人死亡的行为从交通肇事中独立出来成立

① 参见侯国云：《交通肇事罪司法解释缺陷分析》，载《法学》2002 年第 7 期。

② 参见秦兰英：《对交通肇事罪司法解释中共同犯罪规定的解读与评价》，载《惠州学院学报》2005 年第 1 期；樊欣欣：《交通肇事罪指使逃逸共犯问题研究》，载《湖北工业职业技术学院学报》2016 年第 1 期。

故意杀人罪，因而指使肇事人逃逸的单位主管人员、机动车辆所有人、承包人或者乘车人构成故意杀人罪的共同犯罪，自然没有任何理论问题。此种解决途径在前文观点争议的论述中已有体现，不再赘述。另一种构建模式是将逃逸致人死亡从交通肇事罪中剥离出来，单独成立“交通肇事逃逸罪”，同时在对该“交通肇事逃逸罪”的犯罪构成进行设计时，基于肇事人对事故发生的明知而推定其对肇事后人员伤亡或者财产损失的明知，并进而认为对最终人员死亡结果的发生所持的心态为间接故意，从而确定所增设的“交通肇事逃逸罪”为故意犯罪。在此基础之上，认定指使肇事人逃逸的单位主管人员、机动车辆所有人、承包人或者乘车人构成“交通肇事逃逸罪”的共同犯罪，自然也没有了理论障碍。[①]

三是质疑《交通肇事解释》中按照共犯处理的相关规定，并为《交通肇事解释》中规定的共犯情形寻求其他罪名论处。具体而言，张明楷教授虽然认为指使者在明知肇事已经发生的情况下，仍指使、教唆肇事者实施逃逸行为，应共同对死亡结果承担责任，但完全不认同《交通肇事解释》的处理结论，认为在否定过失的共同犯罪的前提下赞成上述解释所规定的情形，缺乏合理的理由：如果认为《刑法》第 133 条规定的“因逃逸致人死亡”属于结果加重犯，则意味着存在“基本的过失犯 + 故意的加重犯”的情形，难以被人理解和接受；如果认为《刑法》第 133 条“因逃逸致人死亡”是数罪或者特殊的结合犯（一般交通肇事罪 + 故意杀人罪），则与法定刑不协调；如果认为《刑法》第 133 条规定的“因逃逸致人死亡”属于不作为的故意杀人罪，则罪刑不均衡。因而比较稳妥的做法是，如果逃逸致人死亡符合不作为的故意杀人罪的犯罪构成时，对死亡结果具有故意的指使者则是故意杀人罪的教唆犯。如果逃逸致人死亡的情形不符合故意

---

① 参见樊欣欣：《交通肇事罪指使逃逸共犯问题研究》，载《湖北工业职业技术学院学报》2016 年第 1 期。

杀人罪的犯罪构成，则应根据行为的性质与内容，认定指使者的行为成立窝藏罪的正犯或者遗弃罪的教唆犯。[①] 有学者认为，如果单位主管人员、机动车辆所有人、承包人等仅有指使逃逸行为，但没有其他妨害司法的行为的，不作为犯罪处理。但如果不仅有指使逃逸行为，还在公安机关向其进行调查时，不如实作证或者故意作虚假证明的，可以认定为包庇罪；指使他人逃逸，并在刑事诉讼中对与案件有重要关系的情节故意作虚假证明的，可以认定为伪证罪。[②] 周光权教授认为，窝藏罪是指明知是犯罪的人而为其提供隐藏处所、财物，帮助其逃匿的行为。但这里提供隐藏处所、财物与帮助其逃匿之间，不是列举与概括的关系，也不是手段行为与目的行为的关系，而是并列关系，帮助犯罪的人逃匿的方法行为不限于为犯罪的人提供隐藏处所或者财物，而是为了避免被司法机关发现、逮捕而提供藏匿的场所、资金，协助其逃走的一切方法。因而，将交通肇事后单位主管人员、机动车辆所有人、承包人或者乘车人指使肇事者逃逸，致使被害人因得不到救助而死亡的行为认定为窝藏罪，也并非不可以接受。[③] 陈洪兵教授认为，认为指使者构成窝藏罪的观点，只是对事故发生时的受伤结果及相应司法机关追诉活动的妨害进行了刑法评价，而遗漏了对“因逃逸致人死亡”结果的评价，因此不具有合理性和必要性。根据被害人是否存在被救助的可能性的情况，即如果肇事者逃逸时，根据当时的场景，被害人根本不可能得到其他被救助的可能的，肇事者构成不作为的故意杀人罪，而如果逃逸时，根据当时的客观情况，被害者有可能得到其他途径的救助，则肇事者的逃逸致人死亡构成遗弃罪，指使者相应构成故意杀人罪或遗弃罪的教唆犯。同时考虑交通肇事罪的加重情节已经对正犯的遗弃行

---

① 参见张明楷:《刑法学》(下)(第5版)，法律出版社2016年版，第724~725页。

② 参见冯金银:《交通肇事罪认定中的几个问题》，载《政法论坛》2004年第4期。

③ 参见周光权:《指使交通肇事者逃逸应当以窝藏罪定性》，载《人民检察》2005年第7期(下)。

为或不作为的故意杀人行为进行了包括的刑罚评价，对肇事者无须另以遗弃罪或不作为的故意杀人罪定罪处罚。①

上述解决途径中，第一种模式是站在接纳过失共同犯罪的立场上进行的。但可惜改造的并不彻底，因为只是将《刑法》第 25 条第 2 款“共同过失犯罪，不以共同犯罪论处”修改为“共同过失犯罪，不以共同犯罪论处，但法律有特别规定的除外”，并没有从根本上解决《交通肇事解释》中关于共犯规定所产生的矛盾，充其量是将司法解释与刑法规定之间的矛盾转化成刑法规定之间的矛盾。第二种和第三种模式，虽然前者侧重于通过改造刑法规定本身来为《交通肇事解释》的规定扫清障碍，后者侧重于直接否认司法解释并寻求相应的出路，但二者的理论前提是一致的，即都不接纳过失共同犯罪理论，而是在共同故意犯罪的语境前提下展开的。但从具体的方案上来看，增设“交通肇事逃逸罪”需要对刑法交通肇事罪做新的解构；认为成立“遗弃罪”或“故意杀人罪”，在对逃逸致人死亡行为人的主观认定上，一概认定为故意，显然脱离现实，似乎太过武断，而且同样需要对交通肇事罪进行解构；认为成立包庇罪或者伪证罪的观点，实质上已经脱离了《交通肇事解释》本身讨论的内容，因为论者在认为成立包庇罪或者伪证罪时，其评价对象已经不再是“指使”行为，而是其他的包庇或伪证行为；认为成立窝藏罪，正如学者之间所批驳的，实质上只是评价了肇事行为和后果，并没有评价“逃逸致人死亡”，自然也是不合理的。而且第二、第三种解决模式均是在否定司法解释的立场下进行的，“要做到既否认过失的共同犯罪，又赞成上述司法解释，是比较困难的”，②或者说，基本是不可能的。从《交通肇事解释》所体现的理论动向来看，

① 参见陈洪兵：《指使交通肇事者逃逸构成遗弃罪或者故意杀人罪的教唆犯》，载《政治与法律》2008 年第 5 期。

② 参见张明楷：《刑法学》（下）（第 5 版），法律出版社 2016 年版，第 724 页。

通过过失共同犯罪理论来理解并适用其中共犯的规定，应该成为学者重点考虑的方式，而不是一味地对《交通肇事解释》进行否定与批判。

三、共同过失犯罪理论下交通肇事罪共犯解析

笔者赞同在全面接受共同过失犯罪理论的基础上解读《交通肇事解释》中关于交通肇事共犯的规定。

（一）对《交通肇事解释》第5条第2款的解析

《交通肇事解释》第5条第2款规定："交通肇事后，单位主管人员、机动车辆所有人、承包人或者乘车人指使肇事人逃逸，致使被害人因得不到救助而死亡的，以交通肇事罪的共犯论处。"从表述上看，该款直接使用了"共犯"一词，从交通肇事罪是典型的过失犯罪来看，当然可以理解为"过失共犯"，再加上《交通肇事解释》中使用"指使"的用语，因而似乎与教唆也有关系。但是，即便承认过失的共同犯罪，甚至在承认过失教唆犯以及过失帮助犯的前提下，也并不意味着《交通肇事解释》第5条第2款所述的情形就不会招致疑问。因为《交通肇事解释》第5条第2款规定的"逃逸致人死亡"情形是发生在肇事行为之后的，学者们普遍认为，在基本行为结束后，不可能存在对结果加重犯的教唆犯。如张明楷教授认为，因"逃逸致人死亡"属于交通肇事罪的一种加重情节，但根据司法解释，其前提是行为人因为违反交通运输法规而发生了交通事故，导致被害人受伤害（基本犯），将指使司机逃逸因而导致被害人死亡定为交通肇事罪的共犯，则缺乏基本犯这一前提条件。[①] 张小虎教授对类似于这样的观点也评判认为，指使人指使的只是作为加重行为的"逃逸"，而对基准罪状的实行行为，即"交通违法"并无指使，如果交通肇事罪的基准犯

---

① 参见张明楷：《刑法学》（下）（第5版），法律出版社2016年版，第724页。

并无构成共犯的余地的话，又如何会有本应以基准犯为基础的加重犯的共犯，进而有“以交通肇事罪的共犯论处”的规定。[①]

笔者认为，以过失共同犯罪理论理解《交通肇事解释》第5条第2款关于交通肇事共犯的规定，并不存在理论上的障碍。上述质疑的焦点在于对交通肇事罪的结构构成存在认识上的偏差。结合前文中学者对于解决《刑法》与《交通肇事解释》之间的冲突规定所提出的一系列解构《刑法》第133条的做法，[②] 笔者认为，合理解释交通肇事罪中的共犯问题，需要澄清以下几个方面：

第一，交通肇事罪中的“逃逸”行为不仅是量刑因素，也是定罪因素。上述《交通肇事解释》第2条第1款规定：“交通肇事具有下列情形之一的，处三年以下有期徒刑或者拘役：（一）死亡一人后者重伤三人以上，负事故全部或者主要责任的……”据此，如果交通肇事仅仅致1人以上重伤，[③] 即便负事故全部或者主要责任，也不应该构成交通肇事罪。但该《交通肇事解释》第2条第2款紧接着规定：“交通肇事致一人以上重伤，负事故全部或者主要责任，并具有下列情形之一的，以交通肇事罪定罪处罚：……（六）为逃避法律追究逃离事故现场的。”由此可见，在交通肇事的场合，不能简单地将逃逸行为作为量刑因素来考量，而且在同一个司法解释中，用语的含义应该具有同质性，此种同质性应该体现在该司法解释第5条之中。

第二，交通肇事罪中的“逃逸”行为属于《刑法》第133条所规定的

① 参见张小虎：《论我国〈刑法〉中非纯粹过失犯的共犯成立》，载《政治与法律》2016年第10期。

② 为了使《交通肇事解释》中共犯规定的成立具有理论上的成立空间，所提出的将“逃逸致人死亡”另外单独成立“故意杀人罪”“遗弃罪”或者将“逃逸致人死亡”从交通肇事罪中剥离出来增设为“交通肇事逃逸罪”的解构办法等。

③ 根据《交通肇事解释》的精神即上下文的体系理解，这里的“一人以上重伤”，实际上是相对于“三人以上重伤”而言的，其实际含义为重伤人数不足3人。

“违反交通运输管理法规”的行为。从驾驶交通工具致使他人人身健康、生命受到损害以及重大财产遭受损失的层面来看，交通肇事罪属于自然犯，但从交通肇事在公共交通运输领域违反交通运输管理法规而肇事，从而没有对该种行为定普通的过失致人死亡罪来看，交通肇事罪又属于法定犯，因而严格来讲，交通肇事罪属于不典型的自然犯与法定犯的结合。从交通肇事罪构成的客观方面来看，当前无一例外都认为“违反交通运输管理法规”是必备要素，多数学者对“交通运输管理法规”表述为“主要是指公路、水上交通运输中的各种交通规则、操作规程、劳动纪律等”。[①] 一方面，囿于空白罪状的规定，对于其中交通规则、操作规程、劳动纪律的具体指向，在刑法规范以及相应的教材中无法叙明；另一方面，在“主要”之外并没有接着列举“其他”违反交通运输管理法规的内容。前文认为“逃逸致人死亡”缺乏“基本犯行为”而质疑《交通肇事解释》中关于共犯规定的学者，明显没有将“逃逸”行为作为“违反交通运输管理法规”的行为来考虑，这种理解明显不当。我国《道路交通安全法》在第71条、第75条、第99条和第101条四个条文中出现关于交通肇事后“逃逸”的规定，其中第99条规定：“有下列行为之一的，由公安机关交通管理部门处二百元以上二千元以下罚款：……（三）造成交通事故后逃逸，尚不构成犯罪的。”第101条第2款规定：“造成交通事故后逃逸的，由公安机关交通管理部门吊销机动车驾驶证，且终生不得重新取得机动车驾驶证。”可以看出，《道路交通安全法》针对“逃逸”的行为，不仅规定有经济罚，而且还规定有资格罚，究其缘由，无非是因为逃逸行为极可能增加交通肇事行为的危害性，也对相应机关对事故的处理带来程序上的困难。由此，“逃逸”行为完全是违反《道路交通安全法》中的行为，没有理由将其从

---

① 贾宇主编：《刑法学》（第3版），中国政法大学出版社2017年版，第266页；张明楷：《刑法学》（下）（第5版），法律出版社2011年版，第719页。

“违反道路交通运输管理法规的行为”中给排除出去。

第三，从法律评价的层面，“逃逸致人死亡”中行为人对死亡结果的发生在主观方面是过失，因而即便在逃逸致人死亡的情形下，交通肇事罪仍然是典型的过失犯罪。实事求是地讲，发生交通肇事后肇事人逃逸的情形，对于逃逸者的主观方面，无论是认定为故意还是认定为过失，都太过绝对。从一般的理解上看，可能存在以下三种情形：一是肇事逃逸者确实已经认识到被害人死亡的结果，为了逃避追究责任而放任死亡结果的发生逃逸的，此种情形自然为故意；二是肇事者确实认为被害人的受伤情况本身不可能死亡，或者认为会有其他人员发现事故后介入而避免被害人死亡，此种情形下为了逃避法律追究而逃逸的，主观方面自然是过失；三是肇事者对于被害人到底会不会因为自己的逃逸而死亡根本没有思考，或者说是处于一种模糊慌乱状态，没有根本明确的认识，而是在大脑一片空白的状态下逃逸的，此种情形很难在法律上明确定性为是故意还是过失。不仅如此，司法的判断还会遇到另一种情形，即站在行为人自身的立场，逃逸者主观方面确实是放任被害人死亡的故意态度，但在行为人自己不予承认该种主观态度，且外部的客观行为表现又没有任何区分度的情形下（依据单纯的外部客观表象证据无法对主观进行推定证明的情形下），司法机关最终对肇事逃逸人的主观态度又会是什么样的认定结论呢？笔者认为，《交通肇事解释》第6条“行为人在交通肇事后为逃避法律追究，将被害人带离事故现场后隐藏或者遗弃，致使被害人无法得到救助而死亡或者严重残疾的，应当分别依照刑法第二百三十二条、第二百三十四条第二款的规定，以故意杀人罪或者故意伤害罪定罪处罚”。这一规定情形，实际上是在对逃逸人主观方面的界定上，从法律层面与《刑法》第133条以及《交通肇事解释》第5条所作的区分。也就是说，肇事者逃逸时的主观心态可能存在上述的诸多情形，而该种情形要在司法认定层面做到完全精准的区分界定是根本不可能的，基于该种客观存在的疑难，《交通肇事解释》

直接通过第 5 条与第 6 条的规定，以法律推定的方式认定在“积极隐藏及遗弃”的逃逸模式下，逃逸人主观方面就是故意，而在非“积极隐藏及遗弃”模式的其他“逃逸”方式下，不再做司法上的进一步区分，直接认定逃逸人的主观方面就是过失。事实上，已有学者提出故意和过失并不是完全对立的关系，而是位阶关系，故意也符合过失的条件，即使交通肇事中行为人因逃逸致人死亡的真实心理是故意，也不能否认其行为属于因逃逸致人死亡。[①] 笔者完全认可该种处理方式，并认为该方式是司法实践中解决相关疑难问题的一种很好的思路，而且在处理上也体现了有利于行为人原则。基于此，在交通肇事“逃逸致人死亡”的规定下，交通肇事仍然是典型的过失犯罪。

第四，交通肇事罪中，即便在因“逃逸致人死亡”的情形下，也不是结果加重犯。一方面，从学理上分析，过失犯罪不可能存在结果加重犯。因为过失犯罪是结果犯，结果是否发生决定是否构罪，因而行为人在行为时也就没有预定要实施哪一个犯罪，自然也就没有一个预定了的犯罪的构成要件结果，而且无论发生什么样的结果都为行为人主观所排斥，既然不存在一个确定的基本犯罪结果，哪里来的加重结果？因此，不可能存在“过失＋过失”型的结果加重犯，“过失＋故意”型的结果加重犯更让人难以接受。另一方面，如上文所论述，“逃逸”行为同样是违反交通运输管理法规的行为，那么，在“肇事—被害人受伤—逃逸—被害人死亡”的进展模式下，就不能简单地将死亡结果理解为“结果加重犯的结果”，而应该将“伤害结果”和“死亡结果”理解为持续进行的实行行为下接续出现的阶段性结果，而从司法认定上来看，当然以最终出现的结果选择适用相应的法定刑。这与类似的故意犯罪是同一个道理，如行为人在伤害的故意下对被害人实施故意伤害行为，前序行为致使被害人轻伤，但行为人

---

① 参见张明楷：《刑法学》（下）（第 5 版），法律出版社 2016 年版，第 724 页。

并没有停止其伤害行为，且后续的伤害行为最终致使被害人重伤的情形下，没有人会认为重伤结果是轻伤结果的加重结果，成立故意伤害（轻伤）罪的结果加重（重伤）犯，而是仍然成立同一个故意伤害罪，直接以最终出现的重结果适用相应的法定刑即可。从而，交通肇事逃逸致人死亡当然也不是“交通肇事罪（所谓的基本犯结果）的结果加重犯”，而是仍然成立交通肇事罪，直接适用与“逃逸致人死亡”相对应的法定刑即可。

综上分析，交通肇事逃逸致人死亡的场合，肇事行为和逃逸行为都是该罪在此场景下的实行行为，二者结合共同导致了最终死亡结果的发生，行为人对于逃逸行为本身是故意，但对于死亡结果是过失（排除积极隐藏遗弃下的逃逸），因而最终构成的交通肇事罪仍然是典型的过失犯罪。单位主管人员、机动车辆所有人、承包人或者乘车人指使肇事人逃逸的，属于笔者在本书前文中论述的典型的“故意引起他人故意行为，但实行者和教唆者对危害结果均为过失”的过失教唆犯，因而，单位主管人员、机动车辆所有人、承包人或者乘车人当然与肇事者构成交通肇事罪的共犯。

（二）对《交通肇事解释》第 7 条的解析

相比而言，用过失共同犯罪理论来解析《交通肇事解释》第 7 条的规定要简单得多。《交通肇事解释》第 7 条规定，“单位主管人员、机动车辆所有人或者机动车辆承包人指使、强令他人违章驾驶造成重大交通事故，具有本解释第二条规定情形之一的，以交通肇事罪定罪处罚”。该条并没有像第 5 条第 2 款那样直接表述为“以交通肇事罪的共犯论处”，但就对于单位主管人员、机动车辆所有人或者机动车辆承包人“以交通肇事罪处罚”来分析，只能存在两种可能，一是单独构成交通肇事罪，二是构成交通肇事罪的共犯。但如果要单独构成交通肇事罪，必须有单独实施的实行行为。因而，若要使单位主管人员、机动车辆所有人或者机动车辆承包人因其指使、强令行为单独构成交通肇事罪，则必须将“指使、强令”行为本身看作交通肇事罪的实行行为。而依照我国《刑法》第133条的规定，交通肇事罪的实行行为是违反交通运输管理法规，因而发生重大事故，致人重伤、死亡或者使公私财产遭受重大损失的行为，其具体表现方式如酒后开车，超速、超宽、超载行车，强行超车，错发信号，通过交叉道口不鸣笛示警，夜间行驶不开照明灯，岔路口不减速等，[①] 当然在特定场合也包括前文所述的“逃逸”行为。“指使、强令”行为本身并不包含发生严重社会危害结果的直接危险，因而将其视为交通肇事罪的实行行为，实在有违常理。排除了成立单独的交通肇事罪，就不能不承认《交通肇事解释》中的该条规定实质上肯定了过失共同犯罪。有学者认为“这一司法解释直接将这种指使、强令行为解释为交通肇事行为，而不适用共犯关系”，[②] 这一理解实在是站不住脚的。而同样基于对该罪实行行为的分析理由，应该承认《交通肇事解释》中的该条规定实质上肯定了过失教唆犯，即驾驶人员违章驾驶的行为是该种情形下的实行行为，因其违章造成重大事故等严重后果，所以是交通肇事罪的实行犯；单位主管人员、机动车辆所有人或者机动车辆承包人故意“指使、强令”是引起驾驶人员违章驾驶行为的教唆行为，但其故意的心理态度只是针对驾驶人员的违章驾驶行为而言的，对于最终造成的危害结果仍然是过失的心理态度，所以构成交通肇事这一过失犯罪的过失教唆犯。因此，笔者赞同《交通肇事解释》中的“这一规定在我国刑法中确立了过失犯罪的共同犯罪理论，并同时确立了过失教唆犯的理论”[③] 这一观点，而且，无论是教唆人对于被教唆人实行

---

① 参见高铭暄、马克昌主编：《刑法学》（第3版），北京大学出版社、高等教育出版社2007年版，第402页。

② 陈兴良：《共同犯罪论》，中国人民大学出版社2006年版，第402页。

③ 侯国云：《交通肇事罪司法解释缺陷分析》，载《法学》2002年第7期。

行为进行教唆的心理态度还是教唆的行为方式，都与笔者前文所界定的过失教唆犯相吻合。至于多数学者所批判的该解释承认过失共同犯罪有超越解释权限、违背罪刑法定原则之嫌，对此笔者也承认这是一种事实，但这种事实恰好反映了现有的刑事立法无法适用社会发展的现实所导致的尴尬，反映了在刑法理论以及刑事立法上承认过失共同犯罪的必要性和合理性。

第五章　共同过失犯罪关系论

第一节　结果加重犯与共同过失犯罪

结果加重犯与共同过失犯罪的关系，即所谓“结果加重犯之共同犯罪”问题，旨在讨论二人以上共同实行犯罪，其中一部分行为人的行为引起加重结果时，其他行为人是否皆应就该加重结果负刑事责任，从而构成共同犯罪的问题。我国刑法在总则中并未设立结果加重犯的一般处理规定，因此，对于结果加重犯能否成立共同犯罪，首先要认识结果加重犯的结构本质，即基本犯罪行为与加重结果之间的构造。

一、结果加重犯构造概述

结果加重犯也称加重结果犯，一般认为“是指实施基本犯罪构成要件的行为，发生基本犯罪构成要件以外的重结果，因而刑法规定加重刑罚的犯罪形态”。[①] 从纯理论的角度，我国学者将结果加重犯的形态分为以下六种：(1) 基本犯为故意，重结果亦为故意；(2) 基本犯为故意，重结果为

① 高铭暄、马克昌主编：《刑法学》（第3版），北京大学出版社、高等教育出版社2007年版，第205页。

过失；(3) 基本犯为过失，重结果为故意；(4) 基本犯为过失，重结果亦为过失；(5) 基本犯为故意，重结果为偶然；(6) 基本犯为过失，重结果为偶然。[①] 就基本犯的主观方面而言，刑法学界目前普遍认为只能由故意构成，从而过失犯罪无加重结果犯。[②] 在日本等的刑法典中，结果加重犯的基本犯罪仅限于故意犯，并无过失犯罪类型的存在。[③] 但亦有基本犯由过失构成的立法例，如德国与奥地利刑法中的结果加重犯的基本犯除了故意犯之外，尚包含过失犯的类型：《德国刑法典》第 309 条规定的失火致死罪、第 314 条规定的过失溢水致死罪；《奥地利刑法》第 170 条规定的失火致人死亡或多数人重伤或者致多数人陷入穷困状态者或者导致多数人死亡等。我国学者中，也有认为在我国刑法中存在结果加重犯的基本犯为过失的情形，如张明楷教授认为结果加重犯的基本犯罪既可以是故意犯，也可以是过失犯，因为从刑法理论上说，对于结果加重犯的基本犯罪没有理由仅限定为故意犯罪，从刑事立法的规定来看，也存在对基本犯罪持过失的结果加重犯。例如，《刑法》第 132 条规定的铁路运营安全事故罪，当行为造成严重后果时，属于基本行为，而当行为造成特别严重后果时，就至少包含了结果加重犯。[④] 阮齐林教授也认为结果加重犯的基本犯有故意罪也有过失罪，其所举例为《刑法》第 131 条规定的重大飞行事故罪，即航空人员违反规章制度而致使发生重大飞行事故，当造成严重后果时，处 3 年以下有期徒刑或者拘役，而当造成飞机坠毁或者人员死亡的，则处 3 年以上 7 年以下有期徒刑。从而认为重大飞行事故罪是过失罪，同时也是结果加重犯。[⑤] 然而所谓加重结果，是指行为人在实施某种基本犯罪构

---

① 参见陈家林：《结果加重犯的共同正犯浅论》，载《河北法学》2006 年第 12 期。

② 参见马克昌主编：《犯罪通论》，武汉大学出版社 1999 年版，第 654 页。

③ 参见余振华：《刑法深思·深思刑法》，台北，元照出版有限公司 2005 年版，第 241 页。

④ 参见张明楷：《刑法学》（上），法律出版社 1997 年版，第 325 页。

⑤ 参见阮齐林：《刑法学》，中国政法大学出版社 2008 年版，第 254 页。

成的行为时，又发生的基本犯罪构成以外的重结果。“加重结果不仅基于基本犯，而且在性质上不同于基本构成要件的结果。”[①] 而上述张明楷教授、阮齐林教授所举事例，是在一个单一的犯罪构成中规定了性质相同的两个结果，而且该两个结果是互相排斥的，即一个基本行为，或者造成严重的结果，或者造成特别严重的结果，但这两种结果不会同时并存，因此在实质上是情节加重犯而非真正的结果加重犯。由此，笔者认为，我国刑法中的结果加重犯，其基本犯亦只存在故意犯罪的类型。

关于结果加重犯的加重结果，国外学说上素有“因果关系理论”、“故意过失竞合理论”与“预见可能性理论”之间的争议。“因果关系理论说”认为基本构成要件行为与加重结果二者之间，只要具有“因果关系”即为已足，行为人主观上对于加重结果不必具有预见可能性或过失之要素。“故意过失竞合理论”认为，结果加重犯之成立，行为人主观上对于基本构成要件之犯罪必须具有故意，而对于加重结果必须具有过失。“预见可能性理论”认为行为人主观上对加重结果必须具有“预见可能性”。[②] 由于1902年国际刑法学会通过“犯罪者在其可预见之范围外，不得以其自己行为之结果为理由，而受处罚”的决议，故自进入20世纪后，各国刑法典或刑法修正案相继依据这一旨趣明文规定结果加重犯的犯罪类型。结果加重犯已由客观主义之“结果责任”转向趋于主观主义的“意思责任范畴”，采预见可能性说而立法者，可谓各国现代刑法之主要潮流。[③] 因而在结果加重犯问题上，对于加重结果的主观要求最低限度需要有过失，从而前述六种形态的后两种，即所谓的偶然的结果加重犯，各国立法均不承认。综上所述，就结果加重犯的结构形式而言，所存仅限于基本犯为故

① 马克昌主编：《犯罪通论》，武汉大学出版社1999年版，第654页。

② 参见余振华：《刑法深思·深思刑法》，台北，元照出版有限公司2005年版，第248~252页。

③ 同上书，第246~247页。

意，加重犯亦为故意与基本犯为故意，加重犯为过失两种类型。从我国的立法实际来看，也同样存在这两种情形。[①]

二、结果加重犯与共同过失犯罪之关联

对于基本犯罪与加重结果都是故意的场合，参与基本犯罪的行为人可以就加重结果构成共同犯罪，这与我国刑法关于共同犯罪的立法现状并无冲突，因而并无特别讨论之必要性。而对于基本犯罪为故意，加重结果为过失的情况下，共同从事基本犯罪但没有造成加重结果发生的行为人是否应该对其他行为人所导致的加重结果负担刑事责任，则与是否承认过失共同犯罪有着密切的关联。

国外学者对结果加重犯的共犯问题有相对深入的研究。从整体研究情况来看，一般承认结果加重犯的共同正犯的成立，只有极少数学者全盘否定结果加重犯所有形态的共犯的成立。

在德国学说上最极力主张结果加重犯不能成立共同犯罪的学者代表为K. H. Gössel。他认为，德国的通说肯定结果加重犯成立共同犯罪，前提是行为人对加重结果之过失，纯粹系依据责任要素而在实际上适用刑法的规定，其系属于共犯成立所必要之限制从属性范围之外，但现今所谓过失概念，并非完全属于责任要素，有关行为人之客观注意义务亦属于过失犯之不法，故当正犯欠缺过失之不法时，几乎无法思考可成立可罚性之共犯。然而反对此观点的学者认为，既然在不法领域上有实质之过失部分存在，从《德国刑法典》第11条第2项“故意实现犯罪构成要件，其中包括故

① 我国《刑法》中的某些结果加重犯罪，其加重结果的主观方面既可以是过失，也可以是故意，如第121条规定的劫持航空器罪致人重伤死亡的；第236条规定的强奸罪而致人重伤的；第263条规定的抢劫罪致人重伤、死亡的；第358条规定的组织卖淫罪造成被强迫卖淫的人重伤死亡的。

意实施本法规定构成要件为前提之行为而以过失惹起特别之结果”而论，难以否认结果加重犯中之共犯实质上是过失犯之共犯。因此 Gössel 对于结果加重犯的共犯问题，主要是基于共犯理论观点，认为在现行刑法无处罚过失共犯规定的前提下，共同过失行为无法成立结果加重犯。[①] 日本学者否认结果加重犯成立共同犯罪的根据虽然并不一致，但在对结果加重犯成立共犯与对过失共同犯罪的态度上是一致的，此与德国有相似之处。如西村克彦认为，“对于加重结果，共同行为人之间主观上并无犯意之联络，客观上亦无实行行为之分担，加重结果系属于嗣后发生之事实，其间并无共犯之故意存在，故以二人以上共同实行为必要成立要件（共同正犯）或以他人之实行行为为共犯成立要件（共犯）之情形，均不能成立结果加重犯”。[②] 香川达夫教授站在犯罪共同说的立场来说明结果加重犯不存在共犯形态，他认为作为共同正犯，是以采取“一部行为全部责任”的原则为基础的，在这个基础范围内，只有行为人具备主观的要件才是可能的，并且也只应限于这个范围。而作为共同正犯主观成立要件的“意思联络”并不仅局限于对其他加功者的行为的认识，而是必须要求具有共同实行犯罪的故意的一致。因此，作为否定具有故意的加重犯概念的香川教授，自然否

---

① 参见 K. H. Gössel, *Dogmatische Überlegungen zur Teilnahme am erfolgsqualifizierten Delikt nach 18StGB.*, lange-Festschrift, 1976, s. 219ff., bes. 235ff。转引自余振华：《刑法深思・深思刑法》，台北，元照出版有限公司 2005 年版，第 272 ~273 页。究其所述之含义，即德国肯定结果加重犯的学者，只将过失作为责任要素，在行为部分不存在、也不考虑过失的行为，因而在结果加重犯的场合，一人过失造成加重结果，他人又与该人存在共同的基本犯罪的行为，从而以此解释来迎合当时的法律规定，承认结果加重犯构成共同犯罪。但现在不只是将过失理解为责任的要素，而是在构成要件、违法阶段同样存在过失，因而也就存在过失实行行为的概念。从而在结果加重犯的场合，如果只有故意行为的共同而没有过失行为的共同，自然不能对他人过失造成的重结果成立共同犯罪，以此反对结果加重犯成立共同犯罪。

② 参见［日］西村克彦：《结果的加重犯反省》，收录于《解罪说法集》，凤舍 1980 年版，第 195 页。转引自余振华：《刑法深思・深思刑法》，台北，元照出版有限公司 2005 年版，第 270 页。

定故意——过失型的结果加重犯成立共犯。[①] 宫本英脩更是直接以否定过失犯的共犯的理论作同样的理解，认为结果加重犯的加重结果系行为人过失所引起，因而在加重结果这一点上，自然应否定共犯的成立。[②]

在肯定结果加重犯成立共同犯罪的理论立场上，大多数学者也与其对于过失共同犯罪的态度相同，即基于肯定过失共同犯罪的立场而肯定结果加重犯成立共同犯罪。在具体的理论依据上，如前所述，既有持行为共同说的学者，又有持犯罪共同说的学者。行为共同说针对结果加重犯之构造，将共同犯罪之“共同”分为“共同”故意实行基本构成要件行为与“共同”过失发生加重结果两部分，针对其中加重结果之过失部分，认为既然共同行为人因主观过失而得以成立过失犯之共同犯罪，当然结果加重犯成立共同犯罪亦非于理无据。犯罪共同说对于发生加重结果之过失部分，主要着眼于过失行为人在认识行为事实的限度上，同样具有共同意思可能性的观点，认为在该限度上得成立过失之共同正犯，倘若否定过失之共同正犯，则必然否定结果加重犯之共同行为人得成立共同正犯。但因无任何理论根据可将过失犯排除在刑法总则规定之外，故而肯定结果加重犯之共犯。[③] 简言之，对过失共同犯罪持肯定态度的学者在结果加重犯的立场上自然持肯定的态度。

但确实存在少数学者否认过失共同犯罪而肯定结果加重犯罪共犯的成立。如齐藤金作教授站在共同意思主体说的立场，认为刑法上规定的共犯是基于二人以上向着合一的共同目的所产生的特殊的社会心理现象来把握

① 参见［日］香川达夫：《结果的加重犯本质》，庆应通信 1978 年版，第 133 页。转引自李邦友：《日本刑法结果加重犯中的共犯的理论与实践》，载《武汉大学学报（哲学社会科学版）》1999 年第 4 期。

② 参见［日］宫本英脩：《刑法学粹》，成文堂 1931 年版，第 402 页。转引自余振华：《刑法深思·深思刑法》，台北，元照出版有限公司 2005 年版，第 271 页。

③ 参见余振华：《刑法深思·深思刑法》，台北，元照出版有限公司 2005 年版，第 256 ~257 页。

的，成立共犯要求是具体犯罪的故意犯，因为行为人只有相互了解并向着一定的目的，这种特殊的社会心理现象才能产生作用，才有必要做出特殊的处理，因而否认过失的共犯。但齐藤金作教授同时又基于“行为人所实行的行为在可以认为是该共同意思主体的犯罪时，在该范围内，所实行行为属于共同意思主体的活动，因而共同行为人应视为一体而均成立该种犯罪”，从而积极地支持结果加重犯得以成立共同正犯。① 持犯罪共同说的部分学者如小野清一郎，否定成立过失共犯但肯定结果加重犯成立共犯。针对强盗致死伤罪，小野清一郎认为，倘若已经成立强盗罪的共同正犯，则纵然是由其中一人的暴行而发生伤害结果，亦必须由全部共同行为人负担强盗致死伤罪的罪责，对于致伤的加重结果，虽然必须至少具有过失，但应该认为这种过失是自然而然地包含在暴行的意思之中的。② 我国学者中亦有持类似观点的，如黎宏教授认为，结果加重犯和过失犯是具有本质差别的两种犯罪类型。结果加重犯中，行为人对于加重结果可能没有预见，但是对于引起加重结果的基本犯中包含有发生一定重结果的危险的性质是存在认识的，因而，结果加重犯在本质上属于故意犯罪的类型，所以在结果加重犯场合，各行为人对于基本犯罪而言，能够具有避免重结果发生的意思联络。相反地，在过失犯罪当中，行为人对于自己的行为所可能引起的危害后果应当预见但却完全没有预见，在连自己的行为后果都没有预见的情况下，自然也就谈不上对危害结果进行意思联络，因此，从这两种犯罪类型的性质上讲，说结果加重犯具有共同正犯而过失犯不具有共同正犯

① 参见［日］齐藤金作：《共犯判例与共犯立法》，有斐阁 1959 年版，第 117 页。转引自李邦友：《日本刑法结果加重犯中的共犯的理论与实践》，载《武汉大学学报（哲学社会科学版）》1999 年第 4 期；余振华：《刑法深思・深思刑法》，台北，元照出版有限公司 2005 年版，第 260 页。

② 参见［日］小野清一郎：《刑事判例评释集》（第 7 卷），有斐阁 1951 年版，第 157 页。转引自余振华：《刑法深思・深思刑法》，台北，元照出版有限公司 2005 年版，第 261 页。

并无不可。①

然而多数学者对上述否定过失共犯而又肯定结果加重犯成立共犯的观点进行了批判。丸山雅夫针对上述齐藤金作的观点指出，过失犯中不可能具有“以共同目的而形成一个特殊社会心理现象”这一情形，因而应解释为在结果加重犯中，只在故意犯中，即只在基本构成要件行为的犯罪范围内，该种情形才属可能，因而通过共同意思主体理论来肯定结果加重犯得以成立共同正犯，不具有直接明确的理论根据。② 平野龙一亦批判小野清一郎否定过失犯的共同正犯而肯定结果加重犯的共同正犯的观点，认为其缺乏理论上的一贯性。③ 而黎宏教授的观点，将结果加重犯直接作为故意犯罪类型，实质上忽视了结果加重犯本身的内部构造。这种见解只是在形式上强调结果加重犯共同正犯的可罚性，对于构成共同正犯之实质而言，仍然缺乏直接的理论根据。

综上所述，在国外关于共同过失与结果加重犯（故意—过失型）成立共犯的关系上，除个别例外，学者们对二者的态度是一致的，即要么同时否定，要么同时肯定。然而，在我国，则是矛盾的观点占通说地位。在基本犯罪为故意而加重结果为过失的结果加重犯的场合，如甲、乙二人都觉得丙很讨厌，就相约要教训他一番，但还没有到要杀人的地步，但在两人同时殴打丙的过程中，甲下手过重，导致丙死亡。对丙的加重死亡结果，是否甲乙两个人要一起负刑事责任？对此学界通说认为，行为人在实施基本犯罪行为的时候，通常就存在容易发生加重结果的高度危险性，因此实施基本犯罪与加重结果结合成一个独立的犯罪类型。当两个以上的行为人共同实施某个基本犯罪行为的时候，容易发生加重结果这一高度危险的事

① 参见黎宏：《“过失共同正犯”质疑》，载《人民检察》2007 年第 14 期。

② 参见余振华：《刑法深思·深思刑法》，台北，元照出版有限公司 2005 年版，第 260 页。

③ 参见陈家林：《结果加重犯的共同正犯浅论》，载《河北法学》2006 年第 12 期。

态也同样共同存在于行为人全部，因而如果行为人中一部分人的过错而发生加重结果的时候，其他共同行为人对该加重结果的发生可以说是违反客观注意的义务，应当一起成立结果加重犯的共同正犯。例如，我国著名刑法学者李光灿、马克昌、罗平等教授认为，简单共同犯罪人在共同故意的范围内，对其他共同犯罪人的行为所发生的加重处罚的结果是否共同负责，在理论上不论行为共同说或者犯罪共同说，都持肯定的见解，从结果加重犯的特点来看，对基本犯罪是故意，对加重结果的发生是过失，即可构成结果加重犯。因而共同故意实行某种犯罪的人，对其他共同犯罪人的行为所引起的加重结果，如有过失，自应对该加重结果共同负责任。[①] 陈兴良教授也认为，在共同实行犯罪中，发生加重结果的情形与实行过限并不相同。实行过限中，造成更重的危害结果的行为人对于该重结果的发生在主观上是故意的，而其他人对于该重结果则是不存在主观罪过的。但在结果加重犯的场合，造成加重结果的行为人对于该加重结果的发生在主观上是过失的。在实行过限的情况下，过限的犯罪行为已经超出了共同犯罪故意的范围，因而其他共同犯罪人在主观上对于过限的犯罪行为并没有罪过，因此不负刑事责任。但是在结果加重犯的情况下，共同犯罪人既然是共谋实施某一犯罪，对于犯罪中可能发生加重结果这一点是应当有所预见的，所以主观上也存在过失。因此，在共同实行犯中，各共同犯罪人对于发生的加重结果都应承担刑事责任，而无论加重结果是否由本人的行为所直接造成。[②] 但同时，持上述观点的学者对过失共同犯罪成立共同犯罪并适用共同责任原则却持反对态度。如李光灿等学者认为，我国《刑法》中“二人以上共同过失犯罪，不以共同犯罪论处，应当负刑事责任的，按照他们所犯的罪分别处罚。”这一规定是对解决共同过失犯罪人的刑事责任

① 参见李光灿、马克昌、罗平:《论共同犯罪》，中国政法大学出版社 1987 年版，第 112 页。

② 参见陈兴良:《共同犯罪论》，中国社会科学出版社 1992 年版，第 419 页。

问题作出的科学规定，是从立法上对过失罪不存在共同犯罪给予的明确回答。[①] 陈兴良教授认为，“根据我国刑法理论，共同实行犯的成立不仅以客观上具有共同实行行为为已足，而且主观上还必须具有共同实行犯罪的意思联系，即对于共同实行犯罪具有互相的认识。而过失的共同实行犯的肯定说恰恰在这一点上有悖于法律规定的共同犯罪的旨趣。法律之所以规定共同犯罪，是因为各共同犯罪人在共同犯罪故意的范围内互相利用各人的行为而共同实行犯罪。但在共同过失犯罪的情况下，虽然各过失犯罪人对于同一的事实具有共同认识……但对于犯罪后果既然是因疏忽大意而没有预见，当然也就谈不上共同犯罪的意思联络。因此，如果我们是从犯罪构成的意义上，而不是从一般的社会观念来评价共同过失犯罪人的心理状态，就不能认为过失犯罪人之间具有共同犯罪的意思联系。因此，我国刑法对过失的共同实行犯持否定的态度是完全正确的”。[②]

笔者赞同过失犯罪可以成立共同犯罪，自然对于结果加重犯成立共同犯罪持肯定的态度。从事基本犯罪的行为人对于自己存在过失但只是由其他共同行为人过失直接造成的加重结果，自然应该承担责任。也就是说，如果二人以上的行为人在共同实施基本犯罪的行为时，都超出最初预想的程度而均实施了过失行为，则构成对于加重结果的共同犯罪，自无疑问。而对于只有其中的部分人实施了超出基本故意犯罪行为的预想程度而实施了造成重结果的过失行为的场景，则应当说，基于共同的基本犯罪行为，所有的共同行为人由于对基本犯罪本身含有发生重结果的危险具有认识，从而均负有防止加重结果发生的共同注意义务，而在行为上，即便没有直接实施超出基本犯罪预想程度的故意犯罪行为之外的过失行为的人，也可以认为是没有尽到提醒、警告其他行为人防止重结果发生的注意义务，从

---

① 参见李光灿、马克昌、罗平：《论共同犯罪》，中国政法大学出版社 1987 年版，第 39 ~40 页。

② 陈兴良：《共同犯罪论》，中国社会科学出版社 1992 年版，第 438 ~439 页。

而构成对重结果的共同犯罪并无不妥。对于我国学者所持的矛盾观点，笔者认为，既然肯定结果加重犯之共同犯罪类型，因其构造本来系由共同过失以及共同注意义务违反所导出，一方面否定了过失共同犯罪，另一方面又承认结果加重犯成立共犯，这事实上是不可能的，从理论统一的角度，承认过失共同犯罪的成立，不能不说是一种理性的选择。

第二节　过失的竞合与共同过失犯罪

一、过失竞合概念述评

关于过失竞合的概念及其所指情况，学者们的意见并不统一。马克昌先生以及陈子平教授都认为，过失竞合是指对一个构成要件结果的发生由数个过失所导致的情形。具体而言又分为单独行为人的过失的竞合与复数行为人的过失的竞合两种情况。① 日本学者西原春夫以及我国台湾地区学者廖正豪教授认为，过失竞合可以区分为对向的竞合与并行的竞合两种，其中对向的竞合是指加害者与被害者之间的过失的竞合，而并行的竞合是指共同加害者之间的过失的竞合。② 显然，西原教授以及廖正豪教授所指过失竞合排除了单独行为人的竞合过失而仅包含复数行为人的过失的竞合。大塚仁教授在论及过失的竞合时，也着重指复数行为人的过失的竞合。③ 而近年来对于过失竞合论述较多的学者如张亚平、袁登明、吴情树

---

① 参见马克昌：《比较刑法原理》，武汉大学出版社 2002 年版，第 244 ~245 页；陈子平：《刑法总论》，中国人民大学出版社 2009 年版，第 156 ~157 页。

② 参见廖正豪：《过失犯论》，台北，三民书局 1993 年版，第 233 页。

③ 参见［日］大塚仁：《刑法概说（总论）》（第 3 版），冯军译，中国人民大学出版社 2003 年版，第 210 ~211 页。

等，则是在将过失竞合与阶段性过失以及共同过失作严格区分的意义上适用的，将过失竞合特定为排除了阶段性过失和共同过失之外的、由复数但又没有共同注意义务的行为人的过失之间的竞合。[①]

为了便于下文的论述，有必要在评述上述学者关于竞合过失不同见解的基础上，对竞合过失的内涵进行界定。

从内容上来看，马克昌先生与陈子平教授关于过失竞合中的单一行为人的过失竞合，所论述的是阶段性地并存着多个具有侵害法益的危险行为而导致结果发生的情形，以及对于此情形所存在的“过失并存说”与“过失阶段说”对立学说的评述。日本学者中野次雄、北川佳世子将这种所谓单独的行为人的过失的竞合称之为“阶段性过失”，特指到发生结果为止，同一个人的不注意行为存在两个以上阶段的场合。[②] 从与过失共同犯罪相关联的意义上讲，单独行为人过失的竞合所探讨的重点在于过失实行行为的认定以及过失中因果关系的考察，而过失共同犯罪所考虑的重点则是刑事责任的分配与承担，二者的关联性不强。因此，虽然从字面上来看，过失竞合是“过失”的竞合而非“过失人”的竞合，但从有助于理论的分析而言，笔者赞同将单独行为人的过失的竞合称为“阶段性过失”并排除于过失竞合概念的范围之外。

就复数行为人的过失的竞合所包含的内容而言，上述学者的共同点在于均将直接过失与管理、监督过失的竞合包含在内，而不同之处在于，大塚仁、马克昌、陈子平教授等均认为在竞合过失的概念中包含共同过失，即如果对等的加害人之间存在共同的注意义务时，此种过失的竞合就构成

---

① 参见张亚平：《竞合过失下刑事责任的分配》，载《中国刑事法杂志》2006 年第 4 期；袁登明、吴情树：《论竞合过失与共同过失》，载《云南大学学报法学版》2003 年第 3 期；吴情树、颜良伟：《竞合过失理论的再提倡》，载《中国刑事法杂志》2007 年第 2 期。

② 参见［日］北川佳世子：《交通事故和过失犯》，载高铭暄、赵秉志主编：《过失犯罪的基础理论》，法律出版社 2002 年版，第 73 页。

共同过失。另外，三位教授在过失竞合的概念中均没有提到加害人与被害人之间过失竞合这一所谓的“对向的竞合”情形。相反，学者张亚平、袁登明、吴情树等受廖正豪教授学说的影响，均承认加害人与被害人之间的过失竞合，但同时又明确地把过失竞合定性为不具有共同注意义务的复数行为人之间的过失的相互作用现象，这样就在过失竞合概念中明确排除了共同过失。

如何评述这些不同的见解，笔者认为关键是要明确引入过失竞合概念的目的。对复数行为人之间过失竞合的分析，目的在于在各行为人之间寻求合适的分配刑事责任的原则，其重点在于通过是否构成共同犯罪的分析来确定是否适用“部分行为全部责任”，而在加害人与被害人之间，虽然说都存在有过失，严格来说，被害人所谓的过失并非刑法上的过失，只能说是一种过错，由于被害人并不因过错承担刑事责任，不可能构成犯罪，因而被害人的所谓过失虽然会影响到加害人刑事责任的大小，但并不存在与加害人之间分配刑事责任的问题，而只是影响到是否根据信赖原则确定加害人的刑事责任，因此笔者认为没有必要把该种情形作为竞合过失的一种。至于是否应该将共同过失包含在竞合过失之内，虽然不妨像大塚仁、马克昌、陈子平教授那样将过失竞合作为一个广义的概念将共同过失包含在内，这似乎更符合“竞合”本身的含义，但若要与过失共同犯罪相比较之时，还必须要将过失共同犯罪从中抽出而形成所谓狭义的竞合过失，这样似乎并无实际的意义，因此笔者赞同张亚平、袁登明等学者的观点，在竞合过失的概念中直接排除共同过失。

基于上述分析，笔者所界定的竞合过失比上述学者界定的范围都要小，应当表述为：竞合过失是指不具有共同注意义务的复数加害人，因违反各自注意义务的过失行为共同作用，而产生同一危害结果的复数过失形式。而在此概念之上，可以将竞合过失、共同过失、阶段性过失以及加害人与被害人之间所谓的“对向性竞合过失”统称为复数过失或者复合过失。

二、竞合过失的种类

通过上述的界定，笔者所言的竞合过失仅仅指学者廖正豪对竞合过失分类中的并行的竞合过失。该学者又根据复数过失发生的时间关系将并行的竞合过失区分为“时点不同数人之过失的纵的竞合与时点相同数人之过失的横的竞合”，前者是指数人的过失行为于不同的时间先后作用于同一行为对象，共同造成危害结果的情形，后者则指数人的过失行为在同一时间发生，相互作用于同一行为对象，共同造成危害结果的情形。[①] 笔者认为，上述所谓的横的竞合过失实质上就是指过失的同时犯，而纵的竞合过失则包括了先后发生的接续性过失竞合与监督过失的情形。

1. 过失的同时犯

所谓过失的同时犯，是指数个不具备共同注意义务的行为人，在同一时间内各自违反自己的注意义务而实施的数个过失行为共同作用，造成危害社会结果的情形。例如，在比较狭窄的道路上，两辆相向而行的卡车由于错车不到位相撞，恰好将一个横穿道路的行人挤在两车中间撞死。两辆车的司机虽然均有谨慎行驶的注意义务，但二者之间并没有共同的注意义务，因而上述事例中如果排除了信赖原则的适用，则对于行人的死亡来说，两个司机属于过失的同时犯。当然，学者们对于过失的同时犯或者说横的过失的竞合并没有在非常严格的意义上适用，换句话说，对于存在的数个过失行为，并不要求像上例中那样在时间点上绝对的同时，而是只要在近乎同一时间内发生即可。

在过失的同时犯中，结合数过失行为对于危害结果的原因力，又可以分为两类：第一种是指两个以上的过失行为分别都能够导致结果的发生，

---

① 参见廖正豪：《过失犯论》，台北，三民书局1993年版，第233页。

而竞合在一起共同作用导致了结果的发生，即择一的竞合或者二重的因果关系的竞合，[①] 也有学者称为累积因果关系的竞合过失。[②] 例如，甲、乙两化工厂的排污量单独均可以导致某一池塘内鱼苗大量死亡的严重后果，两化工厂同时向该池塘排污致结果发生的情形。第二种是指两个以上的过失行为，单独均不能导致结果的发生，但在客观上数行为互相结合导致危害结果发生的情形。该种情形从因果关系上讲即为重叠的因果关系或者共同作用的因果关系，[③] 也被学者称为结合因果关系的竞合过失。例如，上述化工厂排污的案例中，若甲、乙两厂单独排污均不会造成鱼苗死亡的结果发生，但两厂在同一时间内排污，结果共同排污量过大致使危害结果出现，即为该种情形之竞合过失。从责任承担上来讲，这两种情形的竞合过失是应该有区别的。笔者认为，在累积的因果关系的场合，由于各自均能造成危害结果的发生，因而从行为对于结果的原因力上分析，其比重叠的因果关系中行为对于结果的原因力更强，因而各行为人承担刑事责任应当比重叠的因果关系的场合下行为人应承担的责任更重。

2. 接续性竞合过失

所谓接续性竞合过失，是指数个没有共同注意义务的行为人，在不同的时间段内先后实施过失行为并共同作用造成一个危害结果发生的情形。因为监督过失中监督人和被监督人的注意义务具有特殊性，严格来讲，监督人的监督过失与直接行为人的直接过失并不见得存在时间上的明确先后性，因而笔者这里的接续性竞合过失并不包含监督过失，而是特指并不存在监督与被监督的职权与职责关系的数行为人之间的接续性竞合过失。

---

① 参见张明楷：《外国刑法纲要》，清华大学出版社 2007 年版，第 121 页。

② 参见 Markesinis，S. F. Deakin，Tort Law，4th ed.，Carendon Press，1999，p. 186. 转引自吴情树、颜良伟：《竞合过失理论的再提倡》，载《中国刑事法杂志》2007 年第 2 期。

③ 参见马克昌主编：《犯罪通论》，武汉大学出版社 1999 年版，第 225 页；张明楷：《外国刑法纲要》，清华大学出版社 1999 年版，第 122 页。

接续性竞合过失可以分为日常生活中的普通先后竞合过失和具有分业的业务中的环节性竞合过失。普通的接续性竞合过失如某甲用止咳糖浆瓶子盛放农药，既未将瓶子上的商标和说明揭去，又未在瓶子上注明是农药，并且又放在家中桌子的上面位置。碰巧关系要好的邻居家的幼儿患感冒咳嗽，甲的妻子就拿“止咳糖浆”给患病的幼儿服用，结果导致幼儿死亡。[①] 业务上的环节性竞合过失存在于有组织性和明确业务分担的危险性行业。例如，在正规的综合医疗机构中，医生和护士各司其职，一方面，二者因其职位、职责的不同而在具体的病例诊治中具有各自不同的注意义务；另一方面，二者之间通常并不具有上下的监督义务，因而，当主治医师做完手术开完药方后，并不需要对护士如何输液、如何护理负担监督义务。例如，某主治医师在开药方时疏忽大意加大了药物的剂量，护士将药物取出后加入生理盐水中给病人输液，为了减少输液时间，护士又特意加快了滴速，结果由于患者心脏严重受压抢救无效而死亡。[②] 在此，医生与护士并不构成共同过失犯罪，而是过失犯罪的竞合。

关于监督过失与被监督者的直接过失之间究竟是构成竞合过失还是共同过失，学者们存在不同的主张，笔者认为二者属于竞合过失而非共同过失。由于监督过失在诸多方面有其特殊性，下文将专门予以论述。

三、传统共同过失犯罪的缺陷——兼与竞合过失犯罪比较

我国刑法学界对于共同过失犯罪的研究起步相对较晚，从笔者现有的资料看，最早从正面支持成立共同过失犯罪的学术论作有李海东博士 1987

---

① 此案例是侯国云教授对共同过失犯罪进行分类时所举的例子。参见侯国云：《刑法总论探索》，中国人民公安大学出版社 2004 年版，第 377 页。

② 该案例是孙国祥教授在论述共同过失犯罪中过失行为与危害结果因果关系时所举的例子。简称“医生护士共同致病人心脏受压死亡案”，参见孙国祥：《论共同过失犯罪》，载《社会科学研究》1993 年第 4 期。

年发表在《现代法学》上的《共同过失行为的分类及其刑事责任》，学者陈才天 1991 年发表在《法学》杂志上的《共同过失犯罪探讨》，侯国云教授在 1992 年出版的《过失犯罪论》，孙国祥教授 1993 年在《社会科学研究》上发表的《论共同过失犯罪》以及李昌林教授 1994 年发表在《现代法学》上的《论共同过失犯罪》。同时期虽然对共同过失犯罪持反对观点，但较详细论及共同过失犯罪的论作有陈兴良教授 1992 年出版的《共同犯罪论》、姜伟博士 1992 年出版的《犯罪故意与犯罪过失》、学者熊万林 1993 年发表在《河北法学》上的《共同过失犯罪浅析》、胡鹰教授 1995 年出版的《过失犯罪研究》、何秉松教授 1995 年出版的《犯罪构成系统论》。这一阶段的学者，无论是持支持还是反对观点，对于共同过失犯罪的内涵都只是强调复数的过失行为的共同作用产生同一危害结果。在此之后，以冯军教授、林亚刚教授以及学者刘永贵为代表，开始从共同注意义务的角度限制过失共同犯罪，并以共同注意义务的违反为基础支持共同过失犯罪的成立，该种观点得到大多数支持成立过失共同犯罪的学者的认同，此后关于过失共同犯罪的论文数量相对增多，虽然不同学者对于共同过失犯罪的成立范围以及具体认定标准上还远没有取得一致的意见，但基本上都以数行为人具有共同注意义务来限定过失共同犯罪。这可以称为过失共同犯罪发展的第二阶段。因而此处所称“传统的过失共同犯罪”，基本上是指 1995 年以前对于过失共同犯罪的研究阶段，侯国云教授、孙国祥教授以及姜伟博士在 2005 年、2007 年、2008 年各自所新出版的个人著作中，对于过失共同犯罪的观点并没有改变，仍然坚持自己 1995 年以前的观点，所以仍然属于笔者所称“传统的过失共同犯罪”。

为了明确传统过失共同犯罪的界定及其与竞合过失的关系，我们还是首先回顾学者们对于过失共同犯罪所下的具有代表性的定义：

（1）共同过失，是指两人或者两人以上的过失行为在客观上共同地导致了某一危害后果的发生。[①]

（2）共同过失犯罪，是指二人或者二人以上的过失行为在客观上互相作用，共同导致某一危害结果发生的情况。[②]

（3）所谓共同过失犯罪，是指二人或二人以上的过失行为共同造成一个或数个危害结果所构成的犯罪。[③]

上述三个对共同过失犯罪的定义可谓如出一辙，其共同点是都只强调客观方面的共同，所描述的只是复数行为在客观上的互相作用以及在此互相作用下所产生的客观危害结果。对于行为人的主观方面，只是强调各个行为人都存在过失，而并不强调数行为人各自主观过失之间的相互作用及影响，对于共同的注意义务——各行为人不仅需要自己履行注意义务而且负有提醒、警戒其他共同行为人谨慎履行其注意义务——以及共同注意义务的形成方式并不涉及。换一句话讲，只要行为人主观上都是过失，这种过失是否具有共同性并不影响共同过失犯罪的成立。由此可以看出，传统的共同过失犯罪所涵盖的范围很大，包含着本书中所界定的竞合过失犯罪与共同过失犯罪。

其次，从对共同过失的分类上来看。李海东博士将共同过失行为的形态区分为同向共同过失和对向共同过失，前者是指危害结果由数个被告人的过失行为共同造成，后者是指危害结果由被告和被害人双方的共同过失造成。[④] 侯国云教授更是直接称为同向共同过失犯罪和对向共同过失犯罪，前者是指危害结果完全是由数个被告人的过失行为造成而构成的共同过失犯罪，后者是指危害结果由被告人和被害人双方的过失行为共同造成而构

① 参见李海东：《共同过失行为的分类及其刑事责任》，载《现代法学》1987 年第 4 期。

② 参见孙国祥：《论共同过失犯罪》，载《社会科学研究》1993 年第 4 期。

③ 参见侯国云：《过失犯罪论》，人民出版社 1996 年版，第 194 页。

④ 参见李海东：《共同过失行为的分类及其刑事责任》，载《现代法学》1987 年第 4 期。转引自胡鹰：《过失犯罪研究》，中国政法大学出版社 1995 年版，第 170～171 页。

成的共同过失犯罪。[①] 显然，这种分类沿袭了上文中刑法学者廖正豪对竞合过失的分类，按此分类，共同过失犯罪的范围已经超出了本书所界定竞合过失犯罪与共同过失犯罪两种情形。

最后，从对共同过失犯罪所举的案例来看：

（1）两建筑工人在拆除脚手架时，疏于观察，共同将一根钢管扔下，结果砸死一无辜行人。两人构成共同过失犯罪。

（2）行人甲将一包工业用盐违规放置在厨房附近，厨师乙没有仔细辨别，将其当作食盐使用，造成重大食物中毒事故发生。甲、乙构成共同过失犯罪。[②]

（3）大兴安岭特大森林火灾事故中，领导人员与林场工人和外流人员分别以玩忽职守罪、重大责任事故罪和失火罪确定罪名，构成混合型的共同过失犯罪。[③]

（4）上文中提到的医生护士共同致病人心脏受压死亡案、止咳糖浆案等。

很明显，上述第一个案例中，两工人具有共同的注意义务，构成共同过失犯罪。第二个案例以及医生护士共同致病人心脏受压死亡案、止咳糖浆案则都属于竞合过失中的接续性竞合过失，至于第三个案例则明显包含了监督过失在内。

从上述的分析中可以得出以下结论：传统的共同过失犯罪概念，不仅涵盖了笔者所认定的过失共同犯罪与竞合过失犯罪，而且尚包含了致害人与被害人双方均具有过失而导致发生危害结果的情形，而该种情形中被害人往往并不构成犯罪，也就无所谓共同犯罪的发生。由于只重视行为客观

---

① 参见侯国云：《刑法总论探索》，中国人民公安大学出版社 2004 年版，第 377 页。

② （1）（2）两个案例均来自孙国祥：《刑法基本问题》，法律出版社 2007 年版，第 180 页。

③ 参见侯国云：《刑法总论探索》，中国人民公安大学出版社 2004 年版，第 378 页。

方面的互相作用而忽视行为人的主观联系以及共同注意义务，因而使过失共同犯罪的反对者常以缺乏主观方面的共同性来否定成立共同过失犯罪，而实际上否定者所反对的仅仅是竞合的过失而已。肯定过失共同犯罪的学者也认识到该点，从而尝试从概念上进行区分，冯军教授援用了过失共同犯罪与共同过失犯罪两个概念来界定，过失共同犯罪特指负有防止危害结果发生的共同注意义务的数行为人，由于共同的不注意而导致危害结果发生的情形，属于共同犯罪的一种形态，而共同过失犯罪则指二个以上行为人的过失行为共同造成了一个危害结果，但在各行为人之间不存在共同注意义务以及违反共同注意义务的共同心情，因而不属于共同犯罪。① 学者刘永贵也认可将过失共同犯罪与共同过失犯罪两个概念相区分，但认为应将通说的共同过失犯罪认定为一种混合型的过失犯罪，即包含过失犯罪竞合和过失共同犯罪的混合犯罪形态。② 应该说，学者刘永贵的观点反映的是一种事实，即传统的共同过失犯罪确实包含着过失犯罪竞合和过失共同犯罪。但如笔者在引言中所述，赋予共同过失犯罪和过失共同犯罪不同的含义给人以玩弄文字的感觉，也更容易混淆二者的界限。鉴于此，笔者赞同分解传统的共同过失犯罪，引入竞合过失犯罪概念，使分解后的共同过失概念与竞合过失成为不相容的关系而严格区分，同时在同一意义上使用过失共同犯罪与共同过失犯罪两个概念。

回顾笔者前文对共同过失以及竞合过失内涵的限定，过失共同犯罪是指二人或二人以上，基于共同的注意义务，由于共同的不注意而共同实施或促成过失行为，造成严重的危害结果，需要适用刑罚处罚的行为。过失犯罪的竞合是指不具有共同注意义务的复数加害人，因违反各自单独注意

---

① 参见冯军：《论共同过失犯罪》，载胡驰等主编：《刑法问题与争鸣》（总第 3 辑），中国方正出版社 1999 年版，第 332 ~334 页。

② 参见刘永贵：《过失共同正犯研究》，载胡驰等主编：《刑法问题与争鸣》（总第 3 辑），中国方正出版社 1999 年版，第 370 页。

义务的过失行为共同作用产生同一危害结果，分别构成过失犯罪的情形。具体而言，过失共同犯罪与竞合过失犯罪之间存在以下主要区别：

第一，对注意义务的要求不同。竞合过失不要求各行为人之间具备共同的注意义务，各行为人虽然均有预见和防止危害结果发生的注意义务，但这些注意义务并不具有共同性和依附性，或者注意义务的内容并不相同。在对注意义务的履行上不具有双向性或从属性。[①] 而共同过失犯罪中各行为人之间基于法律、法规、规章、职务上等的明示规定或者行为人间的意思联络等而存在共同的注意义务，在共同注意义务的履行上具有双向性或者依附性，即不但需要预见和避免自己的行为造成危害结果的发生，尚须提醒、警戒其他共同行为人预见和避免危害结果的发生。

第二，主观方面不同。由于竞合过失犯罪行为人之间并不具有共同的注意义务，因而虽然行为人主观方面都存在过失，但这种过失于每个人而言是单独存在的，彼此之间并不存在共同性。换句话说，竞合过失犯罪虽然客观行为相互作用，但存在于各行为人主观上的过失心理相互之间并不存在相互的影响和促进作用。而在共同过失犯罪中，行为人之间存在相互依赖的过失心理，各行为人的过失心理相互影响，相互促进增强对方的不注意，即存在共同的过失。

第三，承担刑事责任的原则不同。竞合过失不是共同犯罪，各行为人的注意义务内容并不相同，主观上缺乏共同的过失心理，虽然各行为的作用互相结合，在共同作用下产生了危害结果，但行为之间并没有有机的联系，因而根据各行为人的身份、注意义务内容等的不同，可能构成不同的

---

① 这里的“双向性”，即基于共同的注意义务前提，每个行为人都不仅具有自己预见、回避危害结果出现的义务，而且具有警示、提醒其他共同行为人履行预见及回避危害结果出现的注意义务。“从属性”则指在狭义的过失共犯的场合，教唆犯应具有提醒、警示实行犯认真履行其注意义务的义务，实行犯并不具有提醒、警示教唆犯直接履行预见及回避危害结果的义务，而且对于最终结果的回避而言，教唆犯的提醒、警示等义务从属于实行犯对危害结果的直接回避义务。

罪名，采取分别处罚的原则，各行为人只对自己的行为造成的危害结果承担刑事责任。而在共同过失犯罪的场合，则应当适用“部分行为全部责任”原则，通常成立同一个罪名，在构罪的层面，各行为人都要对全部的危害结果承担刑事责任。

这里还涉及对于过失同时犯与过失的共同正犯两种犯罪情形，如果具体的因果关系均无法查明时，承担刑事责任的原则。在过失同时犯的场合，例如前文提到的，甲、乙两猎人互相并不知道对方的存在，由于误认同时开枪而致使一采野菇的老妇中弹而亡。事后查明死亡原因为一处要害部位中弹，但由于二人所用猎枪及子弹为同一型号，虽然两名猎人的具体方位不同，但仍无法查明是谁的子弹击中。这是个认识错误与因果关系相结合的复杂问题，对于该种情况，有学者，如林东茂教授认为，人们必须接受人的知识能力固有的极限，同时也不能以为发生了死亡、伤害事件时，就一定要有人站出来接受严厉的刑法制裁，从“罪疑惟轻”的角度出发，主张二人均不构成犯罪。[①] 但从被害人的角度考虑，明明知道危害结果就是由这两个人造成的，只是因为无法确定究竟是两个人中的哪一个，两个人就都不构成犯罪，这种处理方法未必就合理，也有违正常人的法的感情，从法的角度出发考虑，这种场景下所谓的“罪疑惟轻”，似乎也丝毫体现不出法所追求的正义。对此，笔者认为可以参考日本刑法中对于同时伤害的相关特殊处理规定。《日本刑法典》第 207 条规定：二人以上实施暴行致伤害他人的，在不能辨别各人的暴行所造成伤害的轻重，或者不能辨认究竟系何人造成了伤害时，即使不是共同实行的，也依照共犯的规定处断。[②] 虽然该条规定是针对故意犯罪的，但完全可以借鉴到过失犯罪

① 参见中国人民大学刑事法律科学研究中心编：《明德刑法学名家讲演录》，北京大学出版社 2009 年版，第 300 ~301 页。

② 参见［日］西田典之：《日本刑法各论》，刘明祥、王昭武译，武汉大学出版社 2005 年版，第 34 页。

中适用。因而在上述过失同时犯中，当无法证明最终的危害结果是由哪个行为人的过失行为造成时，可以推定二人的行为共同造成了危害结果的发生，因而均构成犯罪。当然，既然是推定，就允许行为人提出反证，如果能提出反证证明危害结果确实不是自己的行为造成的，则该行为人不构成过失犯罪。因而从某种意义上讲，这也是刑法领域中的举证责任倒置。但对于共同过失正犯的情形，如上例中，若二人发现猎物后，为了便于一举射杀猎物，二人商议后按计划分别从不同的方位同时射击，结果也查明只有一颗子弹致农妇死亡，此时即便同样无法查明究竟是谁的子弹打中的，也不需要推定，而是直接认定二人都构成过失犯罪。即便其中有行为人确实证明了死亡结果不是自己造成，也并不影响到罪的成立，充其量影响到刑的轻重。

第三节　监督过失与共同过失

一、监督过失概述

监督过失有广义的监督过失与狭义的监督过失之分。广义的监督过失包含了管理过失与狭义的监督过失。其中管理过失通常是指由于管理者的物质配备、人事制度、机构等的不完善本身与危害结果的发生有着直接联系的直接过失。狭义的监督过失，是指处于监督引起直接结果的直接行为人的立场的人，怠于防止直接行为人的过失行为的过失。通常在管理过失的场合，在命令从业人员完善物资设备、人事制度、机构设置、设备的调配等的时候，也同时存在对相关从业人员进行监督的问题，因而现实中责任事故的发生往往监督过失与管理过失并存，经常交叉在一起，因而将二者合并考察有其合理性。但毕竟从性质上来讲，管理过失针对的是物，是处于管理地位的责任人对结果的发生所具有的直接过失，在管理者之外并不涉及其他直接行为人的过失，因而并不发生竞合或者共同过失的情形。而狭义的监督过失针对的对象是人，在危害结果的发生上存在监督者的监督过失与被监督者的直接行为过失，这两个环节的过失共同作用导致了危害结果的发生，因而需要从性质来界定二者是竞合的关系还是共同过失。因此，将管理过失与狭义的监督过失相区分，从刑法理论研究上讲还是有意义的，下文所探讨的也限于狭义的监督过失。

二、监督过失与共同过失的关系

关于监督者的监督过失与被监督者的直接行为过失之间的关系，存在不同的见解。日本学者佐久间修认为，“离发生侵害结果较近的人相当于直接正犯，而背后的监督者仅仅只是对现场行为人的过失行为起到助长、促进的作用。这里，应当认为主张成立过失的从属共犯也是有相当的理由的”。① 虽然在具体形态上的认识不同，但我国也有学者认为二者成立共同犯罪，如舒洪水教授认为在不同层次义务主体，如决策人员与指挥人员之间、指挥人员与实行者之间均存在共同的注意义务，因而也就承认构成共同过失犯罪。② 学者陈伟更是直接认为监督过失的核心就是共同注意义务的违反，通过共同注意义务的违反表明过失行为人之间的意思联络，从而使得监督者与被监督者具有共同非难的必要，并构成共同犯罪。③ 但如前文提到的，笔者否认监督过失的情形构成共同过失犯罪，而赞同成立竞合的过失犯罪。具体从以下方面分析：

首先，监督者与被监督者不存在共同的注意义务。监督过失通常适用

① ［日］佐久间修：《共同过失与共犯》，载马克昌、莫洪宪主编：《中日共同犯罪比较研究》，武汉大学出版社2003年版，第63页。

② 参见舒洪水：《过失共同犯罪的概念及特征》，载《法律科学》2005年第4期。

③ 参见陈伟：《监督过失理论及其对过失主体的限定》，载《中国刑事法杂志》2007年第5期。

于企业内部关系、公害犯罪、火灾事故等的处理中，从监督过失与事故结果发生的关系可知，在监督过失的场合，因果关系存在两个环节，一是监督者的过失与直接行为人过失行为之间的因果关系，二是直接行为人的过失行为与危害结果之间的因果关系。这两个环节在形式上表现为“监督者的过失行为——被监督者的过失行为——危害结果的发生”这一因果链条。由于因果关系具有相对性，作为上述链条中间项的“被监督者的过失行为”是“危害结果”发生的因，但同时它又是作为“监督者的过失行为”的果而存在的。因而，在这两个环节中，注意的对象并不相同。监督者注意的对象是被监督者的过失行为，而被监督者注意的对象则是危害结果。由于注意对象的不同，注意义务的内容自然不同。过失注意义务的内容包括结果预见义务和结果回避义务，监督过失同样是过失的一种，因而从逻辑上讲，监督过失的注意义务同样也是由结果预见义务与结果回避义务构成，但基于上述因果关系的环节考虑，监督者注意义务中所预见以及回避的“结果”并非直接行为人所造成的实际危害结果，而是指直接行为人的“过失行为”这一结果。如果将监督者与被监督者预见和回避义务内容中的结果都限定为直接行为人所造成的结果，则明显无视因果关系的相对性。因此，由于监督过失场合中监督者与被监督者具有不同的主体身份，所处的职位或者职责的不同，二者的注意义务内容自然不同。从形式上讲，监督过失是指应当预见到处于被监督地位的人可能实施过失的行为而没有预见，或者对此已经预见但又轻信能够避免，以至于最终没有避免被监督者的过失行为。而直接行为人的过失则表现为应当预见到自己的行为可能引起危害结果的发生，因为疏忽大意而没有预见，或者虽然预见而又轻信能够避免，最终发生危害结果的情形。从注意义务的实质内容上讲，监督者注意义务的内容包含制定不同层级及工种的规章制度、组织相关风险评估、制定相应的安全及质量操作规范、督促直接操作者按照操作规范执行、对人员进行岗前以及定期培训、定期进行安全教育、对于发现的危险因素进行及时的排除等等，职责内所规定的所有事情都可以成为监督者的义务内容。而处于被监督地位的直接行为人的过失则是一般的业务过失，即没有按照所受教育及监督者的指示，而是违反相关规范具体执行相关业务，最终造成危害结果的发生。正是由于监督者的监督过失与被监督者的直接过失具有完全不同的注意义务内容，因而，虽然对于最终的危害结果的发生都有一定的作用力，但二者仍是相对独立的过失。这种相对独立性表现在，一方面，即便监督者完全履行了监督职责，也未必能绝对杜绝被监督者的过失行为；另一方面，即便监督者确实怠于履行监督义务，被监督者的过失行为也未必出现。因此，当发生危害结果时，监督过失与直接行为人的直接过失，只能是竞合的过失，而不是共同过失。

其次，对于监督过失的处罚原则也与共同过失不同。监督过失只是对于一类犯罪现象形态的称呼，并不是说存在监督过失这一特别的犯罪类型。我国刑法虽没有监督过失的明文规定，但分则中确实存在属于监督过失犯罪的规定。从法律的实际规定来看，对于监督者与被监督者可能适用相同的罪名，也可能适用不同的罪名。前一种情况如 2007 年 2 月 28 日最高人民法院、最高人民检察院《关于办理危害矿山生产安全刑事案件具体应用法律若干问题的解释》第 1 条针对《刑法》第 134 条第 1 款“重大责任事故罪”主体的规定，明确了重大责任事故罪主体包括对矿山生产、作业负有组织、指挥或者管理职责的负责人、管理人员、实际控制人、投资人等人员，以及直接从事矿山生产、作业的人员。显然这里的犯罪主体包含了直接行为者和监督者两类，而且适用的是同一罪名。另外如《刑法》第 135 条“重大劳动安全事故罪”以及第 135 条之一的“大型群众性活动重大安全事故罪”，其犯罪主体都明文规定为“直接负责的主管人员和其他直接责任人员”，显然这里的“直接负责的主管人员”属于监督者，而“其他责任人员”则是直接行为者，二者适用的也是同一罪名。但对此有学者也提出异议，认为这里的“直接负责的主管人员”也可能包括国家机关工作人员，如当地的安全生产监督管理局等政府官员。对于此类国家机关工作人员，在《刑法修正案（六）》对该罪修订之前，一般是按照玩忽职守罪定罪，但在《刑法修正案（六）》之后，这些国家机关工作人员则可能与不具有国家机关工作人员的直接行为者一起构成重大劳动安全事故罪或者大型群众性活动重大安全事故罪。而实际上，由于具有国家机关工作人员身份的“直接负责的主管人员”所履行的只是监督的注意义务，因而当这些人员不履行注意义务而与直接责任人员的过失共同作用造成危害结果发生时，这些人员是构成重大劳动安全事故罪或者大型群众性活动重大安全事故罪与玩忽职守罪的想象竞合，理应择一重处罚。① 笔者同意上述的分析。适用不同罪名的情况如《刑法》第408条规定的“环境监管失职罪”，该条规定：“负有环境保护监督管理职责的国家机关工作人员严重不负责任，导致重大环境污染事故，致使公司财产遭受重大损失或者造成人身伤亡的严重后果的，处三年以下有期徒刑或者拘役。”关于该罪侵害的客体，通说认为是国家环境监督的正常活动，涉及的主体为负有环境保护监督管理职责的国家机关工作人员，既包括国务院环境保护行政主管部门以及县级以上地方人民政府环境保护行政主管部门中从事环境保护工作的人员，也包括在国家海洋行政主管部门以及港务监督、渔政渔港监督、军队环境保护部门和各级公安、交通、铁道、民航管理部门中依照有关规定对环境污染防治实施监督管理的工作人员。而失职的具体表现则为应当对管辖范围内的排污单位进行现场检查而不检查、对建设项目任务书中的环境影响报告不认真审查、对防治污染的设施不进行审查验收就批准投入生产或使用、发现污染隐患不及时采取措施防止污染事故的发生、对造成环境严重污染的单位应当提出限期治理意见而没有提出、在环境受到污染时该报告不报告或者不及时报告、对有关单位排放污染物的申报不认真审

---

① 参见吴情树、颜良伟：《竞合理论的再提倡》，载《中国刑事法杂志》2007年第2期。

查、对限期治理单位的治理情况不认真验收等。[①] 由此可知，该罪的主体并非造成重大环境污染事故的直接行为人，而只是对直接造成重大环境污染的单位或者个人负有监督管理义务的国家机关工作人员。因此，可以说，环境监管失职罪是针对监督过失所规定的罪名，本身并不包含对直接行为人的处罚。而作为被监督人，即因为违反国家规定而直接向土地、水体、大气排放、倾倒或者处置有放射性的废物、含传染病病原体的废物、有毒物质或者其他危险废物而造成重大环境污染事故的直接行为人，或者违反国家规定，将境外的固体废物进境倾倒、堆放、处置，造成重大环境污染事故的直接行为人，以及未经国务院有关主管部门许可，擅自进口固体废物用作原料而造成重大环境污染事故的直接行为人，则构成《刑法》第338条的"重大环境污染事故罪"、第339条第1款的"非法处置进口的固体废物罪"以及第2款的"擅自进口固体废物罪"等罪名。刑法中类似于此的规定还有第409条"传染病防治失职罪"。根据2006年7月26日最高人民检察院《关于渎职侵权犯罪案件立案标准的规定》，传染病防治失职罪是指从事传染病防治的政府卫生行政部门的工作人员严重不负责任，不履行或者不认真履行传染病防治监管职责，导致传染病传播或者流行，情节严重的行为。由此可见，传染病防治失职罪主要是针对监督过失的罪名，而直接的行为人则可能构成的是《刑法》第330条"妨害传染病防治罪"、第331条"传染病菌种和毒种扩散罪"、第332条"妨害国境卫生检疫罪"等。但对于过失共同犯罪而言，无论是共同的实行还是过失教唆与帮助，笔者认为都构成同一的罪名。综合以上分析，监督过失与直接行为人的过失只能属于竞合的过失，而不是共同过失。

当把监督过失定性为竞合过失时，有必要区分监督过失与过失教唆的

---

① 参见王作富主编：《刑法分则实务研究》（下）（第3版），中国方正出版社2007年版，第1965～1967页。

区别：

首先，从适用的范围看，监督过失仅适用于与业务相关的领域，而过失的教唆则既可以存在于业务过失领域，也可为存在于一般的日常过失中。

其次，注意义务存在的根据与时间不同。正是由于监督过失仅适用于与业务相关的领域，监督者的注意义务源于法律、法规、业务规则等的明示性规定，而且无论是在监督者怠于履行监督义务之前、之中或者之后，这种注意义务始终存在。但在过失教唆中，当教唆者与被教唆者本身不存在法律或者业务上的共同注意义务时，教唆者只有在自己实施教唆行为之后才恰恰因教唆行为而从属于实行者而具有共同的注意义务。

再次，从行为方式与对于直接行为人的行为态度上区分。由于既考虑到教唆的原意，又考虑到刑罚适用的妥当性，笔者对过失教唆犯限定的范围非常小，仅仅指故意唆使他人行使违反规定或者高度危险的行为，同时教唆者与被教唆者均对危害结果的发生持过失态度的情形。因此，成立过失教唆犯，教唆者对于直接行为人实施的过失行为只能持故意的态度，而且往往是希望通过自己的教唆行为而使他人行使该行为。也正因如此，过失教唆中教唆者的行为方式只能是作为，而不存在不作为的教唆。就监督过失的行为方式来看，虽然有学者认为既可以是作为，也可以是不作为，并认为当监督者不履行自己的义务时是不作为，而当没有正确行使其指挥权、命令权时则是作为，[①] 但不作为是针对行为人负有特定的作为义务能履行而不履行而言的，这里的“不履行”不是什么也不做，而是针对其特定义务而言的，“不能绝对以积极与消极、动与静来区分作为与不作为。作为与不作为的区别，关键在于是否与负有特定法律义务相联系”。[②] 因为监督者本身负有监督被监督者正确行为的义务，但由于其违背规范和职

① 参见刘丁炳：《监督管理过失理论研究》，载《求索》2008 年第 2 期。

② 高铭暄、马克昌主编：《刑法学》（第 3 版），北京大学出版社、高等教育出版社 2007 年版，第 76 页。

责，懈怠于履行自己的义务，通常表现为不负责任、不履行或者不正确履行自己的职责和义务，因而其行为方式表现为不作为。日本多数学者都认为监督管理过失行为是不作为，将管理、监督过失作为不作为犯来把握的观点在日本处于支配性地位，前田雅英、林干人、井田良、大塚裕史、西田典之、木村光江等均持此观点。[①] 学者廖正豪也认为监督过失意指违反防止直接行为者发生法益侵害结果所应为之指导、教育、监督等义务之不作为过失。[②]

最后，从注意义务的内容上看，监督过失中监督者预见及回避义务的对象是被监督者的过失行为，而对于被监督者直接行为所造成的危害结果则并不需要有具体的预见，这也是多数学者认为监督过失源自新新过失论，即对于最终的危害结果的发生只需要有抽象的畏惧感或者不安感即可的原因。[③] 但是，如果监督者直接教唆被监督者实施违反规定或操作规程的行为，即监督者明知自己的行为会引起被监督者的过失行为，但由于某些特定的目的仍然希望被监督者实施该行为，尽管监督者轻信被监督者的行为并不会引起危害结果，但此时监督者对于危害结果的发生已经不可能只是抽象的不安或者恐惧感，即此时监督者所预见的对象已经超出被监督

① 参见［日］西田典之：《日本刑法总论》，刘明祥、王昭武译，中国人民大学出版社2007年版，第225页。

② 参见廖正豪：《监督过失责任之研究》，载《现代刑事法与刑事责任——蔡教授墩铭先生六秩晋五寿诞祝寿论文集》1997年版。

③ 有学者认为，监督过失直接来源于“畏惧感”说，正是通过畏惧感才加强了监督者的责任意识，并维护了公众利益。参见郝守才、任彦君：《论监督过失理论及在我国刑法中的运用》，载《中国刑事法杂志》2002年第2期；行为人对结果的具体发生虽无预见可能性，但对其活动足以致人的生命和身体健康发生某种危害，应当有一般的不安感、畏惧感，并积极探求未知的危险采取避免危险结果发生的措施。参见赵瑞罡、杨庆玖：《监督过失论》，载《政治与法律》2001年第4期。监督过失，它不要求监督者对具体的危害结果有所预见，只要对介入的被监督者的行为引发身体、生命、财产等某种危害有不安感，即可认定具备过失的预见可能性，因此监督过失在本质上是新新过失论的一种。参见彭凤莲：《监督过失责任论》，载《法学家》2004年第4期。

者的过失行为，而进一步包含了具体危害结果发生的可能，因而此时监督者与被监督者在注意义务的内容上已经趋于相同，只能是共同的过失而非竞合的过失。在此需要提到《刑法》第134条第2款的"强令违章冒险作业罪"，《刑法修正案（六）》在原重大责任事故罪中分离出来强令违章冒险作业罪，结合2007年2月28日最高人民法院、最高人民检察院《关于办理危害矿山生产安全刑事案件具体应用法律若干问题的解释》第1条、第2条对于两罪主体的解释，① 存在强令他人违章冒险作业的场合，"强令违章冒险作业者"构成强令违章冒险作业罪，而直接从事生产、作业的人员若成罪时仍构成重大责任事故罪。笔者认为，对生产、作业负有组织、指挥或者管理职责的负责人、管理人员、实际控制人、投资人强令直接行为人违章冒险作业属于典型的过失教唆，应该与直接行为人构成重大责任事故罪的共犯，在刑法另行规定强令违章冒险作业罪的情况下，构成重大责任事故罪的教唆犯与强令违章冒险作业罪的想象竞合，由于强令违章冒险作业罪的法定刑高于重大责任事故罪，因而应当以强令违章冒险作业罪定罪处刑。

三、监督过失的认定——兼论监督过失中的信赖原则

（一）监督过失的认定

监督过失同样是刑法中的过失，具备过失的一般特征，但同时又具有特殊性。对于监督过失的认定，要特别注意从以下几个方面把握：

① 《关于办理危害矿山生产安全刑事案件具体应用法律若干问题的解释》第1条：《刑法》第134条第1款（重大责任事故罪）规定的犯罪主体，包括对矿山生成、作业负有组织、指挥或者管理职责的负责人、管理人员、实际控制人、投资人等人员，以及直接从事矿山生产、作业的人员。第2条：《刑法》第134条第2款（强令违章冒险作业罪）规定的犯罪主体，包括对矿山生产、作业负有组织、指挥或者管理职责的负责人、管理人员、实际控制人、投资人等人员。

第一，监督过失存在的领域。监督过失属于竞合过失，因而监督过失中的“监督”与共同过失犯罪中共同行为人之间的相互“监督”并非同一个内涵，监督过失中的监督具有单向性而非相互性，仅仅是处于上下关系中的上位者对下位者的监督，其本质是存在由上到下的监督职权与职责。基于此，监督过失通常存在于具备业务分工以及层级管理的企业、事业单位或者团体内。同时，监督过失也可以超出同一单位，而在具有上下监督职责的单位或者行政机关人员之间存在。例如，上文中提到的《刑法》第408条规定的环境监管失职罪，其主体为负有环境保护监督管理职责的国家机关工作人员，既包括在国务院环境保护行政主管部门和县级以上地方人民政府环境保护行政主管部门中从事环境保护工作的人员，也包括在国家海洋行政主管部门以及港务监督、渔政渔港监督、军队环境保护部门和各级公安、交通、铁道、民航管理部门中依照有关规定对环境污染防治实施监督管理的工作人员。而处于被监督地位的则是在其管辖范围内的排污单位、建设单位等。总之，平等的主体或者平等的业务分工单位之间不存在监督过失。也正因如此，有学者更是明确指出，监督过失责任的问题，实质上就是领导责任问题，具体说就是处于监督、领导、管理地位的人员是否应负刑事责任，如何负刑事责任的问题。①

第二，监督过失注意义务的来源。由于监督过失只是存在于业务领域或与业务监督相关领域内，因此，监督过失注意义务的来源通常是法律、法规或者业务内部的规章或者行业分工规则的明示规定。对监督过失的主体的界定必须依据这些明示性规定，此其一。其二，监督过失中的监督义务是责任与权力的统一，具有监督义务的同时也就意味着必须有行使监督的权力，因此对监督者注意义务的界定还要结合行为人在组织体内的职权。特别是在实际权限与规定的权限不一致时，应当主要依据实际的权限

① 参见林亚刚：《犯罪过失研究》，武汉大学出版社2000年版，第249页。

归属，而不是局限于行业规则的规定。

第三，监督过失中注意义务的履行。监督过失是否成立，绝不能仅根据危害结果的发生与否来认定，否则就会使监督过失成立的范围太大，近乎结果责任。因为危害结果的发生并不是监督过失注意义务的内容，监督过失预见以及回避的对象主要是处于被监督地位人员的过失行为，同时由于监督者的注意义务主要源于业务上相关的法律法规、行业规章制度及技术操作规程等的明示规定，因而对于注意义务的履行的认定，必须严格结合法律法规、行业规章制度及技术操作规程中明示规定的监督职责。如果对于诸如风险评估、督促按照操作规范执行、岗前以及定期培训、定期安全教育、定期检查、认真审查、排除隐患等职责内所规定的所有事情都按照规定认真履行，那么即使最终由于直接行为人的过失造成了危害结果的发生，也应该认定不存在监督过失。据此还可得出，监督过失的主体并非仅限于对直接行为人直接负责的主管人员，因为在复杂的系统管理中，可能存在政策的制定、政策的执行以及实际的操作等不同的层级，如果处于中间环节的政策执行者在指挥实际操作者进行生产作业时，认真履行了政策中所规定的或者更上一级监督者所要求的自己的职责，但由于政策或上一级监督者的要求本身存在不当，此种不当与直接行为人的过失结合造成危害结果发生时，从注意义务的履行角度来看，只能是上一级的监督者构成监督过失。我国有学者认为，监督过失可以适用于两种情形，一是未能使直接的从业人员充分注意的直接上级，即直接主管人员，可因为懈怠监督责任而适用监督过失责任；二是基于事故对社会安全体系的影响，对企业的高级领导可追究的“组织和营运制度”上的监督过失责任，[①] 该学者所述的第二种应该即为笔者上述所理解的情形。

---

① 参见林亚刚：《犯罪过失研究》，武汉大学出版社2000年版，第247页；赵瑞罡、杨庆玖：《监督过失论》，载《政治与法律》2001年第4期。

(二) 监督过失中的信赖原则

信赖原则在监督过失的场合是否适用，在学者们中间存在分歧。在日本，一般是持肯定态度的，米田泰邦律师和西原春夫博士提倡在监督过失领域积极引入信赖原则。米田泰邦律师认为，“在确定可罚的监督义务违反时，应当采取的顺序是，从分业中被允许的危险的角度，确认使信赖成为可能的基本事实，然后探讨是否存在动摇信赖原则的允许性的例外情况。”① 由此可见，米田泰邦律师认为在监督过失领域内不适用信赖原则的只是例外的情况。西原春夫博士认为，分工在人的组织体活动的场合是不可避免的，因而，监督人信赖被监督人，委任被监督人执行业务是相当的场合，对被监督人所惹起的行为就不需要负过失的责任。② 大塚仁教授认为，在论及监督过失时虽然也能承认信赖原则的适用，但是与一般过失中的情形不同：“监督者基于其在组织内是上位者的地位，一方面与作为相互协助、共同工作的同伙中的一般过失相比，更能信赖是下位者的被监督者；另一方面，作为上司，有应该监督部下的行动，使其不发生错误，所以，可以说存在使信赖原则的适用受到制约的一面。特别是，部下担当的工作包含着对人的生命、身体的高度危险时，以及部下不具有充分的能力时，上司的监督义务极大，很多情况下就不适用信赖原则。”③ 关于大塚教授对信赖原则在监督过失中适用的态度，我国学者多认为是在严格限制下的肯定说，但笔者认为这是一种误读。大塚教授明确表示监督过失的场合

---

① ［日］米田泰邦：《刑事过失论的限定法理与可罚的义务违反（下）》，载《判例**タイムズ**》第 346 号（1997 年），第 40 页。转引自［日］甲斐克则：《过失犯的基础理论》，载高铭暄、赵秉志主编：《过失犯罪的基础理论》，法律出版社 2002 年版，第 9 页。

② 参见马克昌：《比较刑法学原理》，武汉大学出版社 2002 年版，第 246 页。

③ ［日］大塚仁：《刑法概说（总论）》（第 3 版），冯军译，中国人民大学出版社 2003 年版，第 212 页。

与一般的过失场合不同，从上述的论述可以探知，大塚教授所说在监督过失场合“也承认信赖原则”，与一般过失相比“更能信赖”，其原意是指居于被监督地位者更能信赖居于上位的监督者，就此意义监督过失的场合也能承认信赖原则，但就上位者对下位者而言，也即通常说所的监督过失，“上司有应该监督部下的行动使其不发生错误”的职责和义务，从而并无信赖原则的适用。结合对于大塚仁教授著作的不同翻译与理解，[①] 笔者认为对于监督过失领域上位对下位的监督过失而言，大塚教授对是否适用信赖原则实质上是持反对观点的。对于监督过失中信赖原则的适用明确持反对观点的大谷实教授认为：“被监督者相当于监督者的‘手脚’，所以，原则上不适用信赖原则。被监督人的过失，只要没有特别事情，就成为监督者的监督过失。”[②] 大塚裕史教授更是明确主张在存在监督关系的场合不可能适用信赖原则，因为“在采用分业形态的场合，适用信赖原则会招致责任的稀薄化，实际上也是不妥当的”。[③] 我国学者基本上都是赞同在严格限制适用条件的前提下，承认信赖原则在监督过失领域的适用的，具体论述不再一一列举。

对于在监督过失场合有没有信赖原则适用的余地，笔者持否定的态度，即处于监督地位的人员对于被监督者的关系上，没有信赖原则适用的余地。不可否认，现代社会的社会分工，特别是业务领域的行业分工越来越细，人

---

① 对于前文中冯军教授对大塚仁教授观点的翻译，陈子平教授在其《刑法总论》中如是翻译：“在组织内虽位于上司地位之监督者，对居于下属地位之被监督者是处于协同作业之同事，与一般过失相比更须相互信赖，但由于身为上司者应无所失误地对下属之行动加以监督，因此，信赖原则之使用必须受到限制……通常并无信赖原则的适用。”参见陈子平：《刑法总论》，中国人民大学出版社2009年版，第158页。

② ［日］大谷实：《刑法讲义总论》（新版第2版），黎宏译，中国人民大学出版社2008年版，第189页。

③ ［日］大塚裕史：《监督过失中的预见可能性论（一）》，载《早大大学院法研论集》第48号（1988年），第82页。转引自［日］甲斐克则：《过失犯的基础理论》，载高铭暄、赵秉志主编：《过失犯罪的基础理论》，法律出版社2002年版，第10页。

们之间的相互配合与协调越来越重要，不同分业者之间的相互信赖是保证业务顺利发展的重要保证。可以说，离开了相互的信赖，相关行业、单位以及同一行业、单位内部的不同工作环节根本无法开展任何工作。但同时更应当看到，所有这些信赖都是在平等的主体之间存在的。从大的范围讲，相关的平等行业及单位之间应存在信赖，如司机在正常驾驶时，不需要对汽车的一般功能持怀疑态度，也没有义务检查加油站的汽油生产环节及质量是否达到规定的标准，更不需要预见道路两旁的建筑是否会倒塌。从小的范围讲，医生在开具药方的时候，不需要怀疑医院购买的医药是否合格，也没有预见及避免药房人员是否会抓错药的义务；建筑领域地面施工人员应该信赖地下工程的质量，而外墙装修人员也没有检查地面施工质量是否合格的义务。这就像在交通运输领域，驾驶人员与行人彼此信赖对方会按照规则行事，彼此没有监督对方的注意义务。离开了社会组织体间的相互信赖，社会就不可能有正常的秩序。但是，一旦离开平等的主体或者平等的环节，当不同主体之间本身存在监督与被监督关系时，这种信赖就不应该存在。因为正是由于信赖的重要性，为了保证这种信赖，才赋予特定的行业或者部门或者同一部门的特定职位具有监督的职权与职责。从另一个角度讲，具备监督职责与职权的行业、部门、职位本身就是基于“不信赖”而设立的，从而占据该职务的人员天然就存在对被监督者有“不信赖”的注意义务，从“信赖原则”是基于“否定注意义务”而阻却过失犯罪成立的立场考虑，如果再基于“信赖”而免除监督者的监督义务，本身就违背设置监督职责的初衷。因此笔者否认在监督过失场合适用信赖原则。

当然，否认信赖原则的适用并非就是说只要直接行为人的过失行为造成了危害结果，就要追究监督者的责任。因为如前所言，监督者本身也有自己的注意义务内容与范围，如果监督者适当履行了自己的注意义务，本身就不存在过失行为，当然也就无所谓过失责任的追究。承认在监督过失场合适用信赖原则的学者在限定信赖原则适用的条件时，强调“监督者并无失察的情况下”或者“上层的监督者在客观上不违反自己的职责或注意义务的前提下”，可有适用信赖原则的余地，不追究监督者的刑事责任。[①]但此种说法本身就是矛盾的，如果监督者在客观上不违反自己的职责或注意义务，即监督者本身已经适当地履行了自己的注意义务，不存在注意义务的违反，也就根本无过失可言，并不需要再援用信赖原则。

四、单位过失犯罪与监督过失犯罪、共同过失犯罪

监督过失发生在业务相关的场合，而且与行为人在业务领域内的监督职权和职责密切相关，因而有必要将单位过失犯罪与监督过失犯罪和过失共同犯罪做简单的比较。

（一）单位过失犯罪概述

单位犯罪，在刑法理论上一般称为法人犯罪。[②] 我国1979年《刑法》没有规定单位犯罪，当时的刑法基本上是一部以自然人为处罚对象的刑法。但自1987年1月22日全国人大常委会通过的《海关法》第47条首次在立法上明确规定了单位犯罪后，至刑法修改之前，我国的单行刑法和附属刑法规定的单位犯罪已达49个，几乎占到全部罪名1/5强。[③] 1997年我国全面修订刑法时，以法典的形式肯定了（法人）单位可以成为犯罪主体，一改1979年《刑法》否认单位犯罪的立法态度，采用了总则性规范

① 参见林亚刚：《犯罪过失研究》，武汉大学出版社2000年版，第251页；李兰英、马文：《监督过失的提倡及其司法认定》，载《中国刑事法杂志》2005年第5期；陈伟：《监督过失理论及其对过失主体的限定》，载《中国刑事法杂志》2007年第5期。

② 法人犯罪是刑法理论以及国际上对合法社会组织实施的犯罪的统称。我国刑法将其称为单位犯罪，主要是考虑到法人是民法上的一个特定概念，现实生活中除法人犯罪之外，还存在非法人团体犯罪，而使用单位犯罪概念则可包含法人和非法人团体。本书在同一意义上使用法人犯罪和单位犯罪这两个概念。

③ 参见娄云生：《法人犯罪》，中国政法大学出版社1996年版，第232~236页。

与分则性规范相结合的立法方式，全面规定了单位犯罪。

单位犯罪是否包括过失犯罪，在学者之间也存在分歧，一种意见认为，单位犯罪的主观罪过既可以是故意，也可以是过失，只不过在我国，单位故意犯罪是主要表现形式。另一种意见认为，单位犯罪的主观罪过只能是故意而不可能是过失。① 但从我国的立法实际来看，现行刑法确实规定了一定的单位过失犯罪。笔者认为，对此立法实际不能视而不见。②

（二）单位过失犯罪与监督过失

无论对法人本质持拟制说还是实在说，有一点是不可回避的，即法人的行为和主观方面，都不可能脱离法人成员，否则法人也只剩下一具空壳。单位过失犯罪也不例外，说到底，单位过失犯罪还是由其成员的过失行为所构成的。具体而言，单位过失犯罪的形成可以有两种形式，一种是单位的代表人或主管人员或者能够代表单位意志的决策群体在单位业务活动过程中的过失行为，直接归于单位。例如，单位领导未经法定许可而擅

---

① 相关内容参见张明楷、黎宏、周光权：《刑法新问题探究》，清华大学出版社 2003 年版，第 42～43 页；陈兴良：《刑法适用总论》（上卷），中国人民大学出版社 2006 年版，第 544～546 页；何秉松主编：《刑法教科书》（2000 年修订・上卷），中国法制出版社 2000 年版，第 324～326 页。由于单位犯罪主观罪过的理论争论不关本书宏旨，因此不在此展开。

② 虽然学者们对于单位过失犯罪的具体罪名认定上还存在一些差异，但大体认为下列罪名可能成立单位过失犯罪：第 135 条重大劳动安全事故罪，第 135 条之一大型群众性活动重大安全事故罪，第 137 条工程重大安全事故罪，第 138 条教育设施重大安全事故罪，第 139 条消防责任事故罪，第 229 条中介组织人负出具证明文件重大失实罪，第 330 条妨害传染病防治罪，第 332 条妨害国境卫生检疫罪，第 334 条采集、供应血液、制作、供应血液制品事故罪，第 337 条逃避动植物检疫罪，第 338 条重大环境污染事故罪，第 339 条非法处置进口的固体废物罪，第 363 条为他人提供书号出版淫秽书刊罪。参见石磊：《单位犯罪关系论》，山东大学出版社 2005 年版，第 130 页；李浩：《单位过失犯罪探讨》，载《政治与法律》2003 年第 2 期。但有些学者从质疑立法上设置单位过失犯罪的合理性而从应然的角度否定单位过失犯罪。参见陈兴良：《刑法适用总论》（上卷），中国人民大学出版社 2006 年版，第 546 页；周光权：《新刑法单位犯罪立法评说》，载《法制与社会发展》1998 年第 2 期。由于与本书关系不大，不予论述。

自进口固体废物作为生产原料，以致造成重大环境污染事故的，构成单位犯罪。另一种是单位的一般组成人员实施了法律规定为单位犯罪的过失行为，单位代表机关成员或者主管人员负有监督责任，但因为疏于监督而必须追究单位自身的过失责任。如单位的一般从业人员由于业务不熟练，在生产操作过程中将未经处理的污水排入河流，最终造成水体污染，给人民生命财产造成重大损失的，即属该种情况。① 上述的第二种情形实质上就是单位内部的监督过失责任。我国对单位过失犯罪的处罚，通常将处罚对象限定为“直接负责的主管人员和其他直接责任人员”，显然，此处的直接负责的主管人员之所以受到处罚，缘由并非因其实施了直接产生危害后果行为，而在于违反了监督职责，形成了监督过失责任。有学者认为，监督过失责任人承担的是自己过失行为的法律后果，而单位犯罪中直接负责的主管人员承担的是单位犯罪的刑事责任，二者并不相同，前者是个人责任，而后者则是单位犯罪实行特殊刑罚制度的产物。② 笔者认为，在单位内部对于负有监督职责的主管人员追究监督过失责任，不能简单地说是个人责任，因为单位本身是由其成员组成，而负有监督职责的成员也只有在单位组织体内才负有这种职权和职责，如果离开了单位组织体，单纯的个人也就不可能对其他组织成员或者说其他行为人的行为存在监督的权力和责任。因而说两者在性质上存在根本区别并不合理。当然我们也应该看到，监督过失与单位过失二者并非完全一回事，只是存在很大程度的重合而已。具体表现在，一方面，监督过失并非完全存在于单位内部，还存在单位与单位之间以及行政机关工作人员与其监督管辖范围内的行政相对人之间；另一方面，单位构成过失犯罪也并非仅仅由于监督过失，如上所述，还包含单位的代表人或主管人员或者能够代表单位意志的决策群体在

---

① 参见黎宏：《单位犯罪的若干问题新探》，载《法商研究》2003 年第 4 期。

② 参见李兰英、马文：《监督过失的提倡及其司法认定》，载《中国刑事法杂志》2005 年第 5 期。

单位业务活动过程中的直接过失行为构成的单位过失犯罪，因而只能说监督过失犯罪与单位过失犯罪只是交叉重合关系。

（三）单位过失犯罪与过失共同犯罪

单位犯罪与共同犯罪的关系，历来是存在争议的。有人认为单位犯罪就是共同犯罪，单位的主管人员、直接责任人员之间构成共犯的关系。有学者直接称为“法人共同犯罪”，即在单位构成犯罪的情况下，由单位组织中的自然人构成的共同犯罪。① 然而更多的人则认为，单位犯罪主体只能是单位而不是自然人，单位主管人员以及直接负责人之间并不存在刑法中所指的共同犯罪，因为单位的意志和行为是由单位成员的意志和行为抽象统一而构成的，它已经不再是成员个人的行为和意志，因此单位犯罪中责任人员之间也就不构成共同犯罪关系。②

虽然上述争论是围绕着单位故意犯罪与故意共同犯罪展开的，但在承认过失共同犯罪的语境下，同样适用于对单位过失犯罪的分析。对此，笔者认为也需要从外部与内部两个角度看问题。从外部来看，单位是一个整体系统，单位组成人员的行为组成的整体是单位的一个行为，单位成员的主观方面也抽象反映了单位整体的罪过形式，责任人员的人格已经融入单位的人格之中，因而是单位的单独犯罪。但从内部来看，单位成员都是一个个相对独立的个体，具有自己相对独立的人格和思维，因而各自的行为也都归属于自己。在单位组织体内，如果他们具有相同的注意义务，而又共同出于过失而违反共同的注意义务，应当构成过失共同犯罪。但同时也应当看到，单位过失犯罪与过失共同犯罪也是交叉重合的关系，并非一回

---

① 参见陈兴良：《共同犯罪论》，中国人民大学出版社 2006 年版，第 297 页。

② 参见刘志远：《单位犯罪研究述评》，载胡驰等主编：《刑法问题与争鸣》（总第 3 辑），中国方正出版社 1999 年版，第 31 页。

事。首先，单位过失犯罪中，如果单位的决策者只是一人的情况下，由于该法人代表决策的失误而直接实施的行为构成过失犯罪时，该单位犯罪从自然人的角度看也是单独犯罪。其次，单位过失犯罪中，在监督者与被监督者之间，由于注意义务的不同，可能构成的是监督过失类型的犯罪，属于竞合过失犯罪而非过失共同犯罪。最后，过失共同犯罪的范围也远非单位过失犯罪。

参考文献

一、著作类

（一）中文著作

1. 马克昌主编：《犯罪通论》，武汉大学出版社 1999 年版。

2. 马克昌：《比较刑法原理》，武汉大学出版社 2002 年版。

3. 李光灿、马克昌、罗平：《论共同犯罪》，中国政法大学出版社 1987 年版。

4. 高铭暄、赵秉志主编：《刑法论丛》（第 9 卷），法律出版社 2005 年版。

5. 陈兴良：《共同犯罪论》，中国社会科学出版社 1992 年版。

6. 林亚刚：《犯罪过失研究》，武汉大学出版社 2000 年版。

7. 胡鹰：《过失犯罪研究》，中国政法大学出版社 1995 年版。

8. 姜伟：《犯罪故意与犯罪过失》，群众出版社 1992 年版。

9. 侯国云：《过失犯罪论》，人民出版社 1996 年第 2 版。

10. 孙国祥等：《过失犯罪导论》，南京大学出版社 1991 年版。

11. 陈家林：《共同正犯研究》，武汉大学出版社 2004 年版。

12. 贾宇：《罪与刑的思辨》，法律出版社 2002 年版。

13. 高铭暄、马克昌主编：《刑法学》（第 3 版），北京大学出版社、高等教育出版社 2007 年版。

14. 高铭暄主编：《刑法学原理》（第 2 卷），中国人民大学出版社 1993 年版。

15. 劳东燕：《刑法基础的理论展开》，北京大学出版社 2008 年版。

16. 赵秉志主编：《犯罪总论问题探索》，法律出版社 2003 年版。

17. 赵秉志主编：《外国刑法原理（大陆法系）》，中国人民大学出版社 2000 年版。

18. 赵秉志主编：《刑法争议问题研究》（上），河南人民出版社 1996 年版。

19. 甘雨沛主编：《刑法学专论》，北京大学出版社 1989 年版。

20. 赵秉志主编：《犯罪停止形态适用中的疑难问题研究》，吉林人民出版社 2001 年版。

21. 孙国祥：《刑法基本问题》，法律出版社 2007 年版。

22. 甘雨沛、何鹏：《外国刑法学》（上册），北京大学出版社 1984 年版。

23. 李希慧：《刑法探微》，中国人民公安大学出版社 2007 年版。

24. 张明楷：《刑法的基本立场》，中国法制出版社 2002 年版。

25. 张明楷：《刑法学》（第 5 版），法律出版社 2016 年版。

26. 张明楷：《犯罪论原理》，武汉大学出版社 1991 年版。

27. 张明楷编：《外国刑法纲要》，清华大学出版社 2007 年版。

28. 陈兴良：《本体刑法学》，商务印书馆 2001 年版。

29. 马荣春：《刑法诸问题的新界说》，中国检察出版社 2007 年版。

30. 陈兴良：《刑法适用总论》（上卷），法律出版社 2006 年版。

31. 曲新久：《刑法的精神与范畴》，中国政法大学出版社 2000 年版。

32. 最高人民法院中国应用法学研究所编：《人民法院案例选 · 刑事

卷》(1993～1996合订本)，人民法院出版社1997年版。

33. 李海东：《刑法原理入门（犯罪论基础)》，法律出版社1998年版。

34. 李海东主编：《日本刑事法学者》(上)，法律出版社、成文堂1995年版。

35. 李海东主编：《日本刑事法学者》(下)，法律出版社、成文堂1999年版。

36. 中国人民大学刑事法律科学研究中心编：《明德刑法学名家讲演录》(第1卷)，北京大学出版社2009年版。

37. 娄伟：《犯罪形态通论》，法律出版社1994年版。

38. 陈忠林：《意大利刑法纲要》，中国人民大学出版社1999年版。

39. 鲜铁可：《新刑法中的危险犯》，中国检察出版社1998年版。

40. 薛瑞麟：《俄罗斯刑法研究》，中国政法大学出版社2000年版。

41. 李邦友：《结果加重犯基本理论研究》，武汉大学出版社2001年版。

42. 王晨：《刑事责任的一般理论》，武汉大学出版社1998年版。

43. 刘志伟主编：《危害公共安全犯罪疑难问题司法对策》，吉林人民出版社2001年版。

44. 冯亚东：《理性主义与刑法模式》，中国政法大学出版社1999年版。

45. 张旭主编：《英美刑法论要》，清华大学出版社2006年版。

46. 林山田：《刑法通论》(上册)，台北，三民书局2003年版。

47. 黄村力：《刑法总则比较研究》，台北，三民书局1995年版。

48. 陈朴生：《刑法专题研究》，台北，三民书局1988年版。

49. 陈朴生、洪福增编著：《刑法总则》，台北，五南图书出版股份有限公司1982年版。

50. 黄荣坚：《基础刑法学》（下），台北，元照出版有限公司 2003 年版。

51. 陈子平：《共同正犯与共犯论》，台北，五南图书出版股份有限公司 2002 年版。

52. 蔡墩铭：《刑法基本理论研究》，台北，汉林出版社 1980 年修订初版。

53. 蔡墩铭：《刑法概要》，台北，三民书局 2004 年版。

54. 林东茂：《一个知识论上的刑法学思考》，台北，五南图书出版股份有限公司 2002 年版。

55. 林东茂：《刑法综览》，一品文化出版社 2004 年版。

56. 洪福增：《刑法之理论与实践》，台北，刑事法杂志社 1988 年版。

57. 洪福增：《刑法理论之基础》，台北，刑事法杂志社 1977 年版。

58. 甘添贵：《刑法之重要理念》，瑞兴图书股份有限公司 1996 年版。

59. 许玉秀：《主观与客观之间》，春风煦日论坛编辑小组 1997 年版。

60. 周光权：《注意义务研究》，中国政法大学出版社 1998 年版。

61. 杨书文：《复合罪过形式论纲》，中国法制出版社 2004 年版。

62. 童德华：《规范刑法原理》，中国人民公安大学出版社 2005 年版。

63. 陈子平：《刑法总论》，中国人民大学出版社 2009 年版。

64. 许玉秀：《当代刑法思潮》，中国民主法制出版社 2005 年版。

65. 姜伟：《罪过形式论》，北京大学出版社 2008 年版。

66. 王作富主编：《刑法分则实务研究》（下）（第 3 版），中国方正出版社 2007 年版。

67. 胡鹰主编：《过失犯罪的定罪与量刑》，人民法院出版社 2008 年版。

68. 何秉松：《犯罪构成系统论》，中国法制出版社 1995 年版。

69. 蔡枢衡：《中国刑法史》，中国法制出版社 2005 年版。

70. 余振华：《刑法深思·深思刑法》，台北，元照出版有限公司 2005 年版。

71. 童德华：《外国刑法原论》，北京大学出版社 2005 年版。

72. 高铭暄、赵秉志主编：《过失犯的基础理论》，法律出版社 2002 年版。

73. 李希慧：《刑法探微》，中国人民公安大学出版社 2007 年版。

74. 甘雨沛、杨春洗、张文主编：《犯罪与刑罚新论》，北京大学出版社 1991 年版。

75. 马克昌、莫洪宪主编：《中日共同犯罪比较研究》，武汉大学出版社 2003 年版。

76. 甘雨沛、何鹏：《外国刑法学》（下册），北京大学出版社 1984 年版。

77. 何秉松主编：《刑法教科书》（2000 年修订·上卷），中国法制出版社 2003 年版。

78. 石磊：《单位犯罪关系论》，山东大学出版社 2005 年版。

79. 侯国云：《刑法总论探索》，中国人民公安大学出版社 2004 年版。

80. 廖正豪：《过失犯论》，台北，三民书局 1993 年版。

（二）翻译著作

1. ［日］大谷实：《刑法讲义总论》（新版第 2 版），黎宏译，中国人民大学出版社 2008 年版。

2. ［日］木村龟二主编：《刑法学词典》，顾肖荣等译，上海翻译出版公司 1991 年版。

3. ［日］大塚仁：《犯罪论的基本问题》，冯军译，中国政法大学出版社 1993 年版。

4. ［日］大塚仁：《刑法概说（总论）》（第 3 版），冯军译，中国人民大学出版社 2003 年版。

5. ［日］福田平、［日］大塚仁编：《日本刑法总论讲义》，李乔等译，辽宁人民出版社 1986 年版。

6. ［日］野村稔：《刑法总论》，全理其、何力译，法律出版社 2001 年版。

7. ［日］小野清一郎：《犯罪构成要件理论》，王泰译，中国人民公安大学出版社 2004 年版。

8. ［日］西田典之：《日本刑法各论》，刘明祥、王昭武译，武汉大学出版社 2005 年版。

9. ［德］汉斯·海因里希·耶赛克、［德］托马斯·魏根特：《德国刑法教科书（总论）》，徐久生译，中国法制出版社 2001 年版。

10. ［德］李斯特：《德国刑法教科书》，徐久生译，法律出版社 2000 年版。

11. ［法］卡斯东·斯特法尼等：《法国刑法总论精义》，罗结珍译，中国政法大学出版社 1998 年版。

12. ［意］杜里奥·帕多瓦尼：《意大利刑法学原理》，陈忠林译，法律出版社 1998 年版。

13. ［德］克劳思·罗克辛：《德国刑法总论》（第 1 卷），王世洲译，法律出版社 2005 年版。

14. ［日］前田雅英：《日本刑法各论》，董璠兴译，台北，五南图书出版股份有限公司 1990 年版。

15. ［英］鲁珀特·克罗斯等：《英国刑法导论》，赵秉志等译，中国人民大学出版社 1991 年版。

16. ［日］西原春夫主编：《日本刑事法的形成与特色》，李海东等译，法律出版社 1997 年版。

17. ［苏联］特拉伊宁：《犯罪构成的一般学说》，薛秉忠、王作富、沈其昌等译，中国人民大学出版社 1958 年版。

18. ［德］约翰内斯·韦赛尔斯：《德国刑法总论》，李昌珂译，法律出版社 2008 年版。

19. ［德］冈特·施特拉腾韦特：《刑法总论Ⅰ——犯罪论》，杨萌译，法律出版社 2006 年版。

20. ［日］西原春夫：《犯罪实行行为论》，戴波、江溯译，北京大学出版社 2006 年版。

21. 《日本刑法典》，张明楷译，法律出版社 2006 年版。

22. 《西班牙刑法典》，潘灯译，中国政法大学出版社 2004 年版。

23. 《意大利刑法典》，黄风译，中国政法大学出版社 1998 年版。

24. 《最新意大利刑法典》，黄风译注，法律出版社 2007 年版。

25. ［俄罗斯］斯库拉托夫、［俄罗斯］列别捷夫主编：《俄罗斯联邦刑法典释义》（上），黄道秀译，中国政法大学出版社 2000 年版。

26. 《阿尔巴尼亚人民共和国刑法典》，全国人民代表大会常务委员会办公厅编译室译，法律出版社 1956 年版。

27. 《德国刑法典》，徐久生、庄敬华译，中国法制出版社 2000 年版。

28. 《法国刑法典》，罗结珍译，中国人民公安大学出版社 1995 年版。

29. ［日］西田典之：《日本刑法总论》，刘明祥、王昭武译，中国人民大学出版社 2007 年版。

30. ［日］川端博：《刑法总论二十五讲》，甘添贵监译，余振华译，中国政法大学出版社 2003 年版。

31. ［德］乌尔里西·贝克：《世界风险社会》，吴英姿、孙淑敏译，南京大学出版社 2004 年版。

32. ［日］泷川幸辰：《犯罪论序说》，王泰译，法律出版社 2005 年版。

33. 《蒙古国刑法典》，徐留成译，北京大学出版社 2006 年版。

34. ［韩］金日秀、［韩］徐辅鹤：《韩国刑法总论》，郑军男译，武汉大学出版社 2008 年版。

35.《美国模范刑法典及其评注》，刘仁文、王祎等译，法律出版社 2005 年版。

二、论文类

（一）中文期刊及论文集

1. 马克昌：《结果加重犯比较研究》，载《武汉大学学报（哲学社会科学版）》1993 年第 6 期。

2. 林亚刚：《德、日刑法犯罪过失学说介评》，载《法学评论》2000 年第 2 期。

3. 林亚刚：《犯罪过失的理论分类中若干问题的探讨》，载《法学评论》1999 年第 3 期。

4. 林亚刚：《论共同过失共犯及刑事责任的实现》（上），载《江西公安专科学校学报》2001 年第 2 期。

5. 林亚刚：《论共同过失共犯及刑事责任的实现》（下），载《江西公安专科学校学报》2001 年第 3 期。

6. 侯国云、苗杰：《论共同过失犯罪》，载《法学研究》1993 年第 2 期。

7. 李昌林：《论共同过失犯罪》，载《现代法学》1994 年第 3 期。

8. 李海东：《共同过失行为的分类及其刑事责任》，载《现代法学》1987 年第 4 期。

9. 赵玉容：《日本关于共同过失犯罪的理论研究与实践》，载《淮北职业技术学院学报》2006 年第 4 期。

10. 孙国祥：《论共同过失犯罪》，载《社会科学研究》1993 年第 4 期。

11. 熊万林：《共同过失犯罪浅析》，载《河北法学》1993 年第 4 期。

12. 冯军：《论过失共同犯罪》，载《西原春夫先生古稀祝贺论文集》，中国法律出版社、日本成文堂 1997 年版。

13. 张明楷：《共同过失与共同犯罪》，载《吉林大学社会科学学报》2003 年第 2 期。

14. 陈家林：《结果加重犯的共同正犯浅论》，载《河北法学》2006 年第 12 期。

15. 刘朝阳：《共同过失犯罪新论》，载《政治与法律》2005 年第 6 期。

16. 舒洪水：《共同过失犯罪的概念及特征》，载《法律科学》2005 年第 4 期。

17. 李云龙、舒洪水：《共同过失犯罪应成立共同犯罪》，载《政治与法律》2005 年第 5 期。

18. 舒洪水、张永江：《论共同过失犯罪》，载《当代法学》2006 年第 3 期。

19. 马荣春：《论共同过失犯罪》，载《河北法学》2003 年第 5 期。

20. 袁登明、吴情树：《论竞合过失与共同过失》，载《云南大学学报法学版》2003 年第 2 期。

21. 李希慧、廖梅：《共同过失犯罪若干问题研究》，载《浙江社会科学》2002 年第 5 期。

22. 黎宏《过失犯研究》，载赵秉志主编：《刑法评论》，法律出版社 2006 年版。

23. 李希慧、刘期湘：《论犯罪过失中注意义务的实质标准》，载《现代法学》2007 年第 1 期。

24. 张明楷：《危险犯初探》，载马俊驹主编：《清华法律评论》（1998 年第 1 辑），清华大学出版社 1998 年版。

25. 甘添贵：《刑法上应否承认过失共犯的概念》，载中国人民大学刑事法律科学研究中心编：《明德刑法学名家讲演录》（第1卷），北京大学出版社2009年版。

26. 任国库：《复合罪过形式的点滴思考》，载《云南大学学报（法学版）》2004年第2期。

27. 刘永贵：《过失共同犯罪研究》，载胡驰等主编：《刑法问题与争鸣》（总第3辑），中国方正出版社1999年版。

28. 童德华：《共同过失犯初论》，载《法律科学》2002年第2期。

29. 储槐植：《读“因逃逸致人死亡”司法解释》，载《人民法院报》2001年1月23日，第3版。

30. 黎宏：《“过失共同正犯”质疑》，载《人民检察》2007年第14期。

31. 陈才天：《共同过失犯罪探讨》，载《法学》1991年第1期。

32. 方鹏跃：《失火案中共同过失犯罪的几种情形》，载《森林公安》2008年第4期。

33. 陈洪兵：《指使交通肇事者逃逸构成遗弃罪或者故意杀人罪的教唆犯》，载《政治与法律》2008年第5期。

34. 姜伟：《罪过心理的立法构想》，载杨敦先等编：《廉政建设与刑法功能》，法律出版社1991年版。

35. 阮方民：《试论我国过失犯罪刑法规范的完善》，载杨敦先等主编：《刑法发展与司法完善》（续编），吉林大学出版社1990年版。

36. 王作富、党建军：《论我国刑法中结果加重犯的结构》，载《政法论坛（中国政法大学学报）》1995年第2期。

37. 秦兰英：《对交通肇事罪司法解释中共同犯罪规定的解读与评价》，载《惠州学院学报》2005年第1期。

38. 金泽刚：《结果犯的概念及其既遂形态研究》，载《法律科学》

1999 年第 3 期。

39. 韩玲：《共同犯罪的罪过形式研究》，吉林大学 2006 年博士学位论文。

40. 张亚平：《竞合过失下刑事责任的分配》，载《中国刑事法杂志》2006 年第 4 期。

41. 郭自力、孙立红：《论过失共同犯罪的责任根据》，载《山东警察学院学报》2005 年第 5 期。

42. 侯国云：《交通肇事罪司法解释缺陷分析》，载《法学》2002 年第 7 期。

43. 贺红梅：《过失共同犯罪若干问题的思考》，载《求索》2009 年第 9 期。

44. 洪福增：《过失论》，载刑事法杂志社编印：《刑事法杂志》第 16 卷第 3 期。

45. 李邦友：《日本刑法结果加重犯中的共犯的理论与实践》，载《武汉大学学报（哲学社会科学版）》1999 年第 4 期。

46. 吴情树、颜良伟：《竞合过失理论的再提倡》，载《中国刑事法杂志》2007 年第 2 期。

47. 陈伟：《监督过失理论及其对过失主体的限定》，载《中国刑事法杂志》2007 年第 5 期。

48. 刘丁炳：《监督管理过失理论研究》，载《求索》2008 年第 2 期。

49. 赵瑞罡、杨庆玖：《监督过失论》，载《政治与法律》2001 年第 4 期。

50. 彭凤莲：《监督过失责任论》，载《法学家》2004 年第 4 期。

51. 李兰英、马文：《监督过失的提倡及其司法认定》，载《中国刑事法杂志》2005 年第 5 期。

52. 李浩：《单位过失犯罪探讨》，载《政治与法律》2003 年第 2 期。

53. 蔡曦蕾:《论犯罪过失类型与刑罚轻重的关联——从学说理论与司法实践两个纬度的展开》,载《中国刑事法杂志》2009 年第 4 期。

54. [日] 大塚仁:《过失犯的理论》,冯军译,载中国人民大学刑事法律科学研究中心组织编写:《现代刑事法治问题探索》(第 1 卷),法制出版社 2004 年版。

55. [日] 西田典之:《日本刑法中的共犯规定》,金光旭译,载[日] 西原春夫主编:《日本刑事法的重要问题》,法律出版社、成文堂联合出版 2000 年版。

56. 张小虎:《论我国〈刑法〉中非纯粹过失犯的共犯成立》,载《政治与法律》2016 年第 10 期。

57. 樊欣欣:《交通肇事罪指使逃逸共犯问题研究》,载《湖北工业职业技术学院学报》2016 年第 1 期。

58. 孙军工:《〈关于审理交通肇事刑事案件具体运用法律若干问题的解释〉的理解与适用》,载中华人民共和国最高人民法院刑事审判第一、二、三、四、五庭主办:《刑事审判参考》(第 3 卷·上),法律出版社 2002 年版。

59. 孟静、刘锋:《简析交通肇事罪的共同犯罪问题》,载《中国政法大学学报》2009 年第 4 期。

60. 赵星、潘铁伟:《交通肇事共犯问题研究》,载《甘肃社会科学》2011 年第 6 期。

61. 谢炎、黄先驰:《复杂罪过:交通肇事罪共犯的理论支撑》,载《湖北警官学院学报》2017 年第 3 期。

62. 范德繁:《交通肇事罪过形式初探——兼析刑法第 133 条》,载《中央政法管理干部学院学报》1998 年第 5 期。

（二）日文论文

1. ［日］西田典之：《过失的共犯》，载《法学教室》有斐阁 1992 年第 2 期。

2. ［日］高桥则夫：《共犯中的危险概念》，载《现代刑事法》第 33 卷（2）。

3. ［日］大冢裕史：《过失犯中的危险概念》，载《现代刑事法》第 33 卷（2）。

4. ［日］松生光正：《出于过失的共犯（一）（二）》，载《法学论丛》117 卷 1 号（1985）。

5. ［日］土本武司：《过失犯和共犯》，载《刑法基本讲座》1992 年第 4 期。

6. ［日］佐久间修：《管理、监督过失和过失犯的理论》，载《现代刑事法》2002 年第 4 卷。

7. ［日］内海朋子：《论过失共同正犯与管理、监督过失》，载《法学政治学论究》（51 号）2001 年。

后　　记

——那匆匆而过的十年

这部书稿的2/3是在十年前完成的。

2009年的冬和2010年的春，是我最难忘的日子。2009年的冬天来得太早，十月的漫天雪花让人措手不及，凌乱的季节倍增了压抑与焦躁。2010年的春节来得太晚，农历与公历的错位让人产生错觉的懈怠，春节刚过，还没来得及收回假日的慵懒，已经是公历的3月。在焦灼与慵懒的交错中完成了写作，没有如释重负的感觉。接下来的博士毕业答辩算是一帆风顺，马克昌先生以及吴振兴、莫洪宪、林亚刚、齐文远、刘艳红教授等当时答辩委员会成员对文章以及答辩的表现给予了充分的肯定，并推荐为武汉大学当年刑法学专业优秀毕业论文之一。老师们肯定早已忘了当时的情景，但正是他们温馨的肯定与鼓励，在我接下来十年“流浪游弋”于学术之外的生涯中，在奋斗与堕落的挣扎中，时不时地敲打我内心深处对学术热爱的神经。

凭借读博期间在《中国法学》上发表的一篇文章，有些许不错的单位抛来橄榄枝，但因为扑面而来的生活压力，最终选择了一个二本工科院校，为了那套远远超出我预期的房子和配偶的工作。面对生活的压力，主要精力放在了律师执业上，并有了自己的律师事务所。

时光匆匆，转瞬即逝。十年，发生了很多刻骨铭心的事。“生活总是麻烦不断，到现在我还没有习惯。”一边在欲望面前投降，一边在伤痛后面成长。内心深处的信仰，越来越迷茫。感谢恩师贾宇教授，在我抑郁低落时，鼓励我“有学术的潜质”；在我飘然易盈时，泼给我一瓢冷水。2016年我决定离开原来的单位，时为西北政法大学校长的老师毅然决然收留了我。“原想收获一缕春风，而您却给了我整个春天。”

感谢已故的母亲和年迈的父亲多年来对我一贯的默默支持；感谢岳父岳母替我照顾年幼的女儿；感谢我的哥哥、嫂子，他们身上凝聚了中国农民全部的优秀品质，没有他们无怨无悔地对年老多病的父母无微不至的照料，我就不可能安心完成写作。感谢我的妻子，她不仅承担了所有的家务，在精神上对我支持，还要在我写作不顺的时候无语、无怨地承受我无理、莫名的抱怨与斥责。感谢西北政法大学2020级硕士研究生刘志鹏和云南大学2020级硕士研究生王一帆，二人为本书的校对付出了大量心血。

感谢中国法学会，在我扒出十年前的书稿，不报任何期望的情况下，给予立项资助。感谢法律出版社的领导和同志们的辛勤劳作，没有你们，这本专著不会这么快问世。

成功不在于你走多远，而是你在原有的起点上走了多远。——聊以告慰那匆匆而过的十年。

二零二零年元月于古城西安

中国法学会后期资助项目文丛

BOOK SERIES FUNDED BY CHINA LAW SOCIETY

1. 《行政程序法典化研究》姜明安 等著
2. 《解读青年马克思的黑格尔法哲学批判》姚远 著
3. 《清代“杀一家三人”律、例辨析》吴杰 著
4. 《中央地方关系中的民主集中制研究》苗泳 著
5. 《证券内幕交易构成要件比较研究》曹理 著
6. 《欧洲婚姻财产法的未来》樊丽君 译
7. 《德国刑法教义学上的客观处罚条件》王钰 著
8. 《结果加重犯的基本原理与认定规则研究》邓毅丞 著
9. 《刑事诉讼中法院职权调查问题研究》林铁军 著
10. 《人民陪审员角色研究》刘方勇 著
11. 《非典型劳动者权益保护研究》班小辉 著
12. 《创新与反垄断——互联网企业滥用行为之法律规制研究》仲春 著
13. 《不得援引国家豁免的商业交易诉讼研究》纪林繁 著
14. 《国家侵权的国际私法问题研究》李华成 著

15.《法律的空间意象性》朱垭梁 著

16.《罗马体育法要论》赵毅 著

17.《〈大清律例〉律目研究》张田田 著

18.《陕派律学家事迹纪年考证》闫晓君 著

19.《论行政法上的意思表示——兼论行政行为构成中的意识要件》田勇军 著

20.《新农村建设中保障农民政治参与权利的制度创新研究》蔡振亚　王为东 著

21.《国家赔偿法研究述评》上官丕亮 主编

22.《个人信息与权利配置——个人信息自决权的反思和出路》刘金瑞 著

23.《从"大陆"走向"混合"的路易斯安那民法典》李宁 著

24.《防控网络恐怖活动立法研究》皮勇 著

25.《背信犯罪：当代社会的白领犯罪》刘荣 译

26.《刑事诉讼中的鉴定意见质证制度研究》王跃 著

27.《互联网规制的国际贸易法律问题研究》孙南翔 著

28.《相关市场界定研究——以技术许可协议为视角》周围 著

29.《外资并购国家安全审查制度的平衡机制研究》杨静 著

30.《司法改革背景下裁判文书说理繁简分流研究》罗灿 著

31.《当代中国法制的政治逻辑》瞿郑龙 著

32.《美国行政法规的司法审查研究》杨蕾 著

33. 《非上市公司股份交易法律问题研究》黄爱学 著

34. 《中国商事立法研究》张保红 著

35. 《日本民事再审事由研究——以判例分析为中心》翟志文 著

36. 《论民法教义体系与家庭法的对立与融合：现代家庭法的谱系生成》刘征峰 著

37. 《香港与内地刑事法制冲突问题研究》马正楠 著

38. 《刑事程序性法律后果研究》马永平 著

39. 《抢劫罪量刑经验研究》赵学军 著

40. 《生态安全义务履行与人的致灾性法律控制》王建平 著

41. 《税法的分配功能研究》侯卓 著

42. 《裁判结果透明化的制度审思和完善路径》胡玉明 著

43. 《德国判例使用方法研究》高尚 著

44. 《现代性视域下的法律数字研究》高一飞 著

45. 《商周刑罚制度研究》魏晓立 著

46. 《面向行政任务的听证程序构造》石肖雪 著

47. 《我国物流法律私法体系之建构——以方法论为视角》张敏 著

48. 《再保险法》杨帆 译

49. 《金融稳定法论》袁达松 著

50. 《中国民事检察监督制度的改革与完善研究》路志强 著

51.《规范论在刑法解释中的作用》李世阳 著

52.《北京市盗窃罪量刑实证研究——以2736份判决书为样本》董晓华 著

53.《德国证据禁止规则研究——法典与判例的有效融合》张袁 著

54.《中国主权观的演进与发展》杨永红 著

55.《中国涉外商事仲裁裁决撤销：机制与实证》张春良 等著

56.《国际投资背景下的跨国公司与人权保护》隽薪 著

57.《法律解释权模式研究》徐凤 著

58.《中国共产党党内法规理论逻辑研究》侯嘉斌 著

59.《行政课予义务诉讼研究》胡煜 著

60.《民法典体系化的哲学》许中缘 著

61.《当代知识产权研究与实践的生态逻辑：基于马克思主义的反思》薛华 著

62.《实现担保物权非讼程序研究》李林启 著

63.《共同过失犯罪理论争鸣与探索》王东明 著

64.《交通犯罪对策研究》杨宁 译

65.《以审判为中心诉讼制度改革视野下的刑事诉讼法律关系研究》边慧亮 著

66.《科学测谎之认知脑电的法庭证据适用原理和方法》刘洪广 著

67.《金融科技监管法律制度构建研究》张永亮 著

68.《生态利益的物权法表达》项波 孟春阳 著

69. 《亚投行技术援助机制构建研究》孟于群 著

70. 《海上人身伤亡赔偿法比较研究》刘焕省 著

71. 《涉外监护法律适用理论与实证研究》秦红嫚 著